国家社会科学基金教育学一般课题"基于大数据技术分析的教研员胜任力水平模型建构研究"（项目编号：BHA150077）；西南大学创新研究 2035 先导计划"智慧育人计划"（项目编号：SWU Pilot Plan 001）

中国教研员胜任力研究

基于理论关系和水平模型

RESEARCH ON THE COMPETENCE OF
TEACHING RESEARCHERS IN CHINA
BASED ON THEORETICAL RELATIONSHIPS AND THE COMPETENCE LEVEL MODEL

罗生全 ◎ 著

人民出版社

目　　录

前　言

教研员是我国教研制度的独特"产物",作为我国特色教研制度的重要组成部分,在教育综合改革、素质教育推进中具有举足轻重的地位,并为我国基础教育发展提供持续的内生动力,成为"撬动中国基础教育不断提升的支点"。面对智慧教育的创新驱动、核心素养的国际关注、课程改革的不断深化等,迈入后改革时代的教育需要教研员承担满足这个时代需要的角色,担负更多更沉重的教研责任。然而,当前我国教研队伍建设缺乏规引,教研员个体专业知识、专业能力等良莠不齐,关于教研员怎样才能更好地服务于教育教学改革还处于"意见表达"或"理论构想"等阶段,缺乏来自一线教研数据的支撑与深层学理分析,整体教研效能的不佳与相关研究的缺位促使教研员胜任力这一研究命题的提出。所谓胜任力,即个体在工作岗位或完成任务过程中所展现出的差异特质或区别性特质,与核心素养、关键能力等有相近之处。当前为有效回应学生核心素养的培育,促进教师关键能力的养成,有必要关注教研员队伍建设,厘清教研员胜任力形成机制,建构起教研员胜任力水平模型,以此不断完备我国特色教研体系并提高教育教学质量。

教研员胜任力研究并不能以简单分散的线性思维作为逻辑出路,而有必要探寻胜任力优化萃取的另一路径,即转向以系统论视野和数理思维为基准,全面审视教研员胜任力的构成要素以及由此形成的复杂构面——教研员胜任力是教研员内在因素和外在机制复杂交互的结果,是在完成教育教学研究、指导、服务、管理等过程中展现的教研智慧,体现了外部环境规约与教研员个体的多重交互。在这种交互过程中,教研员教研责任担负与自我任务感知是基本,教研组织氛围对教研员教研使命和任务感知的影响是综合。如是说,教研员胜任力的形成与教研员个体心理特征、行为特征、教研氛围等密切相关,形成了教研员胜任力、自我效能和组织氛围的相互作用形态,由此研究尝试构建教研员胜任力水平的理论模型和数据模型,最终将教研员胜任力水平模型拓展应用于专业发展规划、进出机制优化、绩效考核任用等实践范畴。

本书依循"教研员胜任力为何—教研员胜任力形成—教研员胜任力实践转化"的研究理路,共分八个章节。前言简要介绍教研员胜任力提出研究背景及意义,为胜任力的深化研究提供引论;第一章基于教研本体探讨教研员胜任力的价值需求,分别从教研员的身份认同、专业发展、制度建设、问题解决等层面全息厘清,为教研员胜任力的提升提供可能性。第二章聚焦人才测评理论、组织行为学理论、魅力型领导理论、人力资源管理理论,深度追溯教研员胜任力的理论渊源。在第一、二章本体分析和理论解构基础上,第三章主要探讨教研员胜任力的理论结构,基于数理思维尝试建构出教研员胜任力的理论模型。第四章从实践角度建构教研员胜任力水平模型,厘清不同胜任力水平的教研员发展特征、类型等。第五章定点教研员胜任力影响因素的自我效能特征,从心理学视域描绘教研员胜任事实。第六章聚焦教研员胜任力影响因素的组织氛围特征,从组织视域描绘教研员胜任事实。第七章全面解构教研员胜任力、自我效能和组织氛围间的复杂关系,以此对三者间的理论猜想进行事实性验证。最终在第八章将教研员胜任力水平模型诉诸实践运行层面,寻找教研员胜任力问题解决的教育或社会出路。

本书是集体智慧的结晶,由罗生全教授设计了总体框架,然后由不同研究者分工完成。具体分工为:前言,罗生全;导论,罗生全、赵佳丽;第一章,罗生全、李叶峰;第二章,罗生全、张铭凯;第三章,罗生全、赵佳丽;第四章,罗生全、方晨阳;第五章,罗生全、刘志慧;第六章,罗生全、赵佳丽;第七章,罗生全、方晨阳;第八章,罗生全、李红梅。最后,由罗生全教授进行统稿和定稿。

本书在资料收集、文字整理、数据比对、文本形成等过程中,课题团队成员都付出了大量时间和精力,得到了全国范围内教师进修学院(校)、教科所等单位或部门,高校专家学者、中小学教研员和教师等人员的极大帮助与配合。此外本书还参考了大量学者的已有研究成果,文中已尽可能予以标注,但也恐有疏漏之处,在此予以表示衷心感谢,同时亦感谢本书责任编辑所付出的辛劳与智慧。

罗生全

2021 年 9 月 28 日

导　论

　　教研员是我国教研制度的重要构成,是推动基础教育发展的中坚力量,他们以"教师之师"的特殊身份践行着教育教学研究、师资队伍建设、教学业务管理等多重使命。然而,在新课程背景下,教研员囿于职能、角色、专业属性及所属机构性质的框束,其发展境遇殊异,传统意义上引领、指导和服务教师教学的功能遭致现代教育管理和教学科学研究的挑战,其半专业半官方、半理论半经验性质的复杂角色形象以及教育教学背景或经历的特殊教师身份亦不能满足当代教育变革对自身的素养要求。在此尴尬境遇之下,教研员的价值效用和角色期待难以得到充分发挥和实现,除却现行教育制度有待完善、教研员自身素质尚待提升之外,缺乏对教研员胜任力水平模型的科学建构是其本质性根源。简言之,正是胜任力模型的"长期缺席"致使我国教研员的发展陷入"既无所依凭、亦无所依傍"的困境,其研究历程也是举步维艰,建构具有实践应用价值的教研员胜任力水平模型无疑成为本书的根本旨趣。为此,本章首先勾勒当前教研员生存和发展的社会现实及政策背景,浅议教研员胜任力研究的意义,进而对已有研究进行概括、评价和反思,形成本书的认识基点,最后整体说明研究的设计思路与方法。

一、背景与意义

　　据教育部公布的各年全国教育经费执行情况统计公告,1997 年全国教育经费总支出只有 2531.73 亿元[①],到 2020 年的 53033.87 亿元[②],我国不断追加教

《教育部、国家统计局关于 1997 年全国教育经费执行情况统计公告》,《基础教育改革动态》1998 年第 18 期。

② 《教育部、国家统计局、财政部关于 2020 年全国教育经费执行情况统计公告》,http://www.moe.gov.cn/srcsite/A05/s3040/202111/t20211130_583343.html。

育经费投入,增强办学实力,截至 2020 年全国各级各类学历教育在校生已达 2.89 亿人,各级各类学校已达 53.71 万所①,旨在全力确保教育公平,以更好实现"努力办人民满意的教育"这一目标。诉诸基础教育领域,从教育部基础教育质量监测中心发布的最新监测报告看,即 2020 年我国义务教育阶段学生语文、艺术学习质量较上一轮监测结果总体保持稳定②,这其中离不开广大中小学校和教师的努力,更与教研员这一群体密切相关,其在指导学校办学发展、提高教师队伍素质、保证教育教学质量等方面发挥了重要作用,促进了中国特色教研制度的建成。

1952 年,教育部颁发了第一份涉及教研组的正式文件,即《中学暂行规程(草案)》和《小学暂行规程(草案)》,这两个文件成为中国教研制度建立的开端,随之各种大大小小、名称不同的教研组织建立起来。1955 年,我国机关刊物《人民教育》作出关于"各省市教育厅局必须加强教学研究工作"的指示,要求"独立设置教学研究室",③此后省、市、县区三级的教研组织纷纷建立,教研员队伍不断壮大。1957 年,国家教育部颁布《中学教学研究组工作条例(草案)》,它是新中国历史上第一个明确以教研组为主题的正式文件,标志着教研员队伍的发展走向专业化。1990 年,国家教委发布《关于改进和加强教学研究室工作的若干意见》,明确提出教研组织的教学研究、教学指导和教学管理三大工作重点,为教研人员业务范畴的延伸奠定了坚实基础。2001 年,教育部颁布了《基础教育课程改革纲要(试行)》,指出"各级中小学教研机构要把基础教育课程改革作为中心工作,充分发挥教学研究、指导和服务等作用",文件确定教研组织为第八次课程改革的中坚力量,教研职能由"以教学为中心"转向"以课程为中心"。2002 年 12 月,《教育部关于积极推进中小学评价与考试制度改革的通知》提出"学校应建立以校为本,自下而上的教学研究制度,鼓励教师参与教学改革,从改革实践中提出教研课题",由此校本教研制度正式出现在国家教育行政部门文件中,推动了以校为本教研制度的正式确立。2012 年 11 月,教育部基础教育课程教材发展中心召开"首届全国教研系统负责人联席工作会议",会议就新形

---

① 《2020 年全国教育事业发展统计公报》,《中国地质教育》2021 年第 3 期。
② 《2019 年国家义务教育质量监测语文、艺术学习质量监测结果报告发布》,《教育时报》2020 年 8 月 25 日。
③ 《各省市教育厅局必须加强教学研究工作》,《人民教育》1955 年第11 期。

势下如何转变观念、创新思路进而推进教研工作走上新台阶进行研讨。2013年12月,"第二届全国教研系统负责人联席工作会议"召开,交流了基础教育科学研究部门在深化课程改革、落实立德树人任务中的新思路和新举措。2019年,教育部发布《关于加强和改进新时代基础教育教研工作的意见》,肯定了教研工作在推进课程改革、指导教学实践、促进教师发展、服务教育决策等方面的作用,并明确新时代的教研主要任务是服务学校教育教学、服务教师专业成长、服务学生全面发展、服务教育管理决策等。在国家各种政策文件或教研会议的助推下,我国教研制度从无到有、从零散到规范,教研人员从非专业到专业化,其队伍规模也从弱小走向强大,最终促成基础教育教研体系的丰富和完备,充分彰显了国家政策的发展导向作用。

我国教研制度及其教研员的产生、发展和壮大深层扎根于中小学教育,密切围绕中小学校的实际发展需求,推进了学校办学理念、培养目标、运行机制、职能分化的建设,也帮助了一线教师落实教育目的、教学组织与管理,并为行政部门提供教育反馈、为教育决策提供了依据和参照。然而,随着信息技术、互联网技术、大数据技术等高新技术的迅猛发展,科技创新要素在当今社会发展中的地位和作用愈加凸显,"互联网+教育"俨然成为现实诉求和未来走向,人们对于现代化教育的期许比以往任何时候都要更为强烈。新时代的学校教育亟须信息化教学、创新教学、泛在教学补给,以此适应时代发展与现实需要。这种种变化也为教研员队伍带来了巨大的压力和挑战,不仅要认真领会和学习课改、教改精神,以此组织和指导教师授课、研究和学习,促进教师专业发展,还要在巩固自身基础实力的同时提升信息技术素养、人文科学素养及创新素养等,不断学习,与时俱进,才能胜任好教学指导和科学研修工作。

新时代教育教学的深刻变革对教研员队伍提出了更高更专业的建设要求,而在实践境遇中,教研员的价值效用和角色期待并未得到充分的发挥和实现。究其原因,缺乏对教研员胜任力的专业评价模型,难以获知教研员胜任力水平的现状、问题及影响因素,无法对症下药,精准提高,这是当前教研员胜任力理论研究及实践发展的根本性阻滞。我们认为,只有在科学理论的指导下,通过大规模的实证研究与分析,明确教研员胜任力的构成要素,建构并推广教研员胜任力的水平模型,才能客观、全面、准确地监测出我国教研员的胜任力水平,并为教研员的考核与发展提供科学依据和有效指导,真正助益于我国教研员队伍的专业化建设。本书对于教研员胜任力模型的科学建构具有开创性意义。

二、文献评论

(一)教研员胜任力的概念研究

对概念的梳理和追问是教研员胜任力研究的逻辑起点,本部分主要概述"教研员""胜任力""教研员胜任力"这三个核心概念的研究现状。

1. 关于"教研员"的概念

教研员,即教育教学研究人员,作为教研制度发展的特定产物之一,其是各级教研室的重要构成单位。作为理论与实践的转换者、行政部门与中小学校的沟通者、政策与现实的接洽者,教研员的中坚作用不容小觑,为基础教育的发展乃至整个教育事业奠定了坚实基础。历次课程与教学改革活动的推进、国家教育政策或制度的导向,不断丰富与深化教研员职责,使其成为课程改革或教学改革的关键。回溯历史发展,有必要厘清教研员概念:张焕庭(1989)认为,教研员是教育行政部门直接领导下的从事教学研究的专业人员,不属于教育行政人员编制,不应把他们调离教研室当作行政人员使用;钱平安等(1991)认为,教研员是中小学教材教法教学研究人员;王焕勋(1995)认为,教研员是教学研究机构的专职研究人员,省(市)教育学院教研部、县(区)教师进修学校教学研究室或直属教育行政部门的教学研究室均设有若干名专职教学研究人员,称为教学研究员;钟启泉(2004)认为,教研员不是发号施令者,应当是为一线教师提供专业支持的专家,同教师一道用教育理性透视教育实践、用教育理论解读教师的教育实践,教研员应该成为"反思性教学"的研究者;刘业俭(2007)认为,教研员是"把教学和研究融为一体的人员",其首先是教师的身份,才能成为教研员;王洁(2008)认为,教研员是教研室的专职人员,不仅有研究和指导的责任,而且还承担着服务和管理的功能;崔允漷(2009)认为,教研员作为政策执行者,协助教育行政部门,整合多方专业力量,认真贯彻、落实国家课程政策,培育高效的课程政策执行文化;梁威等(2016)认为,教研员是教师的"教师"。可以发现,教研员兼具行政属性和专业功能,陈桂生(2021)就指出,教研员虽像事务员,又不同于一般事务员,只是未把教研员从教学研究中分化出来,更未把教学事务从教育事务中分化出来,自此人们对教研员形成了不同的角色或职能体认。

不同学者从不同角度对教研员予以界定,在一定程度上丰富和发展了教研员内涵。从这些认知或理解中可以发现,对教研员的认识主要落脚于其所属机构、职能、角色身份、工作内容等方面,这是由教研员的社会属性所决定的。伴随教育理论的发展、教育实践的改变,教研员所依存的教育语境不断变化,学界对教研员的认知逐渐从单一的服务机构性质走向职能多样、角色多重。特别在当前新课程背景之下,其传统意义上的管理者、传达者和转告者形象俨然正向政策执行者、课程设计者、发展服务者、专业指导者等专业角色转变,充分彰显了教研员与时俱进、与现实教育教学紧密相连的特征。

2. 关于"胜任力"的概念

胜任力最初源自法学和心理学,是确定个体发展空间和意识的合法水平,是一种区别个体与他人的能力,是在日常生活中进行多元智力活动的能力,之后被界定为一种特殊能力,是指不同专业领域的知识能力,主要用来描述特殊专业领域的成功人士。胜任力在教育领域应用已久,主要指向传统学科知识领域。当前学界对胜任力定义广泛,不同学者站在各自立场形成了差异理解。如McClelland(1973)认为,胜任力是与工作或工作绩效、生活中其他重要成果直接相联系的知识、技能、特质或动机;Boyatzis(1982)认为,胜任力是一个人所拥有的,导致在工作岗位上取得出色业绩的潜在特征(它可能是动机、特质、技能、自我形象、社会角色或其他所使用的知识实体等);Spencer(1993)等人认为,胜任力是指能将某一工作中表现优异者与表现普通者区分开来,是个人潜在、深层次的特征,它可以是动机、特质、自我形象、态度或者价值观、某领域知识、认知或行为技能(是任何可以被可靠测量或计量的且能够显著区分优秀与一般绩效的个体特征);彭剑峰认为胜任力是员工具有的能够导致产生优异工作绩效的各种个体行为特征的集群,反映了能够通过各种不同的表现方式表达的技能、知识、内驱力与个性;Parry(1998)认为,胜任力是指影响一个人大部分工作(角色或者职责)的一些相关知识、技能与态度,它与工作绩效紧密相连,并可用一些被广泛接受的标准对它进行测量,而且可以通过培训与发展加以改善提高;Halley(2001)认为,胜任力一般是对个体所具有的众多特质的描述,例如从动作技能到人格特征,从安全分离细胞的能力到成功地回应调查报告者提出的问题的能力等;Koeppen等认为,胜任力是指在特定情境下,特定的领域内,应付某种状况或完成某项任务,拥有的或需要拥有的认知性倾向;国内学者仲理峰、时勘(2003)则认为,胜任力是能把某职位中表现优异者和表现平平者区别开来的个体潜在的、较为持久的行为特征。

对胜任力概念的界定形式多样,大体可以分为两个学派:一派是特质学派,认为胜任力是个体潜在的、持久的特征,这种个人潜在特征与具体的工作情境相关;另一派是行为学派,认为胜任力是个体行为的类别,通过外显的行为来表征胜任力。综合来看,国外的学者多将胜任力理解为一种个体潜在特征,用来区别个体差异、角色差异、绩效差异等,强调的是在工作情景中所展现的价值观、动机、个性、态度、知识、技能等,只有满足这些特征才可称之为"胜任力"。

3.关于"教研员胜任力"的概念

至今,学界鲜少针对性的教研员胜任力概念。如赵佳丽(2017)指出,教研员胜任力是指在专门教研机构(如教研室、教师进修学院、教育科学研究院等)中,作为各个学科教学组织负责人或带头人,其在顺利组织各学科教师进行教学研究活动过程中所应具备的各种知识、能力、情意等。在研究教研员这一群体时,人们多将其混同教师胜任力。如徐建平(2004)认为,教师胜任力是指在学校教育教学工作中,能将高绩效、表现优秀的教师与一般普通教师区分开来的个体潜在的特征,主要包括能力、自我认识、动机以及相关的人格特点等个人特性;曾晓东(2004)认为,教师胜任力是指教师知道的(知识)、能做的(技能)、信仰的(价值观)具体内容,它直接影响教师的教学成绩,但它并不指这些因素的作用效果;Laursen(2006)认为,教师胜任力是在教育研究中,决定教师在实践专业领域的行为中怎样去应用自己的知识和技能的一种可估价的能力。柏宏权(2021)指出,教师胜任力是胜任力思想在教育工作中的集中体现。此外,何齐宗(2021)、郭丽莹(2020)、杨琰(2021)、张沿沿等(2017)在教师胜任力基础上也延伸出了教师教学胜任力、创新创业胜任力、科研胜任力、全球胜任力等。

总体来看,已有对教师胜任力的定义均以专业知识与技能为基础,呈现个体胜任力的内部提升与外部延展,即工具价值与个体价值的分离,这为之后教研员胜任力的定义提供了探讨空间。

(二)教研员的素养结构和专业发展研究

1.教研员角色和职能研究

角色是社会学领域的专有名词,主要指向个体所扮演各种角色的总和。在梳理教研员概念和教研制度的过程中,发现不少研究者聚焦社会学视野探讨教研员的存在意蕴或价值。早期教研员角色主要被定位于教学研究者、教学管理者、教师指导者,如钱平安认为教研员是教材教法教学的研究人员,王洁认为教研员是教学管理者等。随着课程与教学改革活动的不断推进,近年来教研员角色新增了课程建设者、教学评价者、课改执行者等。如崔允漷提出教研员是政策执行者;钟启泉提倡教研员是提供专业支持的专家;梁威等人回归教研员本质,将其定位为"教师"。随着教育理论的发展、教育实践的改变,教研员所依存的教育语境不断变化,致使人们对教研员的角色认知发生转变。在新课程背景下,教研员作为政策执行者、课程设计者、发展服务者、专业指导者、质量促进者等"专业人"的角色形象相继凸显,传统意义上的管理者、传达者和转告者形象有所淡化。不难发现,当前有关教研员的研究多集中于"是什么"的范畴,主要受个体社会属性和服务机构影响,力求明晰教研员角色,以更好地为教育教学发展服务。值得注意的是,在整个教研制度发展过程中,始终坚持教研室或教研员的"独立"特性,即不属于行政部门或体系范畴,这直接导致其角色定位多样,免受政治牵制或行政单位的苛责,赋予角色功能以更大发展空间。

对教研员角色的定位直接指明其工作内容或职责,教研员最基础的工作内容主要集中于教学研究、教学管理和教师指导三个方面。教学研究是指学习国家教育方针或政策,研究教学计划、教学目标、教材内容,自主编制试卷等。在教学管理方面,教研员虽然不是行政人员,但仍接受教育行政部门的领导,负责统筹和保障地区的教育教学质量,如监管地区与学校的教育教学常规、组织各种观摩课等。教师指导是指定期组织教师进行教学培训,深入中小学课堂实际指导教师落实教育指向和具体教学要求等。对教研员新的角色定位致使其工作内容不断扩充与完善:作为教学与课题研究者,需要组织教研,设计并分配课题,并对中小学教学研究课题的申报、立项、中期评估、日常研究和结题做出具体的指导和管理[1];作为课程执行者,大量的课程与教学改革实验最终需落到实处;作为一线研究人员,需择取优先示范区进行试验,并进行持续监督和反馈;作为教材开发者,需要辅助地区学校结合其特色开发校本课程,指导挖掘地区资源优势,统筹编写地区教材或乡土教材。此外,还需承担教育政策咨询、课程开发、考评管理等工作。

---

[1]　朱志平:《教研员何以异化为"考研员"——对教研员工作价值的思考》,《人民教育》2008年第9期。

2. 教研员素养结构研究

教研员集教学与研究于一体,当前并无对教研员胜任力的直接研究,多以素养结构替之,其研究主要散见于两个层面,一是相关政策和法令文件的具体要求。1990 年《关于改进和加强教学研究室工作的若干意见》、2000 年《教学研究室工作规程(征求意见稿)》、2005 年《关于进一步加强和改进基础教育教学研究工作的意见》等相关政策中均提出对教研员基本素养构成的要求,认为教研员应具备教育研究素养、教学指导能力、课程建设能力和课程资源开发能力等,即教研员作为能力者存在。2019 年《教育部关于加强和改进新时代基础教育教研工作的意见》明确教研员准入条件,即"政治素质过硬、事业心责任感强、教育观念正确、教研能力较强、职业道德良好"。二是关涉理论研究,核心探讨了对教研员的基本素养要求。如王希穆(1999)认为,教研员要具备研究能力、业务指导能力、公关能力、组织能力、独立决策能力、应变能力、文字能力、短时间完成工作能力、自我调节能力等;胡进(2003)认为,教研员要具备终身学习习惯和专业可持续发展的意识、较高的研究素养与能力、先进理念的管理和组织能力;时曦(2008)专注于教研员道德素养、理论素养、教学专业素养三要素的提升;饶又明(2010)则认为,教研员要具备坚实的专业理论素质、较高的研究素养和能力、丰富的教育教学实践经验;宋萑(2012)侧重教研员的专业指导能力、教育测评能力、课程开发能力、学术研究能力等;罗滨(2016)自主研制教研员专业素养标准,包括专业精神、专业知识和专业能力;杨鑫(2017)等人提出包括知识、能力、智慧、道德四个要素的教研员素养框架;莫景祺(2020)认为教研员专业素养包括政治立场、职业道德、专业知识、专业能力、组织管理等。

国外的教育体制中并没有划分"教研员"这一职位,在研究中也不能明确教育或教学督导就是教研员。基于教研员是区别于教师而又与其相类似的这一特征,特此结合国外对教师胜任能力的研究来考察教研员胜任力,以此找出生发点。澳大利亚学者将教师胜任力划分为专业属性、专业知识和专业实践三个方面,每一具体方面又包括五个维度,即:促进学生学习、评价和反馈学生学习结果、教师参与专业学习、教师参与学校范围内课程政策的研制、教师在学校社区范围内结成合作伙伴关系[1]。土耳其确定基本的教师胜任力,包括 6 种基本能

---

① *Competency Framework for Teachers*, Department of Education and Training, 2004.

力,分别为:个人与职业价值发展,了解学生,教与学的过程,学习发展的监控与
评价,学校、家庭与社会关系,课程和内容知识,6 种基本能力又含 39 种子胜任
力,具体刻画出 244 条胜任力表现指标。① 欧洲委员会将教师胜任力划为三维
度:一是知识和理解,包括学科、教学知识、发展心理学、学习理论、教育政策等;
二是技能,包括教学计划与组织协调、学生个体与团体的组织;收集、分析、解释
证据与数据;三是性格,包括信仰、态度、价值与参与。② 欧洲对胜任力的研究扎
根于布鲁姆认知分类,强调工具性与功能性。美国提出高效教师的 5 大胜任特
征,即专业化、领导、思维、计划/设定期望、与他人关系③。

结合国内外对教师胜任力结构或特征的分析,发现对教师胜任力研究立场
多以专业本位和个人本位为主,胜任力结构主要存在三因素结构(知识、能力、
特质)和多因素结构,多因素结构是在专业领域的知识、技能和个体特征的基础
上形成,具体胜任能力的形成往往是以个体基本能力为核心,进而细化为不同特
征或不同维度。

3. 教研员的专业发展研究

教研员专业发展是教研员的专业素养、专业水平逐步提升,专业价值不断实
现的过程。无论是教研员个体还是群体,其发展是在外部环境支持下个体努力
的结果。我国"教研工作面临着前所未有的严峻挑战","教研员在教育观念和
业务能力方面面临着巨大的挑战",④直指教育教学的发展并不仅仅建构于忠实
取向之下。我国教研员受传统教研制度的规约,习惯将工作重心用于教学指导,
故步自封于教师教学实际,缺乏前瞻性,故急需教研员发展研究。

基于教研员发展结构,研究者从不同层面探究了教研员专业发展结构,诸如
朱旭东认为教师专业发展应包括课程开发能力、专业指导能力、教育测评能力和
学术研究能力。但教研员专业发展结构研究存在的问题是研究者往往单纯从能

① SBEP (support to basic education project " teacher training component "), *Generic Teacher Competence*, Turkish Republic Ministry of National Educational General Directorate of Teacher Training, 2006.

② Education and Training 2020 Programme Thematic Working Group´s Teacher Professional Development, *Report of a Peer Learning Activity in Naas*, Ireland 2-6 Oct. 2011.

③ "Defining and Assessing Learning: Exploring Competency-Based Initiatives", *A Report of the National Postsecondary Education Cooperative*.

④ 李建平:《教研:如何适应课程改革的需要》,《中国教育报》2003 年 5 月 25 日。

力维度考虑教研员专业发展,而缺乏对教研员专业发展的系统化的思考,没有认识到支撑教研员专业发展的知识、态度、情感等因素。此外,一些研究者针对教研员专业发展的现状调查,分析存在的问题,并从外部影响和教研员内部建构等维度提出促进教研员专业发展的策略。

基于教研员发展方向,当前我国教研员领域并未形成一套完整的发展机制,但随着教育发展的专业化、特色化趋势加强,越来越多的教育教学研究不断转向专业化路径,旨在形成具有本土生长特色的教研员专业发展机制。教研员作为教师专业发展的引领者,其发展研究由此转向专业化、专门化。现有关于教研员专业发展的研究,多立足教研员的个体特色进行探讨,如有学者认为"教研员专业发展是教研员个体专业不断发展的历程,其本质是个体成长的历程,是教研员不断获得新知识、不断优化教研策略、提高专业能力的过程"①。还有学者认为,"教研员专业发展的本质是教研员通过专业训练和自身不断学习,使其教育思想和教研理论走向成熟,教研方式走向多元,教研行为走向民主,教研成果走向实践,从而成长为一名专业人员的过程"②。这些研究主要以过程取向和内外视角来定义教研员的专业发展,一方面直指教研员的内部发展,即激发个体成长的内部驱动力,重视完备自身专业知识、技能和情意发展,关注内在教研价值的提升,主动适应社会或学校的发展变化;另一方面指向教研员外部发展,关注教研职责或功能的多样、教研成果的创获等,教研员个体服务于外部环境要求,被动适应社会或学校变化,多表现为被外部名利所累。

(三)胜任力模型的建构和实践研究

1. 胜任力模型的经典建构

胜任力模型(Competency Model)是指担任某一特定的任务角色需要具备的胜任特征的总和,它是针对特定职位表现要求组合起来的一组胜任特征。③ 胜任力模型一定程度上是个成功模型,旨在突出某一工作岗位上个体能够取得突出成就或成功的知识、技能、行为等要素。当前胜任力领域存在的两个经典模型是"冰山模型"(Iceberg Competency Model)和"洋葱模型"(The Onion Model)。其中,由 L.M.Spencer 和 S.M.Spencer 所建构的"冰山模型",指出胜任力主要包

---

① 梁芹、蒋丰:《对教研员专业发展的思考》,《成都教育学院学报》2004 年第 10 期。
② 李玲、赵千秋:《教研员专业发展的困境与对策》,《教学与管理》2011 年第 22 期。
③ 徐建平:《教师胜任力模型与测评研究》,北京师范大学 2004 年博士学位论文。

括动机(motives)、特质(traits)、自我概念特征(self-concept characteristics)、知识(knowledge)和技能(skills)。在此模型中,知识和技能处于水面之上,是可触及易改变的,动机、特质、自我概念特征处于水面之下,看不见并不可触及,是难以发现和改变的部分。由冰山顶至冰山底部,越往下对应特征越难以发现和改变。"洋葱模型"是从另一角度对"冰山模型"的再诠释,在描述胜任特征时,遵循由表及里的原则层层深入,处于洋葱外层的是知识和技能,它是最基本和相当容易发展的特征;处于洋葱中层的是自我概念、态度和价值观;处于洋葱里层的是动机和特质,属于核心人格,是不易发展的部分。该模型由外至里,从表层特征深入到潜在特征,与"冰山模型"本质是一致的,即胜任力主要指向表层与潜层两个维度。

2. 胜任力模型的管理应用

"冰山模型"和"洋葱模型"作为经典模型被广为应用,同时很多国外学者在不同的实践领域对胜任模型一直予以探索。Boyatzis(1982)在公共事业和私营企业领域建构了高效工作绩效模型,划分出组织环境、工作需求、个体胜任力、高效工作或绩效几个层次。Nordhaug(1994、1998)提出应从任务具体性、行业具体性和公司具体性来划分胜任力,可划分出六种不同类型:元胜任力、行业通用胜任力、内部组织胜任力、标准技术胜任力、技术行业胜任力和特殊技术胜任力。随着胜任力在不同领域的引入,经典的胜任力模型出现"水土不服",研究者开始针对不同群体建构特定的胜任力模型,如党政领导干部[1]、新型职业农民[2]、新媒体编辑[3]、医师[4]等,突出了胜任力的"人—职"或"人—岗位"的一致性和匹配度,但这些不同的胜任力模型,其科学性、有效性等尚待实践检验和理论完善。

3. 胜任力模型的教育推广

随着胜任力在教育领域的日渐渗透,关于不同学科教师、校长、督导人员、高

[1]　赵辉:《中国地方党政领导干部胜任力模型与绩效关系研究》,西南交通大学 2007 年博士学位论文。
[2]　陈春霞:《新型职业农民胜任素质模型构建及培育路径研究》,华东师范大学 2019 年博士学位论文。
[3]　周畅:《新媒体编辑胜任力模型构建与应用研究》,武汉大学 2018 年博士学位论文。
[4]　张鬼:《研究型医师胜任力模型构建研究》,中国人民解放军海军军医大学 2018 年博士学位论文。

校辅导员等群体的胜任力研究越来越多,国外学界就引发了一场有关教育胜任力的运动,其中最具影响力的当属能力本位教师教育(CBTE)和人本教师教育(HBTE),由此奠定不同学者对胜任力概念的多重探讨与界定,主要呈现以技能为本和以素养为本的两种胜任力模型。

(1)以技能为本的模型

欧美国家所建构的教师胜任力模型,强调胜任力的工具性和功能性,以具体的行为表现为尺度,突出胜任力模型的整体性和普遍性。2000年,Hay McBer向美国教育与就业部提交了一份名为"高绩效教师模型"的报告,报告陈述了高效教师的4种胜任特征,分别是专业化、领导、计划/设定期望、与他人关系,以此为基础研究了不同规模和类型学校高绩效学校领导的特点,提出了优秀学校领导胜任力模型。Herneman和Milanowski(2004)认为提高教师胜任力主要有两个策略,即授课的改进,改进教师的知识结构和教学技能;人力资源的改进,改进教育系统中组织的建立、入职、发展和动机等,进而提出基于人力资源的教师绩效胜任力模型。国内也有不少学者(2021)将胜任力划归到能力范畴,如有研究者建构了二阶四维度39个指标的高校专业教育教师胜任力模型,包括专业与课程建设、能力技能、发展提高、创业资源;高岩(2015)探查了教师教学领导胜任力,涉及目标决策能力、组织管控能力、业务指导能力、质量评估能力以及条件保障能力。总体上,以技能为本的胜任力模型突出了主体的行动力,强调了胜任力的可测量特性。

(2)以素养为本的模型

行为、技能都只是教师发展的外在特征,胜任力模型的建构并不旨在衡量外部表现,更应充分考虑个人和社会心理因素,以及行动背后所隐藏的教育教学价值观,从统整角度考虑各个胜任特征的表现。因此,不少学者或国家打破教师胜任力的技能认知,有意挖掘行为表现背后的动机、态度、观念等因素。如欧盟提出了教师数字胜任力框架,指涉专业化参与域、数字化资源域、教学和学习域、评价域、赋能学习者域、促进学习者的数字胜任力域[1]。国内有学者建构了大学辅导员胜任力模型,包括管理特征、学生意识、个人特征、心理管理、文化认同和政治意识[2];有学者针对性地构建了普通高中教师生涯指导胜任力评价指标体系,

---

[1] 郑旭东等:《欧盟教师数字胜任力框架:技术创新教师发展的新指南》,《电化教育研究》2021年第2期。

[2] 韩英:《大学辅导员胜任力模型及其应用研究》,复旦大学2008年硕士学位论文。

具体指向知识框架、观念框架、能力框架、行为框架①。概言之，人们不再将胜任力局限"人—职"匹配中的能力范畴，还关注人的需求、人格特征等。

（四）自我效能及其与胜任力的关系研究

1. 自我效能的概念研究

"自我效能"一词最早出现在 Bandura 1977 年发表的《自我效能：关于行为变化的综合原理》一文中。之后，在大量的实验研究基础上，Bandura 及其同事提出了自我效能原理。在 Bandura 及他人的相关研究中，自我效能（self-efficacy）被定义为自我效能感（Perceived Self-efficacy）。此外，这些研究对自我效能也有其他多种描述：效能信念、自我效能期望、效能期望等，这些概念间并无实质性差异。

综观国内外的研究，不同学者对自我效能概念有不同的表述：Bandura（1977）认为，自我效能指人们对完成某个特定行为或完成某种结果所需行为的能力信念，是人们对其组织和实施达成特定成就目标所需行动过程的能力的信念，也是对影响自己的事件的自我控制能力的知觉；周国韬、元龙河（1991）认为，效能期望是指人对自己能否成功带来某一结果的行为进行的推测；张鼎昆、方俐洛、凌文辁（1999）认为，自我效能感指人们对自己实现特定领域行为目标所需能力的信心或信念；吴增强（2001）认为，自我效能是指个体对自己能否在一定水平上完成某一活动所具有的能力判断、信念或主体自我把握和感受；边玉芳（2003）认为，自我效能感是指个体对有效控制自己生活诸方面能力的知觉或信念；余文杏（2005）认为，自我效能是指人对自己是否能够成功地进行某一成就行为的主观判断，即个体对自己能否在一定水平上完成某一活动所具有的能力判断、信念或主体自我把握与感受，是一种积极的自我信念；池丽萍、辛自强（2006）认为，自我效能感是指人们对自己实现特定领域行为目标所需能力的认知或信念，这种"能做什么"的信念反映了个体对环境的控制感；郭本禹、姜飞月（2008）认为，自我效能指人们对成功实施达成特定目标所需行动过程的能力的预期、感知、信心或信念。

综合来看，对自我效能的定义存在两种指向，一种指向心理学领域，即自我

---

① 万恒、王芳：《普通高中教师生涯指导胜任力评价指标体系的构建》，《教师教育研究》2021年第2期。

效能等同于自我效能感;另一种指向社会学或领导学领域,将自我效能等同于效果、实效、业绩、绩效等。不过,在实际研究中,无论是自我效能还是自我效能感,二者均指个体为完成某一活动任务或事件的能力、信念、信心或感知等。在当前的大多研究中,这两个概念已混为一谈,没有严格的区分。

2. 自我效能的特征维度

从结构来看,自我效能是多维度的,它主要围绕水平、强度和广度这三个维度而变化:①其一,水平,指人们在这一维度上的差别导致不同个体选择不同难度的任务,即有些效能预期停留在简单任务水平上,有的扩展到中等难度的水平上,有的则延伸到高难度的任务上;其二,强度,个体对完成不同难度和复杂度的活动或任务的能力的自信程度,一般自我效能感较低的个体,会降低其努力程度,而自我效能感强的个体,在不一致经验的作用下仍能维持其努力程度;其三,广度,是指成功或失败的经验以一个有限的、特定的行为方式影响自我效能预期的程度,或者自我效能的改变是否能延伸到其他类似的行为或情境中去。

在实际的自我效能测量过程中,主要依据前两个维度进行设计,具体采用微分析的方法论给被试者呈现刻画不同水平的任务,然后让个体回答是否能完成不同难度和复杂度的活动,并在量表上评定对自己解决问题能力的信心,即自我效能强度。理论上讲,对自我效能的详细分析必须与行为操作有意义地联系起来,对水平、强度和广度作细致而全面的评价。但大多数的研究往往依赖于单一维度的测量,而且大多数集中在自我效能强度的测量上(人们对其在某个不确定情境中实施某个行为的能力确信程度)。

3. 自我效能的作用机制

Bandura 关注效能信念产生影响的过程,认为自我效能感是通过个体的选择过程、思维过程、动机过程和心身反应过程这四个中介来产生作用的:

(1)选择过程。自我效能感影响到个体对环境及行为活动方式的选择。一般而言,人们倾向于选择那些自己感觉能有效应对的环境,而避开那些无法胜任的环境。再则,不同的行为方式对知识和技能的要求也不同,个体选择哪种活动方式也取决于他的自我效能感。当然,这些选择又会反过来影响个体某些能力的发展。

(2)思维过程。自我效能感会影响或激起个体某些特殊的思维过程,这些

---

① 郭本禹、姜飞月:《自我效能理论及其应用》,上海教育出版社 2008 年版,第 66 页。

思维过程对个体的成就行为所产生的影响,可能是自我促进的,也可能是自我阻碍的,这一般是由自我效能感的高低导致的不同。在思维过程中,自我效能感的高低影响到个体的目标设置、归因方式以及对即将执行的活动场面或动作流程的心象实现等过程。

(3)动机过程。个体在活动过程中的努力程度以及面临困难、失败时对活动的持久性和耐力也受自我效能感的影响。高效能的人勇于面对困难和挑战,为自己设计更高的目标,而低效能的人满足于平庸,甘于失败。

(4)心身反应过程。自我效能感会影响个体在面临紧张事件时的应激状态、焦虑及抑郁程度,这些心身反应又通过改变思维过程而影响个体的活动及其功能发挥。应对效能感强的人在应对环境时泰然自若,而应对效能感差的人对环境充满了焦虑不安。

4.自我效能的影响因素研究

基于 Bandura 与其同事大量的研究发现,自我效能感的形成与改变主要受以下四种因素的影响:

(1)直接经验。也就是个体的成败经验,因为亲身获得的成就是以真实的经验为基础的,所以它是最有影响力的效能信息来源。过去多次获得的成功会提高自我效能感,反复的失败则会降低自我效能感。不断的成功或失败会使人建立起相对稳定的自我效能感。

(2)替代经验(间接经验)。个体看到人格特征与自己相近的他者的成功,能促进自我效能感的提高;相反,若看到其失败,尤其是付出很大努力后的失败,则会降低个体的自我效能感。

(3)言语劝说。他人的言语劝说可以提高自我效能感,当然,劝说的效果还依赖于劝说者的权威、地位、专长等因素。

(4)情绪和生理状态。个体的情绪状态和身体不适也会影响自我效能感的形成,强烈的激动、紧张和焦虑等负面情绪容易降低人们的自我效能感。

(五)组织氛围及其与胜任力的关系研究

1.组织氛围的概念研究

组织氛围又称组织气候或组织气氛,主要源于 Tomas 于 1926 年提出的相近概念"认知地图",它是指个体通过对周围环境的感知而产生的对组织内部认知的地图。此后,勒温在场次论研究中提出"心理氛围"和"团体气氛"概念,认为个体认知结构与组织认知的共振形成了组织的内部气候,具体定义为组织中个体的共享知觉或是个体之间认知图式的相似程度。Agryris(1958)将氛围理解为组织的一种恒常状态(Homeostatic States),并认为"氛围"一词是可以和"文化"一词相互替代。Glick(1985)在其研究中提出氛围是一组变量,主要用于描述组织环境对个别组织成员行为的影响,是组织中的现象。Denison(1996)也曾提出,当前研究中关于组织氛围是可以分享的感知还是可以分享的组织情景是仍无定论的。因此,就组织氛围的概念而言,主要存在三种观点:

第一,组织氛围是一种本体属性。如 Likert(1967)认为组织氛围是组织内部特有的属性,主要体现为负责组织管理的机构能够在组织内部很好地运作;Forehand 等(1964)、蔡培村(1985)等人认为,组织氛围是能够为组织成员所知觉和测量并影响组织成员行为的多层面的组织内部固有属性。

第二,组织氛围是一种认知感受,强调了主体对心理环境的主观知觉。如 Letwin 和 Stringer(1968)认为,组织氛围是在某一相对稳定的环境下,组织中的个体对于该环境有意识的客观体验和感受,它可以对组织成员的行为、信仰、价值观产生重要影响。Schneider 和 Reichers(1983)指出人们在组织中所关注的问题一般是组织的工作特性以及管理风格,而组织氛围是内部成员对组织客观特征的感知。此外,将组织氛围定义为心理氛围(即认知感受)的总和,一方面指向个体对组织的认知,具有特殊性;另一方面指向共同的群体认知,其会对组织中所有个体的心理感受产生影响,并作用于个体行为,具有普遍性。

第三,组织氛围是一种组织情景或环境。强调组织氛围是组织的而非个体的一般感知,是由社会、文化等一系列复杂因素所促成的组织情景,包括物理环境和心理环境。如 Argyris(1958)定义组织氛围为组织内部环境的一种相对持久的恒定状态;许士军(1977)认为,组织氛围是介于组织环境与组织成员之间的组织内在的心理环境;陈维政(2005)认可组织氛围是组织所具有的相对持久的风格,也是可测量的工作环境属性的一系列集合;顾远东和彭纪生(2010)认为,组织氛围是组织成员直接或间接感知到的一组组织特质,是组织环境中可以测量的影响成员创新性行为的因素;王秀会(2013)认为,组织氛围是组织成员对所处的组织内部环境的认知或感受,对个体的心理、态度和行为具有重要的影响作用。

值得注意的是,大多研究都模糊了组织氛围与组织文化之间的界限。严格来说,组织氛围与组织文化是存在很大差别的,组织氛围是对组织环境的感知及其对个体行为的影响,而组织文化是组织中较为稳定长久的期望、信念、价值观等,二者不能混同。

2. 组织氛围的结构研究

组织氛围体现的是主体心理对环境的感知印象,由此对组织氛围量化的第一步就是对其结构维度进行划分,这样才能对其进行多维研究。诉诸已有研究,比较缺乏普适性的共性研究,而学界历来对组织氛围的划分都是以个人研究为指向(见表0-1)。

表 0-1　国内外学者对"组织氛围"的结构划分

研究者	结构划分
Litwin 和 Stringer（1968）	成就、归属或权力三种类型,测定组织氛围的维度是结构、责任、奖酬、风险、人情、支持、标准、冲突和认同
Tagiuri（1968）	生态学、背景环境、社会系统和文化
Churchill、Ford 和 Walker（1976）	主管监督的严密性、绩效标准、沟通频率、上级单位数量、创新需要、角色模糊性和角色冲突等
Wallach（1983）	组织机构的科层性、创新性和对员工的支持性
任金刚（1996）	领导、薪资、规章、省钱、发展、考绩、福利和沟通
张震（2002）	组织结构科层性、创新性和对员工的支持性
朱瑜（2004）	工作结构、奖励取向、工作自主、管理效率、工作目标、质量取向、人际取向、温暖支持
张亮（2005）	组织创新气氛包括5个维度,分别是组织鼓励、团队支持、资源充分、工作自主和工作挑战
谢荷锋、马庆国（2007）	创新、公平、支持、人际关系、员工身份认同
顾远东、彭纪生（2010）	环境自由、组织支持、团队合作、学习成长、能力发挥
赵鑫（2011）	组织支持、领导支持、团队支持、工作支持
郭媛媛（2016）	创新氛围、授权氛围、合作氛围
丁越兰（2018）	工作性支持感知、归属性支持感知、成长性支持感知

综合来看,至今对组织氛围内在结构的划分并没有统一的标准,整体呈现出庞杂混乱的样态,究其原因,一方面源自不同学者对组织氛围认知各异,研究者基于不同的研究假设、研究立场对组织氛围的结构划分也不尽相同;另一方面源自文化环境的差异,实践对象的多样、组织氛围的特殊性大于普遍性。

对组织氛围维度的划分,研究初期的维度划分都比较笼统、局限,国内外研究者多从工作特性、人际关系、领导风格进行划分,不过在众多组织氛围的结构划分中仍能找到一些共性因素,如社会层面(组织或团队的支持、认同、合作等);情感层面(人际信任、关怀、鼓励等);工作或任务层面(工作结构、工作特点等),这些因素在相关研究中均有涉及。因此,对组织氛围的结构划分应结合实际,具体考量客体对象、主体立场、社会环境、文化等要素,旨在形成科学合理的结构划分体系。

3. 组织氛围的关系研究

对组织氛围的研究比较分散,主要集中在对组织氛围概念探讨、组织氛围结构探究和组织氛围关系探寻三个维度。其中,尤以组织氛围的关系研究为多,主要表现在以下三个方面:

组织氛围与管理:组织氛围与管理的研究主要指向领导行为、领导方式,领导是影响组织氛围的一个重要因素,如勒温(1939)、刘荣钦(2004)、陈维政和李金平(2006)、陈露(2017)等人就对"组织氛围与领导行为"的关系进行了多重探究,发现二者存在一定程度的正向关系。

组织氛围与个体:个体是社会的重要构成部分,即具有社会属性,个体不仅受社会的影响或作用,且其对组织氛围的感知、理解,亦会影响自身的态度或认知,进而影响个体的行为表现,因此,有研究者基于个体要素探讨组织氛围。如许士军(1972)研究了"组织氛围与员工满足感"的关系,Wallach(1983)系统研究了"组织氛围与员工行为"的关系。此外,还有李太(2011)、张国峥(2015)等,都关注了组织氛围与个人创新、个人职业发展等之间的关系。

组织氛围与组织:基于对组织氛围的狭义理解,组织氛围是以组织为中心,有研究者攫取其"产出"——绩效为重点,使组织氛围与组织绩效的关系成为研究重点,此外还有组织类型、性质、安全、效益等关涉其中。如朱瑜(2004),组织氛围与企业类型;李金平(2006),组织氛围与企业性质;马云献(2005)、陈梦媛(2017),组织氛围与组织(工作)绩效;张双文(2004),组织氛围与组织安全。

这一系列的研究表明,在不同的研究阶段或所选择的不同关注点下,组织氛围与组织绩效、组织性质等均呈现不同程度的相关,即组织氛围的改善或提高,会促进组织绩效的提高、组织安全现状的改善,甚至是组织团体结构的重组或调整等。

4. 组织氛围的影响因素研究

现有研究中,对组织氛围影响因素的研究比较少,多散见于具体实证研究之中,综合分析来看,主要存在两种样态。

一种将组织氛围作为自变量,即组织氛围是核心影响因素。如马云献(2005)的研究证明组织气氛对教师工作绩效通过间接作用产生影响,即组织承诺作为二者间的中介变量;张震等(2002)的研究表明,通过对我国企业员工进行取样调查发现,员工的积极性广泛受到内部环境影响,低科层、高创新、高支持的气氛会增强员工对工作的参与度和参与热情。

另一种将组织氛围作为因变量,即组织氛围属于被影响的因素。此类研究通常会结合具体主题展开,如刘荣钦(2004)研究发现,人口统计学变量会对组织氛围产生一定的影响,包括学历、职位等方面都会影响到其感知程度;胡冰冰(2015)在其有关组织道德氛围的研究中同样发现,不同的人口统计学变量对员工工作态度及维度会产生显著影响;张严(2014)研究发现,校长领导行为、教师因素对学校组织氛围都有影响。

整体而言,在关于组织氛围的相关影响研究中,组织氛围本体既作为影响因素作用于其他客体,同时又作为客体备受影响,经分析发现,组织氛围作为因变量,主要受三类因素的作用,分别是:其一,人口统计学变量(员工、年龄、学历、职称等);其二,社会环境(绩效、满意度等);其三,本体因素(管理风格、人际关系、组织支持、组织承诺、组织安全等),三者内外交互作用而实现一向发展。

(六)教研员胜任力的研究反思

1. 研究方法单薄,理论思辨为主,缺乏实证研究

综观已有文献,对教研员或教研队伍的研究,方法相对单一,绝大多数研究以理论思辨和经验总结为主流,且理论层面的学术思考并不深入,建基于实践智慧的高品质理论产出的文献十分匮乏。具体而言,现有研究集中采用个案研究法对某一群体或个体进行角色分析、职能探索等,或是运用文献分析法对教研员的发展现状进行归纳总结,而运用访谈法、问卷调查法、田野考察法等开展的实证性研究甚少,少许的量化研究散见于博硕论文中。未来的教研员研究应当综合运用文献研究、案例研究、访谈、问卷等多种方法,将量化研究与质性研究相结合。

2. 教研员胜任力的概念研究留白,有待探索与突破

在当前研究中并未能找出对"教研员胜任力"的准确定义,而对"教研员"或"胜任力"的独立定义数见不鲜,但教研员到底是体制内还是体制外的个体？学校的教研员(如教研组长、骨干教师等)和教研机构的教研员是否等同？其胜任力是否一致？诸如此类问题在现有的关于教研员或胜任力的概念研究中均未被提及,但对这类问题的解答是探讨和界定"教研员胜任力"概念的前提之思,对深入探究教研员胜任力问题具有重要启示。

3. 教研员胜任力要素划分不一致,缺乏教研员个体特色

当前对教研员的发展研究与教师教育改革逻辑相一致,侧重职前、职中、职后的一体化而符合专业发展规律,旨在将教学和研究融为一体而倚重教研员素养,并据此展开教研工作。基于研究文献发现,教研员的核心素养包括学科素养、学科教学素养、学科教学研究素养、学科教师培训素养、学科发展领导素养等。现有研究集中强调基础素养或能力,如指导能力、教学能力、管理能力、沟通能力等,缺乏对教研员教学领导、改革推行能力、研创能力等个体特色的攫取。概言之,教研员素养由两部分构成,一部分是与普通教师共有的、非本体性的素养,如上好一堂课所需的知识、技能、情感等素养;另一部分是教研员工作岗位所需的特殊的、本体性的素养,如指导教师授课、开展学科建设等所需的素养。如何从教研员的共性素养中挖掘出个体独有的特色素养无疑成为未来研究的重点。

4. 教研员胜任力模型建构缺乏系统深入,难显素养本真

胜任力模型建构广泛诉诸人力资源管理,其中,"冰山模型"和"洋葱模型"作为经典模型影响至今,不同领域的胜任力模型都是在此模型基础上的重构与发展。通过已有研究可发现,胜任力模型的建构意在回答两个问题,其一是完成工作所必需的技能、知识和个性特征是什么？其二是哪些行为对于工作绩效和获取工作成功具有最直接、最重要的影响？就教师的胜任特征而言,前人重在突出知识、技能(能力)、个性特质三个主要因素,由此出发探索了更具体的胜任特征,即多因素的胜任力是以三因素为基础。再就教师胜任力模型而言,主要存在以技能为本的模型和以素养为本的模型两种模型。无论是已有研究的胜任特征还是胜任模型,都揭示了教研员作为师者角色的"胜任因素",具有一定的参考价值。但强行将其作为教研员专用的素质结构模型,显然是不够专业、不够系统

和不够"称职"的。伴随教育现代化的推进、人本化的回归,以素养为本的胜任力模型建构必将成为主流,若以此为基础建构专门的教研员胜任力模型,必然有助于教研员完成其教研工作,达到其预定的绩效目标,同时也有助于推进教研员的专业发展。

三、研究设计

教研员对推动课程改革、改进教学实践、落实教育理念和政策、促进教师专业发展等具有重要价值和作用,但是在实践境遇中,教研员的价值效用和角色并未得到充分发挥。除了现行教研制度的行动剥离、教研队伍参差不齐之外,本质上缺乏对教研员专业发展和职业晋升的科学引导,换言之,缺乏对教研员胜任特征模型的科学建构。因此,有必要探究教研员胜任力的生成机理与影响机制。

(一)研究目标

本书的研究将突破传统理论演绎的研究范式,采用理论分析与实践验证的混合设计范式解构教研员胜任力内在结构,建构出教研员胜任力模型,在此过程中编制出符合我国教育教学生态的教研员胜任力量表,厘清教研员胜任力各维度内涵和逻辑关系,以及教研员胜任力对预测自我效能作用发生机制、对组织氛围作用的响应机制,最终为教研员专业测评、职业晋升、工作发展等提出可能路向。

(二)研究假设

基于对已有教研员、胜任力内涵、视角的分析思考,以及研究前期对教研员工作现实的经验总结,研究认为教研员胜任力是个体主观知觉与客观能力的统一,是内在素养与外在环境的契合。在对教研员胜任力的基本研判下,本书初步形成以下三个理论假设:

假设一:在测量教研员胜任力水平时,应把教研员的主观感受、工作状态和客观素质作为度量标准。

教研能力是教研员从事或维持教研工作的基础,胜任力是帮助个体在工作岗位上获取绩效的必要条件,但如果没有外在环境的施压和教研任务的刺激,教研员并不会产生胜任动机。当前研究中多用能力、动机、行为等客观指标衡量教研员的胜任力水平,只能折射出一些表层特质,研究得到的胜任力仍是一般能力特征,忽视了教研工作的内在机理与特质,难以萃取教研员区别于一般教师、校长、行政人员的差异能力。因此,在测量教研员胜任力时,既不能仅考察其一般教研能力,还应观照教研任务、职位、社会或文化氛围等因素,这源自外在环境是胜任力产生的客观诱因,深刻影响教研员心理动机,进而影响其行为表现。

此外,在重新厘定教研员胜任力内涵过程中,对教研员胜任力特质进行系列探讨,进而推呈出第二、第三个研究假设:

假设二:组织氛围对教研员胜任力具有显著影响。

同一职位、学校或教研部门对教研员的要求存在一致性,而不同学校或教研部门性质的差异使教研员发展呈现不同特征。首先,组织氛围内涵与胜任力实质的交互确证。胜任力实质在于个体能根据岗位要求与环境变化而不断胜任工作,以此取得工作绩效。良好的组织氛围能营造出一种合作、分享、和谐的工作环境,为个体融入团队组织和完成工作任务提供环境支持,个体极易产生归属感,并能改变自我认知、提高能力,由"被动适应"转归"主动胜任",进而实现对工作的"驾轻就熟",这与胜任力内涵一脉相承。其次,组织氛围价值与胜任力归因的牵引磨合。当前对胜任力归因多重,就胜任力问题本身而言,关涉主体内在与环境、主观与客观等。其中,个体原因是重中之重,但组织氛围为其提供心理支持与环境场域,从外围影响胜任力发展,那么为明晰组织氛围是如何影响胜任力,就需全面、客观地透视组织氛围构成要素。概言之,组织氛围在一定程度上决定个体胜任水平。最后,组织氛围目标与胜任力提升的逻辑一向。欲提升个体或群体胜任力水平,组织氛围成为"应然之道",组织、制度、领导、薪酬、团队等为胜任力发展提供硬性条件,成为个体选择与适应工作、任务的备选条件,而支持认同、和谐、人情、自律、责任心和开放竞争等为胜任力发展提供软性条件,助力个体发挥主观能动性,在胜任工作任务中创获绩效。因此,组织氛围成为解决胜任力问题的路径选择。

假设三:自我效能对教研员胜任力具有显著影响。

其一,自我效能的中介机制与胜任力特征是相契合的。自我效能主要通过认知、动机、情感和选择四种中介机制调节个体机能。基于自我效能的认知过程,人的行为具有目的性,受认知目标在内的预先思维的调节,影响知觉效果,其与胜任力对知识的要求不谋而合。基于动机过程,动机是以认知为基础而激发、指导与维持个体行为,并深刻影响自我效能的高低,而胜任目标的达成是以动机为源泉。基于情感过程,态度表征于对外界事物的情感、意向等心理倾向,积极的态度助益个体效能发挥,消极的态度会损耗自我效能值;反之,自我效能信念会通过控制思维、行动和情感等因素,影响个体情绪经验和紧张程度,终而作用于态度的产生与发展。基于选择过程,效能判断以活动和环境选择为准,通过预想避开超越自我能力范畴的活动与情境。综合来看,胜任力要素或发展与自我效能的四种中介调节机制存在不同程度的契合。

其二,自我效能与胜任力存在交互作用的关系。已有研究表明,胜任力与自我效能感呈正相关,一方面,胜任力对自我效能具有显著的预测作用。个体能力的高低是有效自我效能高低的因素之一,当个体具备必要的知识、技能和性格等,间接增强其自信心,在工作中表现得驾轻就熟,因此,拥有卓越成就者特征的人一般其自我效能较普通者更强。另一方面,自我效能对胜任力有积极的预测作用。自我效能不仅影响个体适应力和调节力,还通过其他因素影响个体机能。如通过信心影响个体思考问题取向积极或消极,从而产生不同的情绪体验,导致自我加强或自我阻碍;通过目标设置的挑战性和结果预期在动机的自我调节中影响个体胜任力的发挥,某种意义上,自我效能是胜任力发挥的动机因素。个体正是以自我效能为基础,在胜任力发挥的过程中通过调节其预期、感知、信心和信念进而影响行为与心理。

（三）研究方法与路线

为有效探寻教研员胜任力的提升路径,研究编制了包括教研员胜任力、自我效能和组织氛围在内的统编问卷,在对收回的实证数据处理基础上,尝试运用大数据理念以及聚类分析方法,在研究工具的创新使用中发挥研究实效,挖掘隐藏于数据背后的深层学理信息。由此确定研究路线为:基于国内外关于教研员胜任力的相关研究,建立研究假设,具体遵循"教研员胜任力内在结构分解—教研员胜任力理论模型建构—教研员胜任力理论模型的现实验真—教研员胜任力模型的实践转化"的路线开展研究。在研究过程中,以教育学、统计学、管理学、心理学等学科理论为基础进行理论铺垫,并辅之以翔实的文献研究、内容分析、现实研讨等,设计系列调查量表,通过质性访谈与问卷调查对全国范围内的中小学教研员进行调研,之后通过聚类分析、主成分分析、因子分析、多重回归分析等大数据技术手段对收集的信息进行优化处理,建构教研员胜任力水平模型,据此模型再分析教研员胜任事实与存在问题,最终提出改进策略和建议。

（四）研究对象

为保证研究样本的全面、均衡和有效,研究以教师进修学院(学校)、教科所、教研室等为调查主体单位,在全国范围内调研了黑龙江、吉林、辽宁、河北、河南、山东、山西、安徽、江西、江苏、浙江、福建、广东(广州)、湖北、湖南、海南、云南、贵州、四川、青海、甘肃、陕西、内蒙古、新疆、广西、宁夏、西藏、北京、天津、上海、重庆等 31 个省(自治区、直辖市),采用分层随机抽样方式调查了 1271 名中小学教研员作为此次研究的对象。

（五）研究工具

本书主要采用问卷调查法,问卷属于自编问卷,由教研员胜任力、自我效能和组织氛围三个主体部分构成,其中教研员胜任力部分主要包括六阶二十六维度。教研员胜任力的六阶是指专业知识、课程建设、教学发展、科学研究、组织领导、专业品质。教研员胜任力的二十六维度是指专业知识中的学科专业知识、学科教学法知识、教研知识;课程建设中的课程设计、课程开发、课标解读;教学发展中的教学指导、试题命制、推广应用;科学研究中的课题论证、方案实施、成果表达、成果评价;组织领导中的理解他人、团队合作、活动设计、专业培训、创新实践、理念提升、人际沟通;专业品质中的角色认知、守业敬业、学习发展、个人魅力、灵活应变、成就动机。自我效能部分主要包括三阶八维度,自我效能的三阶为认知效能、情绪效能、意志效能,自我效能的八维度是指认知效能中的信念和归因;情绪效能中的情绪表达和情绪管理;意志效能中的自觉性、果断性、坚持性、自治性。组织氛围部分主要包括三阶七维度,组织氛围的三阶是指组织价值、组织结构、组织支持,组织氛围的七维度主要包括组织价值中的组织理念和组织认知;组织支持中的领导方式和管理方式;组织支持中的制度支持、资源支持和关系支持。

（六）数据处理

本书的研究旨在探究教研员胜任力的结构特征并构建理论模型,同时着眼于教研员胜任力、自我效能和组织氛围三维向度,实证研究尝试辨析三者间的关系,通过对教研员胜任力进行学理探讨和数模修正,建构出教研员胜任力数据模型。

在教研员胜任力的初始探究阶段,通过质性访谈收集了大量开放、差异、多元的个体信息,进入胜任力验证探究阶段,通过问卷调研了全国范围内的省市、自治州等,发放包含胜任力、自我效能和组织氛围内容的教研员工作调查问卷,加之问卷本身又有各异的题项设计,在研究总结阶段将所有调研结果汇总起来就形成了一个"海量数据包",即大数据样本。

对这一数据样本的分析不仅需要大数据思维,还需借助大数据技术手段,找出潜藏于数字背后的多质信息,同时基于技术理性视野深层挖掘数据价值,进而提取出高质信息。大数据的"5V"特征,即数据体量巨大(Volume)、数据类型繁多(Variety)、数据处理速度快(Velocity)、数据真实性强(Veracity)、数据的可用价值密度低(Value),这些特征诠释了大数据技术的各项优势。① 具体而言,数据量大,根据著名咨询机构 Internet Data Center 做出的估测,人类社会产生的数据一直都在以每年 50% 的速度增长,也就是说,每两年就增加一倍,这也被称为"大数据摩尔定律"。这意味着,人类在最近两年产生的数据量相当于之前产生的全部数据量之和。② 数据类型繁多,主要有结构化的数据和非结构化的数据,并且现实生活以非结构化数据占量最多,面对如此多样的异构数据,着实对大数据处理技术或手段提出了挑战与要求。正因海量数据的存在、数据本身的异质,使大数据的应用必须能快速生成实时分析结果,这种数据处理的技术灵敏性当下已达到秒级反应,突出了大数据手段处理速度快的特征。当然,大数据看起来很完美,但也使很多有价值的信息散落海量数据之中,价值密度低成为重要限制因素。

无疑大数据的"大",并非指数量之大,更强调数据价值之大,"即能从繁杂的教育数据中发现相关关系、诊断现存问题、预测发展趋势,发挥教育大数据在提升教育质量、促进教育公平、实现个性化学习、优化教育资源配置、辅助教育科学决策等方面的重要作用"③。在本书中,教研员胜任力研究数据主要来源于两部分,一部分源自前期质性研究中的文本数据,另一部分是后期量化研究中的实证数据,各异的数据样态和本体数值特征使数据多而混杂,为了让这些客观实在的数据"发声",有必要突破对数据因果关系的过分偏执,转向找寻样本数据的

① 方巍、郑玉、徐江:《大数据:概念、技术及应用研究综述》,《南京信息工程大学学报(自然科学版)》2014 年第 5 期。
② 林子雨编著:《大数据技术原理与应用——概念、存储、处理、分析与应用》(第 2 版),人民邮电出版社 2017 年版,第 8 页。
③ 杨现民、唐斯斯、李冀红:《发展教育大数据:内涵、价值和挑战》,《现代远程教育研究》2016 年第 1 期。

整体性、客观性、科学性,以相关关系揭露教研员胜任力发展的可能,即匹配大数据分析中"全样而非抽样、效率而非精确、相关而非因果"的显著特征。有鉴于此,本书运用大数据中的聚类分析手段处理调研数据,旨在对不同水平的教研员胜任力、自我效能、组织氛围进行水平划分和特征刻画,以系统论视野探究教研员的内外胜任关系。聚类就是按照某个特定标准一般为距离准则,把一个数据集分割成不同的类或簇,使得在同一个簇内的数据对象的相似性尽可能地大,同时不在同一个簇中的数据对象的差异性也尽可能地大。也就是说,聚类后同一类别的数据尽可能地聚集在一起,而不同的数据尽量分离。① 这些无标记的数据的归类,有效避免了问卷本身、研究者、研究对象、行政压力等主客因素造成的数据"失实",更能为之后的数据分析提供有价值性参考资源。诉诸教研员胜任力数据的聚类分析过程,大体经历了特征提取—算法设计—聚类结果评估和解读几个阶段,并以数据聚类效果反复调适生成结构模型。

本书以教研员作为研究对象,主要基于教研员较之其他教师全体,其承担了多重职能、扮演各类角色,且各个教研员有所差异的教育教学经历或学科背景使其个体属性突出,不同教研员之间的差异表现程度也较大。因此,为摆脱传统数据分析的表层拘囿,避免教研员胜任力问题解决再次进入经验总结,此次针对教研员胜任力的研究将规制于科学化路径驱动,具体以大数据聚类思维为引导,使用聚类分析方法,辅之以主成分分析、因子分析、多重回归分析等技术手段对收集的信息进行转换与处理,以系统论思维全面厘清教研员胜任力的生成逻辑与发展路向。事实上,处于统一自我效能水平的教研员一般都有共同的特征,处于某一特定组织氛围的教研员也将表现出共同的胜任力特征或水平,反之处于同一胜任力水平的教研员也会具有相似的自我效能与组织氛围特征,教研员胜任力、自我效能和组织氛围三者之间彼此交互作用,撷取任意单一属性特征都能在一定程度上印证其他属性特质。换言之,对教研员胜任力的培养或提升,可以以教研员的自我效能水平、组织氛围水平、教研员胜任力本体水平等予以聚类组合,从不同角度揭示教研员胜任力的关键特征,无疑当下以此类属思维取代独立思维寻找教研员胜任力的提升方向是十分迫切与必要的。

---

① 杨小兵:《聚类分析中若干关键技术的研究》,浙江大学 2005 年博士学位论文。

第一章 教研员胜任力的价值需求

教研员在基础教育中发挥着举足轻重的作用,直接影响中小学教育质量,关涉学生未来发展。新课程改革以来,基础教育中发生众多深刻的变革,各种潜藏着的教育矛盾与问题凸显。在这种背景下,教研员如何适应改革发展需求调整自身能力与素养结构就成为决定教育改革成败的关键因素之一。当前很多教研员在角色建构与职能转变方面尚存诸多不足,直接制约了课程改革的实施成效。我们认为,"教研员的价值效用和角色期待并未得到充分的发挥和实现。深究其因,除却现行教育制度有待完善、教研员自身素质尚需提升之外,缺乏对教研员胜任特征模型的科学建构是其本质性根源"①。基于此,有必要对教研员的胜任力进行系统研究。进行教研员胜任力研究,是实现教研员身份自觉的根本需要,是完善教研员制度建设的基本诉求,也是教研问题解决的现实需求。

第一节 教研员身份认同的自觉

教研员作为中国特有的教学实践者,在基础教育中发挥着至关重要的作用,因此常常被称为"教师的教师"。自新中国成立以来,教研员的身份与角色发生了一系列变化。在教育改革进入"深水区"之后,教研员的职责要求与角色定位产生过一定的偏差,引发教研员身份认同危机。总体来看,教研员的身份定位游离于行政与专业之间,最终将从行政身份中解脱出来,向着专业身份的方向发展,这一发展轨迹要求我们将视界从外部职责规定转向内部能力建设,从行政角

---

① 罗生全、孟宪云:《教研员胜任力初探》,《教育研究》2017 年第 9 期。

色赋予转向专业身份自觉。从这个角度看,加强教研员胜任力建设是实现教研员身份认同的必然要求。

一、教研员身份认同的轨迹

勾勒教研员身份认同的轨迹,离不开教学研究组织系统。新中国成立以来,教研员的身份随着教学研究组织性质的变化作出了相应调整,与此相关的职责与任务也在不断变化。大致而言,自产生之日起,教研员的身份认同经历三个阶段的变化。

(一)行政身份与专业职能的嵌套

新中国成立之初直至"文革"之前,教研员一直处于行政组织与专业组织的双重结构之中。这种双重结构,决定了教研员角色的复杂性,表现为教研员行政身份与专业职能的嵌套。从人员编制角度看,教研员隶属于行政组织,是国家行政人员。"我国在 1949 年以前,教师一向以教学为本职,在中小学教师中,并无普适性的'教学研究'。进入人民共和国时代以后,鉴于以往教学中随意性较大,故从 1952 年起,'以俄为师',逐步建立从行政机构内部的教研室到学校中的教研组的教学研究组织系统。"[1]可以看出,新中国成立后设立的教研室属于行政机构。这一点从当时出台的政策文件中也可窥一斑。1954 年,教育部发布《关于全国中学教育会议的报告》,报告明确指出,"为了加强中学的业务指导,在地方党委和政府的批准之下,可以成立教育研究室,负责管理当地中学的教学研究与教师学习问题。教研室的人员可在当地编制之内予以调剂"。从职能角度看,教研员行使专业职能。1955 年,《人民教育》发表题为《各省市教育厅局必须加强教学研究工作》的短评,提出教学研究机构必须做好以下工作:一是了解教学情况,检查教学质量;二是搜集、研究、总结和推广教学经验;三是组织和领导教学研究会。此外,教学研究机构还可以根据省市实际情况,围绕改进教学和提高教学质量做一些尝试性探索,比如编辑教学参考资料、举办展览会、开展分科的教学研究室、解答或组织解答教师在教学中的疑难问题。[2] 由此可见,教研员的主要工作就是指导教学,属于专业技术范畴,具有明显的服务教学的专业属

---

① 陈桂生:《常用教育概念辨析》,华东师范大学出版社 2009 年版,第 320—321 页。
② 《各省市教育厅局必须加强教学研究工作》,《人民教育》1955 年第 11 期。

性。通过上述分析可以发现,在新中国成立之初至"文革"之前的这段历史时期里,教研员的身份存在事实上的矛盾性,这种矛盾性表征为教研员虽然是教育行政干部编制,但是往往通过集体研讨、经验推广以及公开课展示等活动行使教学指导与管理的专业职能。

（二）行政身份的沿袭与专业职能的拓展

20世纪80年代,在"文革"中被中断的教研制度得以重建,教研员的工作得以重新恢复。教研员沿袭之前的教育行政人员身份,但是在业务职能上有所拓展。一方面,教研员在教学指导与管理方面仍然发挥着重要作用。1978年以后,高考制度得以恢复,基础教育面临全方位的恢复与整顿,因此提高教学质量与组织指导考试成为社会关注的焦点。因此,这一时期教研员的主要职责是指导与管理教学,同时还要组织命制试题与考试。另一方面,中小学在职教师培训成为教研员的重要职责。1980年,教育部印发《关于进一步加强中小学在职教师培训工作的意见》,提出把教育学院和教师进修院校作为培训中小学在职教师的重要基地。"省、地（市）教育学院、教师进修学院的任务主要是培训中学的在职教师和行政干部。县教师进修学校的主要任务是培训小学的在职教师和行政干部,有条件的,根据实际需要也可以承担一部分初中的在职教师和行政干部的培训工作。公社培训站应在县进修学校的指导下,做好本公社小学在职教师的培训工作"。虽然这一时期教研员的职责范围有所拓展,但是还隶属于教育行政部门,具有行政人员编制。因此,教研员事实上还处于行政组织与专业组织的双重结构之中。这种双重组织结构容易造成教研员角色混乱,表现为教研员的业务指导中渗透着管理色彩,事实上削弱了教研员的学术权威。

（三）专业身份与专业职能的耦合

1990年,国家教委发布《关于改进和加强教学研究室工作的若干意见》,明确了教研机构的性质,"教研室是地方教育行政部门设置的承担中小学教学研究和学科教学业务管理的事业机构"。由此,教研员的身份实现了由教育行政人员到专业技术人员的转变。在这个意见中,教研员的专业职能得到更加全面的表述,表现为七个方面。一是根据中小学教学需要,研究教育思想、教学理论、课程设置、教学内容、教学方法、教学手段和学科教学评价。二是提出执行教学计划、教学大纲和使用教材的意见,为教育行政部门决策提供依据。三是组织编写乡土教材和补充教材。四是指导广大教师执行教学计划,钻研、掌握教学大纲和教材,不断改进教学方法,努力提高课堂教学效益。五是总结、推广教学经验,组织教改实验,探索教学规律,推动教学改革。六是指导和帮助教师开展学科课外活动。七是组织对学科教学的检查和质量评估,研究考试方法的改革。1993年,国家教委办公厅印发《全国省级教研室主任会议纪要》,认为教研室在"执行教学计划,加强中小学教材建设,开展教学研究,组织教改实验,总结推广先进经验,提高教师业务水平以及在推动高中两项改革,做好实施九年义务教育课程方案的准备等方面,做了大量工作"。可以看出,国家教委发布的这两个文件对教研员的工作职责进行了具体界定,肯定了教研员作为专业技术人员在专业职能方面发挥的作用。进入 21 世纪,教研员的专业职能在新课程改革中发挥着更加重要的作用。2001 年出台的《基础教育课程改革纲要(试行)》指出,"各级中小学教研机构要把基础教育课程改革作为中心工作,充分发挥教学研究、指导和服务等作用,并与基础教育课程研究中心建立联系,发挥各自的优势,共同推进基础教育课程改革"。"研究、指导、服务"三个动词不但指明了新课程改革背景下教研员的基本职能,而且还厘定了三种职能之间基本的逻辑关系。三种职能的确立,为我们准确定位教研员的基本角色、区分教研员的本质职能与衍生职能以及把握教研员基本能力建设指明了方向。新课程改革启动以来,教研员的角色与功能还在教育相关会议中被国家主管部门领导所强调,2009 年教育部原副部长陈小娅在"全国基础教育教学研究工作研讨会"的讲话中指出,教研系统必须明确自己的工作定位。要发挥桥梁和沟通作用,处理好课堂教学和课程标准、课程方案、教材之间,教师授课和学生学习之间,教研部门和教育行政部门之间的关系;要发挥支撑和服务的作用,在考试方案制定、评价制度建设、课程资源建设等方面,既是参与者,也是建议咨询和方案提供者。省级教研部门要落实好国家课程,高质量开发地方课程;要指导和参与教育教学改革和实验,应重视实证研究,注意跟进,避免急功近利的行为。县级教研部门可以重点抓若干所学校,进行教育教学改革实验,并在这个基础上开展更广泛的研究。省市教研部门可以长期实验和跟踪,总结和发现一些好的课程改革经验和典型。[①] 可以看出,自 20世纪 90 年代之后,教研员专业身份的确认使其从行政组织中脱离出来,教研员

---

① 钱丽欣:《教研工作大有可为——全国基础教育教学研究工作研讨会综述》,《人民教育》2010 年第 2 期。

成为教学研究者、指导者与服务者,这就实现了专业身份与专业职能的耦合,避免了两种组织结构嵌套所带来的教研员身份游离与角色认知失调。

二、教研员身份认同的危机

教研员专业身份的确立与专业职能的厘定,只能说从理论上为教研员实现身份认同提供了可能性,但是从实践角度来看,广大教研员依然存在一定的身份认同偏差,导致认同危机的出现。按照吉登斯的说法,身份认同意味着自我叙事的完整性。"一个人的身份认同既不体现于其行为中,也不体现于他者对其行为的反应中(尽管这一点相当重要),而是体现于一种'能让特定的叙事模式持续下去'的能力。如果一个人想要在日常生活中维持与他人的正常互动,那么这个人的生平就不能全是虚构的。它必须持续不断地吸纳外部世界中发生的事件,并将其分类纳入有关自我的、正在进行的'故事'中。"①反观现实,教研员并没有将外部事件与自我"故事"结合起来,这就导致自我面对不断变化的外部世界产生迷茫与犹豫不决的情绪,导致认同危机。"作为教研员,无论对于自身,还是对于自己生存的组织,都存在着'身份认同'的困扰。尤其是最近十几年来,这种困扰不断升级:有时表现为生存危机,有时又表现为角色错乱……这种困扰在不同地区的教研员们身上如此普遍地存在,以致必须承认已经'超越了个人的局部环境与内心世界',成为不折不扣值得认真对待的'议题'。"②教研员的这种身份认同危机,可以从三个角度予以把握。

(一)角色认同危机:"我是谁"的迷茫

教研员是"教师之师",这是通常意义上对教研员的角色定位。不难看出,教研员不是一线教师。不可否认,很大一部分教研员是从一线教师转变为教研员,但是教研员的角色定位与一线教师还是有所不同。作为一线教师,教学是主要的任务,教师浸淫于课堂,对学生的情况了如指掌,对教学操作了然于胸。与教师相比,教研员的主要工作是指导教学,偶有上课也是所谓的"展示课"或"下水课",因此对课堂教学和学情的熟悉程度大不如前。因此,对于从一线教师中

---

① [英]吉登斯:《现代性与自我认同:晚期现代中的自我与社会》,夏璐译,中国人民大学出版社 2016 年版,第 50—51 页。

② 丛立新:《沉默的权威:中国基础教育教研组织》,北京师范大学出版社 2011 年版,第47 页。

脱颖而出的部分教研员而言,往往会因为教学实践的生疏而产生焦虑情绪,这就导致教研员的角色认同危机。另外,教研员还经常被各种事务性的工作所拖累,甚至沦为专门起草各种政策文件以及撰写领导讲话稿的"笔杆子"。"一些地方教育行政部门对教研工作认识不足,把教研室当作教育局的'机动部队',有的被称之为'打杂摊子'、'秘书班子',哪里忙就指向哪里,致使教研员常常陷入繁忙的事务工作中,很难集中精力搞教研。"①除此之外,教研员往往承担各级各类研究工作,但是与研究机构以及大学的研究者相比,又存在明显的差距。由于相当一部分教研员是从一线教师转变而来,熟悉教学工作而缺乏系统的科学研究训练,这就导致教研员在进行课题研究时出现畏难情绪,甚至有部分教研员抵制科学研究。然而,教研员毕竟不同于广大一线教师,如果缺乏对课程标准、教学重难点、教与学的方式变革、课程建设等方面的系统研究,那么在指导教师的时候就只能停留在经验层面而缺乏理性的论据,这会大大降低教研员在教师中的威信。从这个角度看,教研员对科学研究的畏难情绪和抵制情绪折射出其承担必要角色的不足,加剧了角色认同危机。不管是与一线教师相比,还是与专业研究者相比,教研员对自身角色认同方面存在诸多困难,往往产生角色混乱或者不作为,导致角色认同危机出现。

(二)职责认同危机:"我能做什么"的含混

与角色认同危机相关,教研员在职责认同方面存在含混不清的状况。很多教研员称自己为"多面手",这恰恰反映出教研员在工作职责方面的杂乱与多头绪。分析教研员的工作日常不难发现,在职责方面教研员的确存在不同程度的含混状态,表现为对"我能做什么"问题的困惑。一方面,教研员在工作中普遍存在职能重叠的情况。在很多教研员看来,教学研究是其本职工作,但是却将科研工作视为大学和研究机构的事情,将组织与研究考试视为考试院的事情,将教学督导与评估视为督导室和评估院的事情。这就将教研员的工作职责窄化为教学指导与服务这一单一维度。另一方面,教研员需要应对来自教育局(教委)、上级研修机构、科研院所甚至大学等多方力量。这些力量的组织性质不同,相应对教研员的要求也就不同。于是,我们往往会看到教研员游走于行政组织与专业组织之间,应对与专业领域相关或不相关的问题,做着与专业相关或不相关的

---

① 李建平:《教研:如何适应课程改革的需要》,《中国教育报》2003 年 5 月 25 日。

事情。这种状况长期存在,就导致教研员丧失专业属性,缺乏专业尊严,看似是能够应对多方力量,处理各种问题的"多面手",实则是自身专业职能丧失的表现。正因为如此,相当一部分教研员在工作中疲于应对,缺乏工作热情,产生职业倦怠也就无可避免。与这些问题相关联,教研员的职责认同也会出现危机,导致对"我能做什么"这个问题的迷茫与含混。

(三)价值认同危机:"我的工作有什么价值"的犹疑

一切价值都是人的价值。从这种意义上来看,教研员价值认同危机本质上就是教研员现实生存状态的危机。"任何一个现实的人同时具有两种身份:一种是主体身份,即他是社会主体的一部分,也是独立的个人主体;另一种是客体身份,即他总是一定社会关系中的客体,又是自己通过行为来满足自身需要的客体,是自我意识和自我调节的对象。"①对教研员而言,价值认同危机体现在两个方面。一是社会价值认同危机。简单来说,人的社会价值就是人对社会需要的满足。教研员不同于一线教师,一线教师的考核指标相对明显,学生成绩、升学率等都可以拿来评判教师。但是对于教研员而言,所谓的工作业绩相对模糊,考核标准相对随意,因此教研员辛苦工作换来的可能是质疑与责难。教师赛课成绩不理想、课题立项与获奖不突出、试题编制与考试组织有纰漏……这些问题可能引发对教研员工作业绩的质疑。因此,很多教研员对职业的社会价值感相对较弱。二是自我价值认同危机。教研员需要应对各方力量,因此具有一定的"全能型"角色设定。但是从实际情况来看,很多教研员认为自己在教学实践方面不如一线教师,在教育科研方面不如高校教师,在教材研究方面逊色于学科专家。由于需要应对多头绪的工作,教研员普遍对自身发展缺乏规划,对自我价值认同相对较低,往往将工作视为"为他人作嫁衣"。自我价值认同危机一定程度上导致教研员对教研工作或者研修工作的价值认同较弱,甚至出现疲于应付的状况。

三、教研员身份认同的自觉

角色认同危机、职责认同危机和价值认同危机三者作用的叠加,引发教研员身份认同危机。在倡导教育改革和教育创新的大背景下,教研员如何适应时代

---

① 李德顺:《价值论》(第3版),中国人民大学出版社2013年版,第101页。

要求及时化解身份认同危机实现身份自觉,直面区域教育改革中的重大问题,不断探索尝试引领区域教育新发展是不可推卸的责任。正因为如此,在理论上对教研员身份认同进行探讨,引导教研员走出危机状态实现身份自觉很有必要。从当前研究来看,"关于基本理论的研究常常是'知其然而不知所以然',对于'是什么'的本体论探讨多处于浅层次的'描述'层面,或者是简单的理论演绎"①。这一方面导致教研员身份研究缺乏针对性与说服力。很多研究往往脱离教研员的现实生存状态泛泛而谈,缺乏对具体情境和改革趋势的观照,导致很多研究结论针对性不强,无法真正解决教研员身份认同方面存在的根本性问题,也就无法引导教研员实现身份自觉。另一方面,研究的同质化倾向比较明显。因为很多研究没有深入到教研员的实际生活进行考察,所以在研究问题厘定、研究视角择取与研究方法运用方面出现雷同,往往停留在人云亦云的层面,研究结论也就趋同。这种同质性研究无法直面教研员身份认同中的根本问题,因此在引导教研员实现身份自觉方面少有建树。我们认为,教研员身份认同危机出现的相当一部分原因在于双重组织的生存事实。虽然绝大多数研修机构被定位为事业单位,教研员作为专业技术人员而存在,但是从实际状况来看,教研员还是生活在两种组织的撕扯中。这两种组织的运作逻辑不同,导致教研员在角色定位方面出现游离,进而引发身份认同危机。"官僚组织中,问责更多是控制取向的单向流模式,表现为自上而下的问责方式。专业组织中,由专业团体制定标准,并根据这一标准向内部成员问责,同时保护其成员的利益。这一问责模式强调了问责过程中权利与义务的对等。教研员同时活动于两类组织之中,在问责方面,面临着两套逻辑。"②因此,实现教研员身份自觉,需要回到起点,即回到教研员作为专业技术人员这一基本事实。"教研员角色固然是制度内的体制安排,但他的身份从一开始就不是纯粹制度的刚性规定所能囊括的,教研员身份的真正实现是在研究活动和教学指导中,也是教师对教研员身份由外部承认向内部认可转变的、逐步的社会性建构过程。"③把教研员作为专业技术人员,摆脱了

---

① 卢立涛、沈茜、梁威:《我国近三十年教研员研究的元分析》,《教育学术月刊》2014年第2期。

② 沈伟:《教研员作为边界工作者:意涵与能力建构》,《教育发展研究》2013年第10期。

③ 刘旭东、花文凤:《迈向承认:教研员的行动旨归》,《西北师大学报(社会科学版)》2017年第4期。

教研员角色的外在赋予性,从而将教研员的身份建构与专业标准联系起来。专业标准是由教研员这一专业团体集体制定,这意味着专业标准是衡量教研员的最主要依据,意味着专业标准是教研员开展工作的核心要件,同时也意味着教研员需要基于专业标准获得自我与他人认可。专业标准的核心组成部分就是教研员的胜任力,是教研员能否胜任本职工作的基本表征。从这个角度看,立足专业组织和专业职能,结合教研员工作实际情况探讨教研员的胜任力是实现教研员身份自觉的必然要求。

第二节　教研制度建设的证据支持

教研员胜任力研究,不但能够帮助教研员厘清专业职能,实现身份自觉,而且还可以为教研制度建设提供必要的证据支撑。在半个多世纪的发展过程中,教研制度一直是教育制度建设中的薄弱点。制度短板制约了教研员队伍的健康发展,也不利于基础教育改革的深入推进。从当前的实际情况来看,教研制度的缺失既体现为教研员的准入制度,也体现为教研员的培养制度,还体现为教研员的考核制度。完善教研制度建设,是当前教育改革的题中之义,也是加强教研员队伍的必然要求。从这个角度看,教研员胜任力的提出,为教研制度建设提供了基本的理论准备和必要的实践支撑。

一、教研员的准入制度

准入制度是教研员"选才"的重要标准,即什么样的人可以从事教研员这一工作。这里涉及一个根本性问题:教研员的职业标准。现代社会中,每个行业都有专业技术标准,我们往往根据专业技术标准把人分为不同职业。就教研员而言,虽然我们常常将教研员称为"教师的教师",但是从现行法规和政策文件来看,很难找到教研员的具体资格要求。1995年由国务院颁布的《教师资格条例》把教师资格分为七大类,分别为"幼儿园教师资格;小学教师资格;初级中学教师资格和初级职业学校文化课、专业课教师资格;高级中学教师资格;中等专业学校、技工学校、职业高级中学文化课、专业课教师资格;中等专业学校、技工学校、职业高级中学实习指导教师资格;高等学校教师资格"。可以看出,教研员并不在这七类教师资格之列。既然教研员不在国家规定的教师资格之列,那么现在的教研员是如何选拔的呢? 从教研员的任职方式来看,教研员并没有统一的入职要求。从聘任方式看,教研员的聘任方式有四条基本途径:行政任命、公开招聘、基层推荐和内部调动。有研究表明,"行政任命的比例高达90%以上,考核(考试)、推荐的比例很低"[1]。这个比重准确与否呈现出地域差异性,但是行政任命的比重较高是教研员聘任中普遍存在的问题。这表明"教研员的人际关系(尤其是上级教育行政部门主要领导的主观印象与意愿)起主要作用,其专业素养在实际操作中往往被'边缘化'"[2]。从聘用人员的来源看,教研员的基本来源相对固定,主要是一线骨干教师与大学应届毕业生,并且以一线骨干教师为主。可以看出,教研员的聘用主要以中小学教师为主,并且在具体操作过程中常常遵循"教而优则研"的基本原则,即从一线教师中选择教学绩效相对较高且具有一定组织能力的教师来从事教研工作。这种准入制度尚未形成专业的规约,因此具有一定的随意性,而这种教研员准入制度的随意性亦造成一系列不良后果。首先,由于没有相对成熟的专业规约,在选才方面潜藏着学术腐败的危险。有些教师通过和教研员拉近关系进入教研员"法眼",经由教研员推荐而从事教研工作。由于自身专业素养的问题,在组织区域教研活动时往往难以服众。另外,专业素养的欠缺在一定程度上也制约了对区域学科发展规划与顶层设计,导致学科教研长期停留原地打转,既不利于学科建设,也不利于学生发展。其次,现有的教研员聘用大多从一线教师中遴选,不利于教研队伍的良性发展。一方面,由于大多数教研员具有丰富的教学实践经验,因此教学意识有余而课程意识不足。这就造成教研活动主要围绕考试展开,研究考纲和教材,意在提高效率以便学生尽可能多地掌握知识应对考试,这种教学研究的价值诉求外在于人的发展需求因而容易造成人的异化。另一方面,由于教研员一般而言是从具有多年工作经验的教师中选聘,这就导致教研队伍年龄结构普遍偏大,老中青梯队建设问题突出。最后,由于选才渠道主要是学校在职教师,而教师长于课堂教学与学科活动设计,这就造成教研员的能力相对单一。在实践中我们可以看到,大多

---

① 潘涌:《论教研员的角色再定位与选拔、考核机制的创新》,《成人高等教育》2008 年第 4 期。

② 潘涌:《论教研员的角色再定位与选拔、考核机制的创新》,《成人高等教育》2008 年第 4 期。

数教研员在指导教学方面具有丰富的经验,能够根据不同课型、不同教师做出针对性的教学改进建议,但是在课题研究、课程建设等方面能力相对欠缺,由此造成整个教研队伍在素养结构上存在单一化、同质化倾向,不利于区域教育的改革与发展。

教研员准入制度的缺失已经影响到教研队伍的建设和可持续发展。从长远来看,准入制度的缺失对区域教育质量也会产生巨大影响,并通过学校教育教学影响到学生的发展。因此,建立教研员准入制度刻不容缓。2016年召开的全国教研工作会议提出建立教研员队伍的准入、流动和退出机制,这为相关制度的建设与完善提供了政策依据。教研员准入制度建设,离不开对教研员专业职能的考察。"根据教研员公共服务职能的定位,教研员不但要具有比教师更高级的专业技能,还要具有更高的实施教育公共服务的能力。教研员的资格应以是否具有较高级的教师专业技能和实施教育公共服务的能力来确认。"[1]教研员能力建设是确立教研员专业技能和公共服务能力的必要保障。从这个角度看,教研员胜任力结构的厘清与完善,为教研员准入制度的建设提供了必要的准备。因此,教研员胜任力的提出,是完善教研员准入制度建设的基本前提。

二、教研员的培养制度

培养制度是实现教研员专业发展的重要保障。就培养制度而言,当前理论研究主要关注点在于教师与校长,很多培养制度都是围绕教师与校长的专业发展制定,而教研员却少有人问津。从实践操作来看,很多地方将教研员培训与教师培训混为一谈,将教研员视为骨干教师或者学科带头人来进行培养。但是,教研员与教师、校长毕竟有所不同,无论从专业职能还是从角色身份上看,教研员都具有特殊性。这种特殊性决定了教研员培养制度具有自身的逻辑理据和能力框架。无论从理论方面还是实践方面看,当前教研员培养制度都是缺失的,导致"教研员的专业发展完全取决于系统内的自觉自为和个人的自主学习,这是制度上的盲区。有些原是优秀的教师当了10多年的教研员没有接受过一次系统的专业学习,那是非常普遍的事情"[2]。培养制度盲区的存在一定程度上造成教

---

① 王培峰:《教研员职能转变的定位与路径》,《中国教育学刊》2009年第2期。
② 崔允漷:《论教研室的定位与教研员的专业发展》,《上海教育科研》2009年第8期。

研员专业发展的滞后性,影响了教研员专业素养的提升,更有甚者造成教研员的能力结构落后于教育改革需要。具体而言,教研员培养制度的缺失有两方面的弊端。

第一,培养制度的缺失造成教研员以学科为阵地"各自为阵"。当前存在一个普遍的生存现实就是教研员混迹于个人的学科"独立王国"。在学科领域内,教研员指导广大教师的课堂教学与试题命制,成为科任教师的"领头雁"。"在普通教师看来,教研员往往拥有丰富的教学经验和深厚的理论修养,是本地区、本学科的'知名人士'或'权威专家'。"①因此,教研员在自己的学科内享有较高权威和社会地位,影响着广大一线教师。在学科领域内,教研员通过外控式管理模式组织教研活动。"外控式教研活动行为管理模式是一种'自上而下'的、垂直化的、集权化的教研活动管理模式。在这种活动管理模式中,教研员负责各种教研活动的具体措施的制定,拥有一些教研活动的决定权(如活动内容、时间安排、活动形式、奖惩措施等),并对教研活动的决策承担最终的责任;学校和教师接受并执行教研机构的指示。"②凭借自上而下的外控式管理方式,教研员将学科变成施加个人影响的私人领地,并因此而获得专业自主权与职业成就感。但是,教研员经由学科而获得的专业权威在一定程度上会使自己产生"飘飘然"的成就感,有相当一部分教研员把自己视为学科权威专家而不思进取。可以看出,在以学科为基本单位的教研活动中,教研员具有绝对的专业自主权和专业权威,虽然通过教研活动培养了广大一线教师,但是外控式的教研活动组织方式也在一定程度上剥夺了教研员专业发展的可能性。另外,专业权威和自主权赋予教研员学科带头人和指导者的光环,"教师可能出于外部利益驱动而认同教研员的指导,强化教研员在教育问责系统下衍生的行政权威,异化教研员的指导职能"③。但是对于教研员而言,其在与教师的交往中获得了存在感与权威感,导致很多教研员因之而沾沾自喜。"教研员长期置身于这种环境,容易滋生安于现状和自我膨胀的弊病,缺乏进一步发展的动力。"④

---

① 唐开福:《论转型变革时期教研员的角色与专业发展路径》,《教育学术月刊》2012年第9期。

② 董绍才:《基础教育教研室制度创新研究——基于山东的案例》,华东师范大学2009年博士学位论文。

③ 沈伟:《教研员作为边界工作者:意涵与能力建构》,《教育发展研究》2013年第10期。

④ 唐开福:《论转型变革时期教研员的角色与专业发展路径》,《教育学术月刊》2012年第9期。

第二,培养制度的缺位导致教研员针对性的专业发展化为泡影。在教师专业发展理论中,一般按照教师发展程度将专业化分为五个阶段,分别为专业适应与过渡时期、专业形成与成长期、专业突破与退守期、专业补给更新期以及专业成熟期。教师专业发展阶段论,至少在理论上保证了每个阶段的教师都能得到不同程度的专业培训,获得每个阶段应有的发展。反观教研员培养,在理论上缺乏如教师专业发展阶段论那样的教研员专业发展理论建构,在实践中也并未建立起具有针对不同发展阶段和不同需求的教研员培养制度。"教研员本质上具有与教师专业化发展的一致性,当前还有与教师相同的专业技术职务,但由于社会分工的精细化,教研员又无法完全等同于教师,其服务范围和职能比教师具有更广阔的公共性,具有教师专业化的更高的要求,具有一种超越于普通教师的公共性价值存在。"①新课程改革之后,随着课程建设和科研课题日益受到重视,教研员已经不再全部通过一线教师遴选而来,很多硕士研究生开始加入教研队伍中。对于大学的应届毕业生,如何根据其学科教学经验不足的弱点进行针对性培养,以便帮助其度过职业适应期就成为教研员培训制度建设的题中之义。另外,对那些具有丰富工作经验的教研员而言,如何根据教育改革发展需要适当提升其科研能力和课程建设能力也是教研员培训制度建设需要考虑的重要课题。从这个角度来看,教研员培训制度的建设迫在眉睫。教研员不能仅仅把自己视为培训者,还需要转换角色,把自己变成被培训者,进行培训者培训。

教研员培训制度建设的核心要义在于通过培训突破学科本位的局限性,立足能力本位提升教研员的整体素养。另外,培训制度的建立还需要考虑教研员所处发展阶段以及阶段性需求,以此为基本原则开展针对性培训。不管是基于能力本位还是需求考量,从根本上讲都是以胜任教研员本职工作为根本目的和落脚点。从这个角度上讲,教研员胜任力研究为建立教研员培训制度提供了基本的理论参考和实践参照,是建立教研员培训制度的必要条件与基本保证。

三、教研员的评价制度

评价制度是教研员专业发展的必要支撑条件。良好的评价制度能够为教研员的专业发展指明方向,激励教研员从优秀走向卓越,实现专业自觉。与教师相

---

① 王培峰:《教研员职能转变的定位与路径》,《中国教育学刊》2009 年第 2 期。

比,教研员的工作职责决定了对其进行评价的特殊性,这种特殊性体现在评价主体、评价内容以及评价方式等方面。反观现实,教研员的评价制度建设相对滞后,甚至随意性较大,这在很大程度上限制了教研队伍的良性发展。具体而言,当前教研员的评价制度主要存在三个方面的问题。

第一,评价主体的一元性。从当前的实际情况来看,教研员的评价主体主要是教育行政部门。从全国情况看,教研员依附的组织机构既有教研室,也有教师进修学院(校)。一般而言,教研室具有更强的行政色彩,因此评价主体主要是教育行政部门。教师进修学院(校)具有相对独立性,是独立的法人单位,因此与教研室相比具有更强的业务部门性质。虽然如此,在具体评价中还是主要接受教育行政部门的评价。教研员评价主体的单一性容易滋生教研员“对上不对下”的官僚习气,养成颐指气使的行为做派。为了在绩效考核或职称评定中占得先机,很多教研员惯于揣测领导喜好而较少关注本职业务,不利于区域教育的发展。从理论上看,教研员具有“研究”、“指导”和“服务”的基本职能,这就决定了教研员工作的多头绪。在开展工作中,教研员除了应对行政部门的考核,还需要面向服务对象,因此决定了评价主体的多元性。对教研员而言,评价“既有学术的高度,也有服务对象的评价,还有行政领导的常规考核,对教研员也就有了比较公正、客观、全面与合理的考评”①。

第二,评价内容的随意化。除了评价主体的一元性,教研员评价制度建设中还存在评价内容随意化的问题。在一些教研员制度建设相对完善的地区,教研员的评价主要采取量化考核方式,“在绩效考核过程中,将开展的每项教研活动包括教学研究、听课、评课,指导一线教师、课题研究、科研论文撰写、表彰奖惩等工作业绩直接形成具体的衡量标准和考核指标,实现量化评分。以分值来体现教研员一学年来的绩效考核成绩”②。在一些教研员制度建设相对落后的地区,教研员的考核评价则相对随意。由于教研员要应对多头绪工作,所以在评价中往往要观照每年度的具体工作,导致在评价内容方面出现一些非常规的内容。更有甚者,有些地区的教研员评价只需要提交一份年度工作总结报告就万事大吉,以此敷衍了事。我们认为,教研员工作中除了一些非常规的应急性工作之

---

① 张志峰:《教研员考评要有据可依》,《中国教育报》2018 年 1 月 17 日。
② 马梅铃:《教研机构教研员绩效考核体系的科学构建》,福建师范大学 2012 年硕士学位论文。

外,还必须有最根本的常规工作的守持,比如入校指导、试题命制、课题研究等。另外,教研员评价的内容不能仅仅从能力角度来思考。在必要能力之外,还需要考虑教研员必备的情感、态度与价值观。"教研员的工作特点是面向学校、面向教师、面向课堂,其人格感召力、教研行动力、人际亲和力、指导艺术力等都构成了其情意诸要素。"①

第三,评价方式的单一性。当前对教研员的评价方式呈现明显的两极化。一种方式是采取绝对的量化评价。这种评价方式把教研员的工作,如下校教学指导、公开课展示、论文发表、课题立项、教师赛课获奖等按照一定标准赋分,然后根据分数按照一定的比重折算,俗称"工分"。每学年根据"工分"进行排名划分等级,并与教研员的绩效挂钩。绝对的量化评价在一定程度上忽视了学校和教师对教研员的反馈,导致"服务"功能效果在教研员评价中缺位。除此之外,绝对的量化评价还容易走向极端,"一些教育行政部门仍用考试成绩指标评价考核教研员的工作绩效,既不利于素质教育的深入推进,不利于以人为本和全面发展教育理念的落实,也不利于教研员创新教研工作方式,进而陷入'考研'僵局之中"②。另一种方式是进行所谓的质性评价。这种评价往往根据教研员的工作报告或者年终总结进行等级划分。由于缺乏对具体工作量的量化评价,这种质性评价容易导致教研员在业务上不思进取,陷入怠工、"懒政"等职业怪圈。"教研员工作的低重心,决定了其与学校、与学科教师建立合作分享的工作关系是其专业发展的生命线,是其发挥教研价值的基本依托。"③如果教研员因为没有具体工作量的评价而远离学校与一线教学,在工作中消极应对,那么其与学校、与学科教师的关系必然走向僵化而缺乏生命力,那么教研工作也就名存实亡。

评价主体的一元化、评价内容的随意性以及评价方式的单一性,从不同侧面揭示了当前教研员评价制度中存在的问题。这些问题之所以长期存在且难以系统性解决,根本原因在于教研员评价标准的缺位。教研员评价标准的制定,依赖

① 潘涌:《论教研的角色再定位与选拔、考核机制的创新》,《成人高等教育》2008年第4期。
② 梁威、李小红、卢立涛:《新时期我国基础教育教学研究制度:作用、挑战及展望》,《课程·教材·教法》2016年第2期。
③ 潘涌:《论教研的角色再定位与选拔、考核机制的创新》,《成人高等教育》2008年第4期。

于教研员职业素养的厘定,换句话讲,需要对教研员胜任力进行系统研究。只有建构起系统的教研员胜任力结构模型,明确了教研员胜任教研工作的知识基础、核心能力与专业品质,才能在此基础上进行评价指标的细化和评价方式的选择,才能建构起系统的教研员评价制度。从这个角度看,教研员胜任力研究是建立与完善教研员评价制度的基本保证。

第三节　教研问题解决的现实需求

当前中国进入一个深化改革的攻坚阶段。各行各业都面临巨大的改革压力,通过"改革谋红利",破除既有利益格局成为当代中国的核心诉求之一。在教育领域,如何深化理解新时代理论所带来的教育主要矛盾变化,如何落实立德树人的基本要求,如何根据核心素养与关键能力对教学进行适度变革,如何应对部编教材实现教材的本土化改造,诸如此类的问题成为每一位教育工作者需要思考的问题。置身于以深化改革为主题的社会中,教研员需要顺应时代发展要求和教育变革要求,及时完善自身能力结构以便解决当前教研工作中急需解决的主要问题。因此,根据时代要求对教研员胜任力进行系统性研究不仅是理论所需,也是解决当前教研问题的实践所求。当前的教研中存在诸多问题,主要表现在教学变革与课程建设两个方面。从教学变革与课程建设的具体实践来看,教研员尚不足以应对这两大领域的改革诉求,因此教研员的能力结构尚有待完善。

一、教学改革的根本诉求

如前所述,《基础教育课程改革纲要(试行)》将"研究""指导""服务"视为教研员三种最基本的职能。在这三项基本职能中,"研究"是首要职能,由此可见"研究"在教研员职能结构中的重要地位。新课程改革之后,"一纲一本"教材制度已经让位于"一纲多本"。在此背景之下,教学研究绝不再是教法研究,不再是对"如何教"问题的探讨。在新课程改革背景下,教学研究被赋予更多意蕴,涵涉"教什么""如何教""为何教"以及"教到什么程度"等一系列问题,这就赋予教研员教学指导与服务以更多的研究意蕴。教研活动中缺少研究的介入,教研活动就会流于形式,相应的"指导"与"服务"也就具有异化的可能性。在传统的教研活动中,教研员往往凭借多年的教学经验而指导教师的课堂教学,缺乏研究意识。在这种教研活动中,"'指导'实际上变相成了直接的指挥操纵,'服务'变相成了硬性的规定控制,以教研员的标准代替了教师的理解,以教研员的认识代替了教师的思考,这在一定程度上导致教师专业自主性的丧失"①。可以说,由于相当一部分教研员是由一线优秀教师队伍中遴选而来,所以在教学基本功方面相对扎实,教学经验相对丰富,但是在研究意识方面略显不足。"当前教研员亟需突破围于基于学科知识的狭隘和扁平化视野:教研员都是依托于一定学科的专业知识背景,自然需要相应的学科教学知识体系和能力,但是,往往缺乏居于上位的各种教育理论的积淀。"②如果说研究意识的缺乏这一弱点在教育教学基本面貌相对稳定,或者说在教育的非变革时期尚可以依靠经验来弥补的话,那么在今天这个教育日新月异、改革层出不穷的时代,研究意识的缺乏往往会被无限放大,成为影响教研员工作质量的致命弱点。当前教育教学改革提出一系列新主张,蕴含着一系列新的生长点,也面临着一系列的新问题与新矛盾。这些问题与矛盾如果不能及时解决,那么可能会影响区域教育教学质量,进而影响学生的长远发展。

以教学为例。2017 年 9 月,中共中央办公厅、国务院办公厅印发《关于深化教育体制机制改革的意见》,指出"在培养学生基础知识和基本技能的过程中,强化学生关键能力培养"。同样在 2017 年,教育部印发普通高中各学科的课程标准。新的课程标准指出,各学科基于学科本质凝练学科核心素养,明确学生学习该课程之后所达到的正确价值观念、必备品质以及关键能力。学科核心素养与关键能力的提出,是对知识与技能、过程与方法、情感态度价值观三维目标的整合与超越。围绕教学而产生的这些新变化对教研员而言同样是新问题,不能仅仅依靠经验予以解决。除了核心素养与关键能力对教学变革产生的影响之外,一些评价手段的变化也需要教研员直面教学改革。众所周知,新高考综合改革已经在江浙沪等地区进入试点阶段。新高考"3+3"的制度设计,势必对学科

---

① 曲天立:《教研员:教师思维的激荡者——教研员角色转换与专业引领的探索实践》,《中小学教师培训》2008 年第 2 期。

② 潘涌:《教研员:解放教师教与研的创造力——基于十年新课程实施的背景》,《当代教育论坛》2015 年第 1 期。

教学、教研组建设等方面产生新的影响,催生众多新生事物。比如,与新高考综合改革相关的选科制、走班制、职业生涯规划等。对教研员而言,这些新生事物之前或许有所涉及,但是缺少系统性设计,这就对教研员的工作提出了新的要求。面对教材与课程标准的诸多变化,面对教育综合改革的新要求,教研员需要走出原有的认知,基于课程标准的新要求重新来理解学科性质与教学设计,基于教育改革的新思想重新审视教研活动的组织与管理,重新确定针对学校需要的服务职能。可以说,当前的教育改革急需教研员根据现实需求补齐能力短板,完善个人的素养结构。

"桥梁"是对教研员的一种隐喻。"就目前的政策和已有研究而言,政府、学者、教师无一例外地希望教研员扮演专业支持者的角色。教研员的'桥梁'作用屡被强调,他们被期待成为促进'教育政策到教育实践''教育理念与教学实践'转化的重要力量。大部分教研员在完成了从教师到教研员的角色转变之后,与教师、教育行政人员、教育研究人员的职能对比时,也更为强调自己的'桥梁'作用。"①对教研员这一"桥梁"而言,既可以起到将理论转化为实践、将政策现实转化为实践的作用,也可以起到从行政到专业的"上传下达"作用。我们认为,置身于改革的时代,教研员如果将自身作用仅仅局限于"上传下达"上,那么这意味着教研员身份的行政化,是历史的倒退。因此,教研员需要在理论与实践、政策与实践之间寻找契合点与平衡点,为现实问题解决寻找最适宜的理论支撑,为政策落地创造更好的现实条件。承担起"桥梁"职责,发挥好转换与连接的作用,这对教研员的能力结构提出了新的要求。一方面,教研员需要躬身一线,深耕于学科,树立研究意识,以问题研究取代经验总结;另一方面,教研员需要走出学科,广泛涉猎,积极提升自身的理论素养与政策敏感性。教研员在实践上的改进,首要做到理论上的自觉,这就需要对教研员胜任力进行系统研究。从这种意义上来讲,教研员胜任力研究是解决现实教学问题的必然要求,是适应教学改革的根本诉求。

二、课程建设的必然要求

教学与课程是基础教育改革的两大核心。如前所述,当前教学领域诸多现

---

① 沈伟:《教研员作为边界工作者:意涵与能力建构》,《教育发展研究》2013 年第 10 期。

实问题对教研员能力结构提出了新要求,亟须从理论上厘清教研员的胜任力结构。同样,课程建设亦是教育改革的重点与难点,需要教研员走出教学意识和学科领域,踏入课程领域重新审视教育教学,相应地也就要求教研员进一步完善自身能力要素,优化素养结构。

新课程改革启动以来,基础教育面临各种新问题。在课程领域,加强课程建设已经成为各方共识,成为区域教育和学校教学的重要工作内容与研究主题。从实践来看,课程建设虽然取得了一些成绩与可借鉴的经验,但是仍存在不少尚未解决的问题。这些问题的长期存在是有多方面原因的,其中很大一部分原因是教研员课程能力的极度匮乏。具体而言,课程能力缺位带来的后果主要表征为三方面:第一,课程赋权之后出现权利空转现象,导致赋权不用权现象的出现。《基础教育课程改革纲要(试行)》指出,在教材开发过程中要"积极开发并合理利用校内外各种课程资源","改变课程管理过于集中的状况,实行国家、地方、学校三级课程管理,增强课程对地方、学校及学生的适应性"。三级课程管理制度的确立,赋予地方和学校一定的自主权。对于教研员而言,课程赋权意味着教研员在课程开发、课程评价以及特色课程建设等方面拥有更多自主权。"面对国家、地方、学校三级课程,尤其是面对学校创造的校本课程,教研员要努力开发教师这个重要的资源,要深入课堂与教师合作研究,作出合理的指导。"[1]然而,从现实情况看,很多教研员并没有借政策东风"开疆拓土",而是仍旧停留于学科范围之内进行教学研究,最终导致教研员在课程建设方面无甚建树。我们认为,"教研员不仅需要创造性地执行相关的教学政策,而且需要结合本地的特点与优势,制定或参与制定国家课程在本地有效实施、地方课程合理开发的相关政策,以及指导学校创造性地实施国家课程方案"[2]。教研员在课程建设方面的缺位,一定程度上影响了区域课程建设与学校课程再造。教研员往往是区域教育中的学科带头人,发挥着"风向标"的导向作用。教研员对课程建设相对冷淡的态度也会传导至学校与教师。很多学校和教师虽然有意于课程建设的新尝试,但是由于缺乏专业指导而往往无疾而终。由此,在基础教育中常常出现赋权不用权的现象。当然,这种现象的出现有一定的客观原因,比如一再被提及的考

---

① 陈瑞生:《引领课程与教学:教研员的核心价值取向》,《教育理论与实践》2010 年第 5 期。
② 崔允漷:《论教研室的定位与教研员的专业发展》,《上海教育科研》2009 年第 8 期。

试。我们认为,将考试与评价作为课程建设难有作为只能是一种托词。课程建设与考试之间并非截然对立的矛盾关系,而是相辅相成的促进关系。赋权不用权,一定程度上是教研员课程能力匮乏的表现,反映出教研员在新课程改革背景下的角色窘境与能力短板。第二,学科课程中的综合实践活动流于形式。2017年9月,教育部印发《中小学综合实践活动课程指导纲要》(以下简称《纲要》)。《纲要》指出,"在设计与实施综合实践活动课程中,要引导学生主动运用各门学科知识分析解决实际问题,使学科知识在综合实践活动中得到延伸、综合、重组与提升。学生在综合实践活动中所发现的问题要在相关学科教学中分析解决,所获得的知识要在相关学科教学中拓展加深"。在各学科的课程标准中,都有与每个学科相关的综合实践活动版块。从实践情况看,学科实践活动的开展情况不甚理想。一方面,学科综合实践活动异化为封闭性问题教学。综合实践活动与学科课程的结合本是一个双赢的过程,"综合实践活动借助学科知识得到深化,并有助于促进实现问题解决的科学化,促进综合实践活动扎实有效地开展。反过来,综合实践活动课的有效实施,学生从中获得的基本能力又可以促进学科课程的学习,而且有利于促进传统学科教学观念和教学方式的根本转变,使学生更好、更快地掌握基础知识和基本技能,提高他们应用知识的能力,分析和解决问题的能力,促使学生全面健康地发展"[1]。然而在具体操作过程中,学科的综合实践活动往往缺乏探究性、体验性与生成性,导致综合实践活动本身的意蕴缺失。这其中既有教师自身素质的因素,也与教研员对课程领悟的不足有关。另一方面,学科综合实践活动名存实亡。在调研中我们发现,很多学科的综合实践活动并没有真正开展,本该属于学生探究学科难题的时间被其他内容所取代。虽然名义上有学科综合实践活动,但是在实施中并未真正落地。对教研员而言,学科综合实践活动是一个新的领域,是对学科教学的补充与超越。这就需要教研员从研究"教什么""怎么教"的传统教研思维中走出来,立足课程的角度重新审视学科,对学科本身所带有的课程性质、课程目标、课程价值等进行系统反思。如果没有一定的课程意识,那么将很难驾驭学科综合实践活动。第三,学校特色课程建设举步维艰。每一所学校都有独特的基因,每一种独特基因都有其特色

---

① 赵玉如:《学科教学与综合实践活动教学整合的研究——以分析某教师三次执教〈蛇与庄稼〉的变化为例》,《中小学教师培训》2016年第2期。

的外在表现。对于学校而言,学校特色不仅仅体现在校训、校风、学风上,更体现在课程上。课程是学校特色的核心表征,是学校特色的最主要承载者。从现实情况看,虽然很多学校致力于特色学校建设,但更多是对外显文化的包装,只有很少的学校能够开发出具有学校特色的课程。由于一线教师每天需从事教学活动,在课程建设方面思考相对较少,那么从区域角度看,教研员就需要承担起课程建设的基本任务。我们认为,对教研员而言,课程建设意味着"教研员能够基于教育发展需要、政策推动和学生需求,依据自身教研知识和教研技能设计出一套科学、完整的课程方案,并能够根据学校办学理念和校园文化开发校本课程"①。如果教研员的主要工作还是停留在听课评课、论文评比、试题命制与组织考试等方面,那么可以客观评断其已不能适应新形势下的本职工作。

课程建设是新课程改革之后基础教育中出现的新议题,也是教研员的本职工作之一。当前课程建设中存在的课程赋权空转、学科综合实践活动流于形式以及学校特色课程建设举步维艰等问题,亟须引起教研员的重视,亟须教研员承担起相应的责任。而承担责任必须依靠相应的能力支撑。因此教研员必须根据时代需要加强能力建设,完善自身素养结构,以便解决课程建设中出现的各种问题。从这个角度看,进行教研员胜任力研究,厘定新时期教研员的素养结构,是解决课程建设问题的必然要求。

---

①　罗生全、孟宪云:《教研员胜任力初探》,《教育研究》2017 年第 9 期。

第二章 教研员胜任力的理论渊源

　　教研员是我国教研系统的中坚力量,让更合适的人从事教研员工作,这既是教研员队伍建设的必然要求,也是以高质量教研推动我国教育教学事业深化发展的内在诉求。这意味着,新时代教研工作必须把那些更能胜任该工作的人才吸引到教研队伍中,由此,胜任力维度成为教研队伍建设的关键。从相关理论溯源中可以发现,人才测评理论的核心表达、组织行为学理论的工作指向、魅力型领导理论的专业指向和人力资源管理理论的绩效指向等都为教研员胜任力的探讨提供了学理依据,是当前教研员胜任力研究的理论基础和指引。

第一节　人才测评理论的核心表达

　　人才是当前国际社会竞争的关键,在很大程度上,拥有人才的数量和质量直接决定一个国家的前途和命运。正因此,人尽其用、各显其能的诉求比以往任何时候都更为迫切。然而,怎样才能确保人才有效发挥自身作用,这既是个人价值充分实现的现实课题,也是其更好助力社会发展的必然之思。正是在这个意义上,人才测评理论应运而生。人才测评,顾名思义是对人才的测度、诊断、评估,从内涵、内容和价值三个方面就人才测评理论进行透视,以探寻其对教研员这一类人才测评的意义。

一、人才测评的内涵

　　人才测评理论的追问始于对人才测评是什么的探究,实际上,作为一种测评实践,人才测评的内涵为相应的实践廓清了认识论基础。关于人才测评的内涵,有如下几种典型的理解:其一,过程观的理解。这种观点认为,人才测评就是对人才多方面素质进行描述和评价的过程。具体而言,就是"运用现代科学的理论和实践,也就是说依据心理学、心理测量学、心理统计学、行为科学、管理科学、人力资源管理学、社会学以及计算机科学等诸多学科的理论基础,采用多种测评手段对参与测评者的道德品质、知识水平、专业技能、能力水平和倾向、人格特点及人格的倾向性(兴趣、爱好等)、情绪情感、态度和行为习惯、职业醒悟和能力等多方面的素质进行定量的描述和定性的评价的过程"①。其二,活动观的理解。这种观点认为人才评价是一种社会活动或管理活动。具体来看,社会活动论者认为:"人才测评是根据一定目的,综合运用定量与定性的多种方法,对人才的德、智、能、绩、勤、体等进行客观、准确评价的一种社会活动。"②管理活动论者认为,人才测评"是依据一定的科学原理,使用有效的测评手段,对社会各类人员的知识技能、能力倾向、人格特征等个体素质,实施测量和评鉴的管理活动"③。其三,决策观的理解。这种观点认为人才测评的旨趣在于帮助决策。具体而言,"人才测评是人力资源开发和充分利用的基础,它运用心理学、测量学、信息技术等多学科知识,对人才进行性格、心理健康、能力等全面的测试,帮助人们进行有效决策"④。

由上述关于人才测评内涵的几种不同观点分析可知,人才测评首先是对人才素质的测评,且这种素质充分体现为对个体已从事或将从事的工作胜任状况的评判,具有现实诊断性和未来预见性。其次,人才测评还包括测量与评价的双重含义,测量就是借助相关学科对人才进行定量的描述,评价就是依据某种标准对人才做出价值判断,测量和评价统一于人才测评的系统过程中。最后,人才测评具有很强的专业性,这就是说,不同的人才应该按照不同的理念、方法、标准等进行测评,不能以机械的常模测评不同人才。因此,对教研员这一特殊人才进行测评,就是要在充分把握教研员特点和工作需求的基础上,合理借鉴相关学科的技术与方法,真正发挥测评对于教研员发展和队伍建设的积极作用。

① 马欣川等编著:《人才测评:基于胜任力的探索》,北京邮电大学出版社 2008 年版,第 3 页。
② 苏永华主编:《人才测评概论》(第 2 版),中国人民大学出版社 2016 年版,第 10 页。
③ 张进辅主编:《现代人才测评技术与应用策略》,重庆出版社 2006 年版,第 1 页。
④ 宋荣等编著:《人才测评技术》(修订版),中国发展出版社 2012 年版,第 5 页。

二、人才测评的内容

人才测评到底测评什么,这是人才测评的内容问题。如同对人才测评内涵理解的众说纷纭一样,人才测评的内容也是五花八门。比如把德、智、能、绩、勤、体六个方面作为人才测评的主要内容。其中,德包括道德、品德,如忠诚、奉献精神等;智包括个性心理特征、个性倾向性等,如认知能力,动机态度等;能主要指实际工作能力和业务技能,如人际沟通能力、环境适应能力等;绩指实际工作业绩,集中体现为业绩的高低;勤指的是工作态度,如认真、刻苦等;体指的是身体素质,就是符合岗位要求的身体条件。[①] 现代人才测评着重测评个体的稳定心理素质特征,其中,保证个体胜任特定工作的功能性因素——能力,引导和推动个体实现工作目标且具有导向性、动力性的素质——个性倾向性(包括需要、动机、价值观等),以及影响个体工作效率和处世方式的稳定的独特的行为风格和心理特征——人格,是现代人才测评的重中之重。[②]

由上述人才测评内容的相关论述可以得知,尽管不同人才有不同的特点,不同行业有不同的要求,但人才测评的主要内容无外乎包含能力、动力和个性三个维度。这是因为,能力直接影响行为的效果,没有相应的能力,富有成效的工作无从谈起。当然,具备一定的能力只是从事某种工作的基本条件,是否愿意行动、行动是为了什么、如何能获得等动力因素也深刻影响着行动的效能。此外,具有同等能力和动力的个体,在做同一种工作时也会表现不同,这是由个体性格、气质等个性所决定的,这也是人才测评的重要内容。教研员作为一个特定的群体,对其进行测评理应包含一般人才的测评的内容,比如普遍的能力、动力和个性等,但也应该观照教研员自身的特色,比如,作为教研员应该具备的特殊能力、从事教研员工作的特殊动力和身为教研员的独特个性等,这些应是教研员测评的内容所指。

三、人才测评的功能

人才测评是确保人尽其才的重要手段,让合适的人从事与其相匹配的工作,

---

① 苏永华主编:《人才测评概论》(第 2 版),中国人民大学出版社 2016 年版,第 10—11 页。

② 张进辅主编:《现代人才测评技术与应用策略》,重庆出版社 2006 年版,第 5 页。

这是人才测评的根本目的。具体而言,人才测评具有如下功能或作用:其一,评鉴功能。"鉴定功能是指人才测评能够对人才的知识技能、身心素质、能力水平、个性特征、道德品质和工作绩效等作出质与量的区分和认定。"①"人才素质测评最显著的特征就是把测评者的特征与被确定为标准的东西进行比较,以确定被测评者的素质构成与成熟水平。"②评鉴的前提是标准确立,而标准一般由外在的客观标准和现实的比较标准构成。通过评鉴,就可以了解群体或个人的能力、动力或个性状况,并据此判断其是否适合从事某项工作或从事该项工作的优势和不足是什么,便于找准自身努力的方向。其二,诊断功能。"诊断是指通过人才测评的一些手段了解和识别出应试者素质的一些基本情况,如他们的素质构成情况及在未来发展上可能存在的问题及不足。"③诊断是为了发现问题,并据此进行改进。其三,预测功能。预测功能是指通过对人才素质现有状态的鉴别和评定,可以预知推测其素质发展的趋向,这种预测的有效性取决于人才素质特征的稳定程度。④ 预测是为了更好适应未来。

由上述对人才测评功能的阐述可知,人才测评不仅着眼于当下,而且关注未来;不仅在于发现问题,而且在于探索改进;不仅关注适应性,而且关注胜任性。这充分说明人才测评功能的实现最终指向人在更好地胜任工作中实现自我价值。人才测评的这些功能发挥在教研员身上,那就是既要科学研判教研员应当具备的条件,也要有效诊断当前教研员对教研工作的胜任状况,还要合理预测未来教研员可能需要的能力水平等。

四、人才测评的原则

人才测评的对象是人,这决定了其测评的复杂性和难度。因此,确立一定的原则,使人才测评在合理的尺度指引下进行是必要的也是重要的。一般而言,人才测评需要把握五大原则:科学性与实用性相结合,即人才测评既要讲求测评方法、内容、流程的科学性,也要讲求测评实践的可操作性和实用性;评定性与预测

---

① 苏永华主编:《人才测评概论》(第 2 版),中国人民大学出版社 2016 年版,第 15 页。
② 张进辅主编:《现代人才测评技术与应用策略》,重庆出版社 2006 年版,第 33 页。
③ 马欣川等编著:《人才测评:基于胜任力的探索》,北京邮电大学出版社 2008 年版,第 16 页。
④ 张进辅主编:《现代人才测评技术与应用策略》,重庆出版社 2006 年版,第 34—35 页。

性相结合,即人才测评既要对当前所测进行诊断评定,也要对未来进行推测和预知;定性测评与定量描述相结合,即人才测评既要发挥定量的直观、客观作用,也要发挥定性的分析、解释作用;精确测评与模糊测评相结合,即人才测评应在模糊中求精确,在精确中留存模糊;静态测评与动态测评相结合,即人才测评既要关及一般的常态,也要考虑动态变化的非常态。当然,这些原则只是人才测评实践需要遵循的底线,不同的测评实践还可能有与其相应的其他原则。

上述人才测评的原则为人才测评实践的开展提供了基本规范,需要指出的是,这些原则贯穿于人才测评过程的始终,实践中,要从测评的整体和系统出发,不能单独强调某一原则而忽视其他原则。教研员测评中依循这些原则就是要把教研员本身的角色、特点、作用发挥、现实诉求、未来需要等考虑进去,在教研员测评与人才测评基本原则的深度结合中,一方面发挥这些原则对于教研员测评的规约和推进作用,另一方面增强这些原则的实践指导性和实用性。总之,人才测评原则的遵循,应以提升测评实践的效能为依归,既不能畏原则,也不能为原则,更不能伪原则,要保持原则的严肃性和指导性,这样才可能有效彰显原则之于实践的真正价值。

第二节　组织行为学理论的工作指向

任何一个行业都有从事这个行业的特定人员,这些特定人员形成的组织,成为这个行业兴衰的关键因素。因此,如何提升这一组织的效能,让其不仅可以更好实现个体价值,而且可以更好助推行业发展,是一个迫切需要探索的话题。组织行为学的相关理论将为这一问题的探讨提供启示。基于这样的思考,从内涵、特点、启示等方面对组织行为学理论进行透视,可以为教研员这一特殊组织效能的更好实现提供理论视角。

一、组织行为学理论的内涵

关于组织行为学的概念,中外不少学者都进行过界定。比如,杜布林(A.J. Dubrin)认为,"组织行为学是系统研究组织环境中所有成员的行为,以成员个人、群体、整个组织以及外部环境的相互作用所形成的行为作为研究的对象"。

凯利（Joe Kelly）认为，"组织行为学是对组织的性质进行系统的研究：组织是怎样产生、成长和发展的，它们怎样对各个成员、对组成这些组织的群体、对其他组织以及对更大些的机构产生作用"。罗宾斯（Stephen P.Robbins）认为，"组织行为学是一个研究领域，它探讨个体、群体以及结构对组织内部行为的影响，以便应用这些知识来改善组织的有效性"。我国研究者也对组织行为学作出了定义，比如有研究者认为，"组织行为学是系统地研究组织环境中个体、群体、领导以及结构对组织内部行为的影响表现及其规律，并加以应用以提高组织绩效的学科"①。也有研究者提出，"组织行为学是运用系统分析的方法，研究各类组织中人的心理和行为的规律，从而提高管理人员预测、引导和控制人的行为的能力，增强组织的适应能力，以实现组织目标的科学"②。

上述关于组织行为学理论的定义虽不尽相同，但都从不同的角度揭示出了组织行为学的内涵。其一，组织行为学不是研究人的一般行为规律，也不是研究一切人类的心理与行为规律，而是研究各种工作组织中人的心理与行为规律，这突出了组织行为学研究的工作导向。其二，组织行为学不是孤立研究一个组织中的个体、群体的心理与行为，而是按照系统论的观点，将个体的人本身作为一个系统，并把它放在群体整个较大的系统中来研究，这突出了组织行为学对个体作为系统的观照。其三，组织行为学研究的旨趣在于提高预测、引导、控制组织中人的行为的能力，为实现组织既定的目标服务，这突出了组织行为研究提升工作效能的意义。换言之，"组织行为学关心人们在组织中做什么，研究这些行为是如何影响组织绩效的；它也探讨组织是如何影响组织中的个体、群体行为的，希望通过对组织行为的分析研究，能够解释和预测组织成员为什么会产生这样的行为，以及在特定的情境下会采取什么样的行动；同时它也关注组织本身，把整个组织放在大的环境之下，来分析、解释组织与环境之间的关系，探求影响组织变化的因素，寻找提高组织绩效的途径"③。教研员作为我国教研系统的中坚力量，其在教研组织中应该扮演什么角色，应该如何通过教研员作用的发挥提高整个教研组织的运行效能，应该如何预测、引导未来教研员组织建设等，这些问题的解答有必要从组织行为学的角度入手。

---

① 黄维德、刘燕、徐群编著：《组织行为学》，清华大学出版社 2005 年版，第 1 页。
② 段万春主编：《组织行为学》（第二版），高等教育出版社 2013 年版，第 2 页。
③ 黄维德、刘燕、徐群编著：《组织行为学》，清华大学出版社 2005 年版，第 1—2 页。

二、组织行为学理论的内容

作为研究一定组织环境中个体、群体以及结构对整个组织运行影响的学科，组织行为学主要研究三个方面的问题：一是研究组织对其成员心理和工作行为的影响，包括对价值观、工作态度和行为方式等的影响；二是研究组织成员的行为方式及其绩效对整个组织的效率和绩效的影响；三是研究组织对环境的适应性行为和持续发展问题。[①] 简言之，组织行为学致力于研究个人、群体和组织三方面的问题。这是因为，组织是由一定的个体组成的，个体总是在一定的团队或群体中开展工作，而个体或群体无论如何开展工作，总会受到所处环境的影响也总会自觉不自觉地影响环境。这样一来，个人、群体和组织就构成了组织行为学系统的三大核心要素，组织行为学研究的内容就具体化为个体行为、群体行为和组织行为。其中，个体行为研究指的是分析和解释各种因素对个体行为的影响，并对工作中的个体行为和组织绩效之间的关系进行研究，这一层面研究的目的在于对个体进行引导和控制，使其符合组织目标。群体行为研究主要关注研究群体行为的方式以及影响群体行为和工作绩效的因素，这一层面研究的目的在于提升群体工作效能。组织行为研究着眼于整个组织，重点关注组织与环境之间的关系，以及这种关系对组织绩效的影响，包括组织结构与设计、组织规模与发展、组织文化、组织变革与创新等，这一层面的研究目的在于优化组织结构、提升组织运作实效。

由上述组织行为学研究的内容可知，对个体、群体和组织的关注是组织行为学研究的基本范畴，虽然对个体、群体和组织的研究各有侧重，但就此三者之间的关系而言，个体是群体形成和组织建立的基础，群体和组织为个体价值实现提供了平台。在组织行为学视域中研究个体、群体和组织，在根本上是为了个体作用更好发挥、群体作用更好彰显和组织作用更好实现，是一种工作导向且以提升工作效能为目标的研究。由此来看，基于组织行为学的视角探讨教研员问题，有必要围绕教研员个体、教研员群体和教研员组织三个方面，分别研究教研员个体如何更好胜任教研工作，如何提升教研工作的实效；教研员群体如何加强团队建设，在教研工作中群策群力解决问题；教研员组织如何通过结构调整和创新制

---

① 段万春主编：《组织行为学》（第二版），高等教育出版社 2013 年版，第 5 页。

度,有效提升教研工作的保障体系质量。总之,组织行为学研究的内容为基于此视角进行教研员工作的相关研究提供了思考路径和重点方向。

三、组织行为学理论的特点

组织行为学具有典型的跨学科性、系统性、科学性和应用性。[①] 跨学科性是指其是在众多行为科学分支的基础上建立起来的,吸收了心理学、社会学、人类学等学科的思想,其中,心理学为组织行为学提供了基本的理论基础,社会学对组织行为学的贡献是关于组织中群体行为的研究,人类学对组织行为学的贡献主要体现在跨文化分析等方面。系统性是指其对人的研究着眼于系统考量,从组织中的个体行为到组织中的群体行为再到组织行为。科学性是指其力求采取严格的现场、实验、调查等科学方法,基于客观事实得出结论,并根据不同情境提出不同的对策。应用性是指其具有鲜明的应用导向,强调研究的实践基础和应用价值,以理解、识别、预测和控制组织成员的行为为基本着眼点。

组织行为学的这些特点,也是其内在属性和实践遵循的原则。具体到教研员探究中,紧抓这些特点就是要在跨学科范畴中研究教研员的角色、身份和作用发挥,并将教研员置于教研群体和组织中进行理解,此外,还需要基于实证考察教研员现实状况,分门别类探讨不同条件、不同境况中教研员的工作实效、困境,并探索相应的对策。概言之,结合组织行为学的特点进行教研员探究,就是要跳出教育学的单一视角,从教研群体和组织的框架中,进行扎实的实证研究,以更好研判教研员发展的现状并探测未来教研员胜任的条件,为高质量的教研组织的重建奠定基础。

四、组织行为学理论的新挑战

知识经济时代的到来和学习型社会的建立对传统组织行为学提出了严峻的挑战,这要求组织行为学理论在自觉顺应时代发展变化诉求中实现自我更新与完善。知识经济时代在知识的生产方面更加重视创造,这表现在人类开始思考如何将知识最大限度转化为生产力,将知识应用于提高自身的思维水平和解决

---

① 顾琴轩主编:《组织行为学:新经济・新环境・新思维》,上海人民出版社 2003 年版,第24 页。

实际问题的能力,在此基础上实现对知识的创造与生成。在知识的运作方面更加重视分享,这表现在知识不再作为个体的占有物,而是进入公共空间,被相关人员共同拥有,这种在组织中分享、探求知识的过程正成为知识运作的重要方式。在知识的作用发挥方面更重视整全,这表现在对知识固定的、单一的、外在的作用的超越,而不断走向灵活的、多样的、内在的作用的挖掘。这意味着,知识经济时代对特定个体或群体需要掌握和具备的知识状况提出了新的更高要求。此外,学习型社会科技发展日新月异,知识更新速度不断加快,人力资源的重要性越加凸显,学习的普遍化、社会化、持续化不仅成为个体发展的需要,也成为社会和组织建设的要求。因此,学习型社会的建设也呼唤组织行为的变革和创新。

由上述分析可知,知识经济和学习型社会都给组织行为学提出了新的挑战,积极应对这些挑战是组织行为学理论在新的时代境遇中获得发展的必然选择。把握组织行为学理论面临的新挑战,对于以此视角进行的教研员研究而言,具有如下三方面的意义:其一,知识经济和学习型社会中的教研员角色有别于以往,这也意味着需对教研员胜任条件、资质、标准等进行与时俱进的研判;其二,知识经济和学习型社会的快速发展要求教研员具有终身学习的意识,这一方面是为了更好适应新时代的教研工作,另一方面是为了提升教研员自身的身份认同;其三,知识经济和学习型社会的教研员要具备应对复杂变化着的教研环境的能力,也要善于在教研群体和教研组织的变革中科学定位,进而以真正切实有效的教研实践推动新时代教研工作不断取得新进展。

第三节　魅力型领导理论的专业指向

任何一项工作的开展都需要相应的领导,不管是不是明确意识到有领导的存在,领导行动都实实在在存在于我们工作的始终,只是有时候表现得鲜明,有时候表现得隐匿罢了。魅力型领导理论是领导理论的新发展,强调领导者个人气质、能力、行为等对工作的深刻影响。教研员作为我国教研事业的重要领导力量,魅力型领导理论对于新时代教研事业的创新发展具有重要的启示意义。基于这样的理解,从魅力型领导理论的内涵、魅力型领导者的表征、魅力型领导的领导过程、魅力型领导的关系逻辑等进行解析,以探究其对教研员教研领导的意义。

一、魅力型领导理论的内涵

魅力型领导理论是指领导者利用自身魅力鼓励追随者并做出重大组织变革的一种领导理论,在这里,魅力被视为领导的一种个体特征,魅力型领导是基于领导者个人魅力的影响类型,在其他条件相同的情况下,拥有魅力的领导者更有可能影响他人。[①] 魅力型领导将领导者和下属之间非理性的和感情方面的影响作为研究重点,韦伯(Max Weber)对该理论的发展有重要的影响,他认为,魅力型领导往往能在危急时刻为下属建立一个可以用来凝心聚力的愿景,并提出解决问题的途径,进而让追随者体验到成功的感觉。而领导者魅力的获得主要是通过表达坚定的信念,在重大关键事件处理上展示个人独特品质,这种作为会深刻影响追随者,以致让其自愿将组织利益置于个人利益之上,甚至为了组织利益的实现牺牲自我利益。简言之,魅力型领导就是领导者以个人魅力影响下属或追随者的一种领导方式,因而,魅力型领导的关键在于领导者个人魅力的塑造与展现。因此,如何通过增强领导者的魅力进而实现有效的魅力型领导是魅力型领导理论研究的关键所在。

魅力型领导理论强调了魅力在领导过程中的重要意义,这是对传统领导理论的发展和创新。魅力型领导理论对教研员的教研领导而言,就是要不断增强教研员的魅力,以不断提升的个人魅力领导渐趋失落的教研事业重建辉煌。当然,教研事业的持久发展不仅需要魅力型教研员,还需要魅力型教研群体的建立,同时不可或缺魅力型教研组织的建设。因此,魅力型领导理论对于魅力型教研形成的重要意义在于,有效挖掘教研员魅力与教研工作实效之间的关系,真正让有魅力的教研员引领教研事业朝着魅力型方向发展,这应成为新时代教研事业发展的新取向。

二、魅力型领导者的表征

魅力型领导需要魅力型领导者,换言之,不是任何个体都可以进行魅力型领导,只有具备魅力"资质"的领导者,才可能进行魅力型领导。那么,如何成为魅力型领导者,或者说,魅力型领导者具有什么样的特质呢? 有研究者总结出魅力

---

① 段万春主编:《组织行为学》,北京大学出版社 2012 年版,第 22—28 页。

领导的五个关键特点,即对自己的能力和判断高度自信、具有远见、表现出超凡的行为、作为变革者、具有环境敏感性。① 也有研究者提出魅力型领导者的四大特质,即提供变革愿景、善于创新型、勇于自我牺牲和冒风险、充满热情、自信,提出努力的愿景,并使用语言与下属沟通,善于调动下属的激情。② 还有研究者提出了魅力型领导的三大特质:其一,能够预见未来的趋势和模式,为自己和他人设置高期望值,保持行为的一致性以满足期望;其二,能通过鼓舞个人热情、表达个人自信和成功的模式来激发他人的热情;其三,能通过提供支持、同情和表达信心激发他人的能力。③ 关于魅力型领导特质已有相当多的研究,这些研究都在一定程度上刻画了魅力型领导的图像,对于培育魅力型领导具有重要的指导意义。

需要指出的是,尽管不同研究者基于不同的立场、视角、取向等对魅力型领导特质进行了不同的研究,但总结起来,魅力型领导所具备的特质无外乎这样几点:一是有理想和自信,认为未来可期且志在必得;二是有魄力和担当,不惧挑战不畏困难;三是有热情和感召力,能想方设法调动团队成员的积极性。这样看来,成为魅力型领导需要一个不断"修行"的过程。教研员作为教研事业的领导力量,如何提升领导的魅力,既是焕发教研事业生机和活力的内在诉求,也是教研员自身成长发展的应有追求。当然,由于教研工作的长期性、复杂性,实现教研领导的魅力型转向并非朝夕之功,即便如此,成为魅力型的教研领导,并以此促成教研领导的魅力转向,也是新时代教研员队伍建设和教研事业发展的方向。

三、魅力型领导的领导过程

魅力型领导作为一种领导方式和智慧,其作用在于,"通过将下属的自我概念与组织共同的价值观、角色同一性联系起来,从而提高下属的社会认同感。此外,魅力型领导者通过传递对下属的信任,可以提高下属的个人自我效能和集体自我效能,从而促进下属的努力和合作行为"④。具体来看,魅力型领导对下属

---

① [美]格林伯格、巴伦:《组织行为学》(第9版),毛蕴诗等译,中国人民大学出版社2011年版,第473—474页。

② 顾琴轩主编:《组织行为学:新经济·新环境·新思维》,上海人民出版社2003年版,第330页。

③ 段万春主编:《组织行为学》,北京大学出版社2012年版,第228页。

④ 顾琴轩主编:《组织行为学:新经济·新环境·新思维》,上海人民出版社2003年版,第330页。

的影响表现为如下过程:首先,领导者清晰地描述宏伟前景,这一前景将组织的现状与更美好的未来联系在一起,使下级对组织有一种连续的认识;其次,领导者向下级传达组织对员工的期望,并对下级达到这些期望表现出充分的信心,这样可以提高下属的自尊心和自信;再次,领导者通过语言和行动倡导组织的价值观,并以身作则;最后,领导者可以通过自我牺牲和突破传统的行为来表明他们的勇气和对未来的坚定信念。[1] 魅力型领导的领导过程实质上是一个以心理认同为前提的价值认同过程,魅力型领导不断将其主张、理想、愿望进行下移传导,不断增强其影响力和认同度,进而铸成魅力领导的信念基础。

魅力型领导的领导过程说明,如何确立一个组织的核心价值观并且将其进行传导以获得广泛的认同是实现魅力型领导的关键所在。教研员是我国教研系统的中坚力量,教研工作的根本目的是助力教育教学质量的提升。那么,教研工作如何坚守这一核心价值取向,并将其作为整个教研群体和组织的价值核心,是推动教研工作向魅力型领导转向的关键。因而,需要大力推进教研工作核心价值的认同,将价值认同作为教研员胜任力的核心组件,通过教研员价值观的重塑助力教研队伍的优化升级。

四、魅力型领导的关系逻辑

作为一种领导理念和方式,其内含着领导者和被领导者的关系。有研究表明,魅力型领导与下属的高绩效和高满意度之间有着显著的相关性。为有魅力的领导者工作的员工受到激励而付出更多的工作努力,并且,由于他们喜爱自己的领导,通常表现出更高的满意度。[2] 也有研究表明,当个人对组织有较高的认同感,人民就会对自己是组织中的一员感到自豪,把组织成员身份看作最重要的社会身份之一。因此,就会努力使自己的工作变得更加重要和有意义,愿意把群体和组织的需要置于个人利益之上。而且,社会认同感会强化群体的共同价值观、信念和行为规范。[3] 这说明,魅力型领导过程中存在三种关系,即个体与领导者的关系、个体与组织的关系、组织与领导者的关系。一般而言,当个体认同

---

[1] 刘佛翔主编:《组织行为学》,科学出版社 2012 年版,第 226—227 页。

[2] 黄维德、刘燕、徐群编著:《组织行为学》,清华大学出版社 2005 年版,第 183 页。

[3] 顾琴轩主编:《组织行为学:新经济·新环境·新思维》,上海人民出版社 2003 年版,第 330 页。

领导者和组织时,工作的幸福指数会更高,工作效能也更高,在这之中,领导者是个体与组织之间的纽带,因此,魅力型领导对个体和组织价值的实现都具有重要的导向意义。

在关系逻辑中审视魅力型领导,就是要从研判关系出发,这样一来,所谓领导就不仅仅是一种上下层级之间领导者与被领导者的简单关系,而是基于价值认同的共生关系。个人与领导者、领导者与组织、个人与组织之间的交互关系,是魅力型领导需要切实观照并妥善处理的。具体到教研实践中,魅力型领导在处理教研员与教研领导、教研领导与教研组织、教研员与教研组织这三对关系中彰显智慧和魅力。当然,教研工作最终是面向人的工作,这意味着教研工作中的关系更加复杂和微妙,因此,如何发挥魅力型领导的作用,是有效处理这些复杂关系的可行之思,也是提升教研工作的可选途径。需要指出的是,上述这些关系的处理,切不可顾此失彼,也不能厚此薄彼,只有关系系统的融洽才能确保教研生态的良好,在这个意义上,能否进行魅力型领导也是教研员应具备的素养。

第四节 人力资源管理理论的绩效指向

"人力资源管理是指组织以人为中心开展的一系列管理活动,其目的是要把组织所需要的人力资源吸引到组织中来,将他们保留在组织之内,调动他们的工作积极性,并开发他们的潜能,以便充分发挥他们的积极作用,为实现组织的目标服务。"[1]简言之,人力资源管理旨在通过对人力的管理,提高工作的绩效。教研员是教研工作的重要人力资源,如何通过教研员这一人力资源的管理提高教研工作的绩效,可以从人力资源管理的角度进行一些探讨。基于这样的思考,从人力资源管理的内涵、关系、绩效等方面进行分析,以探寻教研工作绩效提升的人力资源管理之路。

一、人力资源管理的内涵

人力资源管理的定义众说纷纭,有研究者将人力资源管理界定为"在一个

---

① 卢福财主编:《人力资源管理》,高等教育出版社2006年版,第4页。

组织内,形成、培养、配置、使用、周转、爱护、保全组织成员,建立组织与其成员之间良好的劳动关系,充分挖掘组织成员的劳动潜能,调动其积极性、自觉性、创造性,以实现组织目标的全过程或活动"①。据此进一步分析指出,人力资源管理的实质是在推动工作、完成组织目标和使命的过程中,对"人与事""人与人"关系的调整,其目的在于组织目标的实现,因此,一切管理活动都应服从于组织目标。也有研究者指出,人力资源管理"就是对人力资源进行有效聚合、利用、开发和评价的过程,其内涵包括两个层面:在组织外部,主要是指人力资源的市场供求、竞争机制、劳动关系、监管、战略及生态环境等;在组织内部,主要包括员工招聘、工作分析、绩效考评、薪资、激励、培训、职业生涯等"②。还有研究者认为,人力资源管理"是组织为了实现其特定目标,在一定的制度约束和规范下,由被授权的组织内部人员通过对人力资源的获取、开发、保持和有效利用,以实现组织目标和组织人力资源增殖的过程"③。由此可知,人力资源管理是贯穿于工作过程的系统管理,包括人力资源的规划与发现、培训与激励、考核与评价等。

上述关于人力资源管理的种种定义虽各有侧重,但都揭示了人力资源管理作为对人力这一特殊资源进行管理的过程性和复杂性。人力资源管理的过程性体现在管理渗透于工作的始终,只要有人参与,就都存在着对人的管理,不论有没有明确的管理理念、管理模式、管理制度,管理都实实在在存在着。人力资源管理的复杂性体现在时代变化发展对人力结构、人力素质等提出的新要求,加之不同个体在能力、性格、态度等方面表现出的差异和主观能动性发挥状况的不同,人力资源管理往往需要因人因事而异。这对教研员人力资源管理的启示在于:一方面,教研员所从事的是专业性工作,而这种工作本身就极具复杂性,因而对教研员进行选拔、培训、考评等都具有很大的挑战,特别是随着教育教学改革的深化发展和时代新诉求的不断植入,如何进行新时代教研员队伍建设,是教研员人力资源管理需要特别关注的问题;另一方面,教研员队伍的构成具有多样性,而且教研员没有严格的从业标准,这意味着我们对教研员能否胜任教研工作多停留于经验判断之上,这也在客观上加大了教研员人力资源管理的难度,但作

---

①　吴国存、李新建主编:《人力资源开发与管理概论》,南开大学出版社 2001 年版,第 21 页。

②　颜爱民、宋夏伟、袁凌编著:《人力资源管理理论与实务》,中南大学出版社 2004 年版,第 7 页。

③　王斌、魏大明主编:《人力资源管理》,西南师范大学出版社 2016 年版,第 14 页。

为我国教研系统的重要队伍,正视难度在这个意义上恰恰是为了加强教研员人力资源管理,切实提高管理水平和效能。

二、人力资源管理的原理

人力资源管理的根本旨趣在于实现人尽其能和工作绩效最优化,为此,在人力资源管理过程中有必要深刻理解几个原理:第一,系统优化原理,这是指在对人力资源系统进行组织、协调、运行、控制的过程中,应遵循使整体的整体功效达到最优化的原则。第二,激励强化原理,这是指管理者应对遵守组织行为准则并对组织作出贡献的人员给予相应的奖励和激励,鼓励他们继续努力并作出更大贡献。第三,反馈控制原理,这是指根据对人力资源的需求而确定相应的政策和措施,使人力资源的需求得到控制。第四,弹性冗余原理,这是指人力资源在聘任、使用、解雇、辞退、晋升等过程中要留有充分的余地,应使人力资源整体运行过程中有弹性,当某一决策发生偏差时,留有纠偏和重新决策的可能。第五,互补增值原理,这是指通过团队成员的气质、性格、知识、专业、能力、性别、年龄等各因素之间的相互补充,从而扬长避短,使整个团队的战斗力更强,达到互补增值效应。第六,利益相容原理,这是指当双方利益发生冲突时,寻求一种方案,该方案在原来的基础上,经过适当的修改、让步、补充或者提出另一个方案,使双方均能接受从而获得相容。① 这六大原则涵盖了人力资源管理的方方面面和整个运作过程,既是开展人力资源管理的底线,也是人力资源管理取得实效的保障。

需要指出的是,上述原理是人力资源管理过程的依循基本原则,针对的是普遍的、一般的人力资源管理情况。这些原理要在实际的人力资源管理中发挥作用,还需要与具体的人力资源属性建立联系,在普遍适用性与实际特殊性的关系建构中,发挥原理的指导作用。就教研员人力资源管理而言,把握上述原则就是要把教研员置于整个教研系统中,构建生态化的教研系统,对有突出贡献的教研员进行及时激励,同时保持好教研员人力资源的供求平衡,探索教研员的退出机制,注重提升教研员群体的团队绩效,解决好教研过程中的各种利益冲突等。这实际上对教研员自身和教研组织建设提出了很高的要求,教研员不仅需要做好分内的教研工作,也需要担负起推动教研系统的良性运转、教研团队的建设乃至

---

① 廖泉文:《人力资源管理》(第二版),高等教育出版社 2011 年版,第 11—15 页。

教研工作中的矛盾化解的责任,这是通过人力资源管理提升教研员素质,进而使其更好胜任新时代教研工作的应然思考。

三、人力资源管理中的关系

人力资源管理贯穿于有人参与的工作始终,"从本质上说就是对人力资源的管理,因为组织人力资源管理目标的实现甚至说组织任何工作目标的实现归根到底只有靠人的活动才能实现。但是人力资源管理又绝非是对一般性意义上的人的管理,它管理的是处于特定关系中的具有鲜明个性的人力资源个体。在一个组织里,人力资源管理所要解决的实际上是组织、工作及人力资源之间如何结成一种关系并保持协调、持续、动态发展的问题"①。这意味着,人力资源管理需要特别观照个体、群体和组织之间的关系。困难在于,个体差异相当大,个体特征和后天经验都在一定程度上影响着个体的行为。这些特征和行为会影响人力资源管理的内容、方式和手段,从而影响组织目标的实现。群体是由为了实现某个特定目标的两个或两个以上相互作用、相互依赖的个体组成的,但群体并非只是个体和个体行为的简单叠加,正式群体和非正式群体需要进行分门别类的管理。组织结构是指确定对工作任务如何分工、分组和协调合作而形成的组织各部门、各层次之间的一种相对稳定的关系模式,不同组织结构要求有不同的人力资源管理模式,同时,不同的人力资源管理模式又要求有不同的组织结构与之相对应。② 可见,个体、群体、组织各自的特点都要求有与之相符的人力资源管理,这就是说既要在个体差异中看待个体,也要在群体和组织中看待个体,人力资源管理在这个意义上其实就是一种关系管理。

以人为中心的人力资源管理需要特别关注个体之间、个体与群体、个体与组织的关系,实际上,人力资源管理最终是要实现组织系统中人力的优化组合,而如何将合适的人摆放在合适的岗位,使其能动性得以充分发挥,从而形成精诚合作的群体和结构优良的组织,这是人力资源管理需要考量的基本问题。对于教研员人力资源管理而言,应注重处理好如下几种关系以提升人力资源管理的效能:首先,确定教研员的准入标准,严格把控教研员的准入关,真正把有能力胜任

---

① 赵永乐、王培君编著:《人力资源管理概论》,上海交通大学出版社 2007 年版,第 43 页。

② 颜爱民、宋夏伟、袁凌编著:《人力资源管理理论与实务》,中南大学出版社 2004 年版,第 54—90 页。

教研工作的个体选拔进教研员队伍;其次,着力于教研员团队建设,创建良好的教研合作文化,以群体之力解决教研中的关键难题;最后,优化教研组织结构,以真正彰显教研组织对教研员个体和整个教育教学发展的保障作用。这样一来,教研员人力资源管理就可以在教研员自身胜任、教研群体合作充分、教研组织结构优良的基础上形成稳固、持久、良性的关系系统,这样的系统无论对于教研员自身还是整个教研工作而言,都是大有裨益的。

四、人力资源管理的绩效

人力资源管理的根本目的在于对绩效的追求。"所谓绩效,就是指组织成员在工作过程中所表现出来的与组织目标相关的并且能够被评价的工作业绩、工作能力和工作态度,其中工作业绩就是指工作的结果,工作能力和工作态度则是指工作的行为。"[1]在根本上,"所有的绩效都是员工通过自身的劳动消费而得到的,在这一过程中,员工的体力和智力都会受到不同的损耗。如果员工的损耗得不到及时的补充,不但组织的绩效难以为继,而且员工的发展也无从谈起。为了维持员工个体的再生产,员工就必须不断地对自己的智力、体力乃至自己的家庭、社会关系等再生产进行投资"[2]。如何调动员工的积极性,让其以更好的绩效回报组织,是人力资源绩效管理的关键。这里有一个重要前提,员工的绩效在很大程度上取决于态度和能力,简单而言,态度就是愿不愿去做,能力就是能不能做成。一般来说,激励是保障员工工作积极性的重要因素,特别是关乎员工未来发展和前途的激励,对员工的工作态度具有持久的、强劲的影响。能力是绩效的重要保证,很难说能力低下者会产出高绩效。正因此,有研究者提出了基于胜任力的绩效管理模式:第一步,定义工作及从事工作需要的胜任力特征;第二步,确定要从事这一工作的员工;第三步,评估员工的胜任力特征;第四步,确认并记录胜任力差距;第五步,按优先顺序排列员工的开发需求;第六步,确立员工的工作目标、计划和标准;第七步,实施胜任力开发活动;第八步,绩效监测;第九步,进行绩效考核。[3]

---

① 王斌、魏大明主编:《人力资源管理》,西南师范大学出版社 2016 年版,第 175 页。
② 赵永乐、王培君编著:《人力资源管理概论》,上海交通大学出版社 2007 年版,第 43 页。
③ [美]杜波依斯等:《基于胜任力的人力资源管理》,于广涛等译,中国人民大学出版社 2006 年版,第 108 页。

　　由上述分析可知,人力资源管理在根本上是绩效指向的,这种绩效既包括个人绩效,也包括群体和组织绩效,根据个体和群体、组织的关系,个体绩效对群体和组织绩效有直接影响,因此,探索提升个体绩效是人力资源管理绩效指向的题中之义。而能力作为影响个体绩效的重要因素,如何诊断个体是不是能够胜任某项工作直接关系其在该工作中的绩效。这样一来,胜任力就成了测度个体绩效的关键,提升个体绩效在这个意义上就是要科学测评个体对某项工作的胜任情况。这对教研员人力资源管理而言,就是要加大对教研员胜任力的测评。人力资源管理的绩效指向,在个体层面就是要实现人尽其才的目标,那么,选拔、培育、发展真正有潜质和有能力的教研员从事教研工作,既是教研员队伍建设内涵式发展的内在要求,也是以教研推动教育教学改革深化发展和质量提升的有益探索。因此,基于胜任力取向进行教研员人力资源管理是符合人力资源管理旨趣的,应成为教研员人力资源管理的新思路。

第三章　教研员胜任力的理论结构

　　教研员是我国教研制度的独特"产物",从1952年教研制度确立至今,教研员从专注教学研究到教学、指导和服务并重的转变,工作重心从"教学中心"转向"课程中心",教研队伍逐步扩大到学校教研组成员和行政机构教研人员等。完备的教研体系不仅使我国基础教育制度在全球"独树一帜",更实现了教育发展的"中部崛起",为我国基础教育发展提供了持续的内生动力。迈入后改革时代的教育和课程改革需要教研员承担满足这个时代需要的角色,而角色的出色完成则需要与之匹配的能力结构。基于政策的历史梳理和相关研究成果,关于教研员究竟应该具备哪些素养或能力才能更好服务于改革需要的讨论还处于"意见表达""理论构想"等基础阶段,严重缺乏一线教研数据的支撑和深层次的学理研究,本书旨在质性分析基础上找寻教研员胜任力基本特征,并尝试构建教研员胜任力的理论结构。

第一节　教研员胜任力理论的产生逻辑

　　理论和政策的推演是建构新理论的重要途径,但如若缺乏实践支撑必将丧失理解和执行的土壤,来自一线工作的数据经理论审视和深度理解不仅有助于解释新理论,也可作为一种构建新理论的重要范式。理解为本的研究范式既是基于专业认知的研究判断,也是基于教育研究立场对研究对象的深度认识,辅以共同行动的研究过程和知识获得的循证研究方法,成为构建教研员胜任力理论的新思路。

一、理解为本的研究范式

互联网和信息技术的快速更新,全面影响了政治、经济、文化、教育等领域,形成了"数据爆炸"的局面,与每一个体息息相关。科学技术的发展总会伴随以新技术、新观念、新方法、新规则取代原有技术、观念、方法和规则,新旧范式的更迭促进了科学技术的发展,也加速了大数据时代的到来。大数据的出现逐渐改变了人们的工作、生活和思维方式,科学研究从过去关注样本代表性、因果性等转向关注全样本和效率,直接引发了科学研究范式的转型,使传统科学研究面临前所未有的挑战,因此教育科学研究范式的转型势在必行。研究范式是一种比较宏观的哲学理念和方法论,库恩认为,实现科学范式转换的根本原因是科学共同体知识信念的改变。其中,共同体知识信念的改变与个体价值观、生活场域、社会经历等密不可分,它是社会意识形态影响下的个体发展观。因而有必要从整体的角度出发,以解释学为哲学基础研究各种社会现象,深层剖析现象背后潜藏的社会发展规律。

追溯教研员胜任力的相关研究,多以历史文献评述、工作任务分析等为研究核心,呈现以搁置技术为本的数据采集、分析的研究思路,转向教研员人力资源特征的综合分析。基于大数据背景下的教研员胜任力研究,专注角色划分、教研工作等的特征说明并不可浅尝辄止,更应突破传统思辨研究的现实主义禁锢,从人本主义角度予以深层剖析和理解。一定程度上,这与狄尔泰所提出的"我们对自然进行说明,而对精神生活进行理解"的观点不谋而合。由此确定教研员胜任力研究范式起点,即以理解为本。基于理解的研究是一种"以人性化的态度参与到教育活动中,对教育现象中参与者的行为表现出充分的理解和尊重,并从他们的角度对教育现象发生的原因及其背后的意义和价值进行解释"①。

具体而言,以理解文本的教研员胜任力研究主要表现出以下特点:

第一,伦理性。理解作为一种哲学理念,体现了人本主义倾向的研究思维。人文主义与自然主义的长期博弈使科学研究不再局限单一的研究路向,反之摆脱工具理性或自然科学思维的牵制,在教育科学研究过程中更加关注研究关系,

---

① 毛亚庆:《从两个教育家的论争看教育研究的两大范式》,《清华大学教育研究》2001 年第1 期。

在统一的社会伦理约束下实现主客体地位的相对平等与交互制约。具体来看，一方面，关注研究者的意识参与。理解，顾名思义即为主体的认知或价值判断，教育科学研究的过程就是研究者对问题的筛选和提取、文献的追溯与概括、研究计划的形成与实践、研究结果的讨论与生成等，既要求研究主体严格遵循实施步骤，更要求主体因地制宜适时修改研究策略。另一方面，注重研究对象的内在需求。科学的研究是以客体内在需求的满足为目标，以具体问题的解决为根本条件，这是对主客体自身发展需求的尊重。

第二，个体性。基于理解的研究首要关注了个体存在价值，承认了社会个体的独立存在特性。同时在教育科学研究过程中，由于每一研究个体受自身社会经历、知识水平、研究素养等的影响，其对研究问题、研究结果的认知理解与事实诊断存在差异认知，致使不同个体对同一研究问题存在不同结论。理解为本的研究范式是对传统研究方式的延展，理解范式的研究赋予研究主体充分的自主选择和自由发挥空间，允许研究者个体意识的介入与价值判断，拓展了问题研究视角与研究范畴，丰富了教育研究内容，同时激发了不同主体的研究参与热情与积极性，长远来看为教育教学的发展提供动力支持。

第三，多样性。"受理解范式影响而形成的教育研究方法，如质的研究方法、教育叙事法、个案研究等都强调体验和理解的重要性，要求研究者深入甚至参与到实际的教育活动中，把教育现象中人的行为和教育现象发生的背景结合起来加以考察和理解，从而揭示出教育现象发生的原因以及现象背后所蕴涵的价值和意义。"①概言之，基于理解的研究是以质性研究方法为核心，此类方法注重对质化数据资源的挖掘，与常规数据相比，质化数据面临开发难度大、分类整合过程长、研究结论争议大等问题，致使数据解释多样，此外，为验证质化数据的合理程度又需运用多种研究方法。因此，理解为本的研究多样性主要体现在结论多样和方法多样。

以往针对教研员的研究过分倚重文献研究，但又缺乏理论基础与分析框架，直接削弱教育科学研究的科学性，致使文本数据失去论证力度。本书沿着教研员的历史研究脉络，以解释性的理解为理念，收集教研现象或过程中参与者的真实想法，以及事实生成背景中一些不易直接搜集而又与主观意识极度相关的信

---

① 孙冬梅、黄坤：《教育研究范式及方法的变革与融合》，《中国高教研究》2009 年第 2 期。

息,最终确定以质性访谈为核心找寻胜任特征,形成以理解为本的研究范式作为整个研究的逻辑起点。一方面,提高了科学性,补足教研员胜任力研究的分析框架。明确以访谈为主的质性研究方法,摆脱纯粹的文本分析或内容分析,通过与一线教研员面对面的沟通交流提取最新信息,重点深度挖掘教育数据资源,实现了理论研究与实践操作的互为沟通。另一方面,彰显了创新性,生成教研员胜任力研究的理论基础。在明确的教研员胜任力分析框架指导下,使研究建立在"数据"证据基础之上,实现实践到理论的飞跃,从而形成理论创新对教研员胜任力知识的原创性贡献。

二、共同行动的研究过程

社会的历史发展使人类趋向不同的行为特征,每一个社会阶段都有相应主导的行为模式。农业社会时期,集权主义体制下绝对的"支配—服从"成为人类主导性的行为范式;进入工业社会时期,利益分配体制下呈现"竞争—合作"的行为范式;进入全球化阶段,政治、经济、文化、社会、科技等领域已深深打上了人类文明的烙印,后工业化进程的加快使人类行为趋向合作为主的行为范式,这种合作的模式根据其独特的内在属性与特征,更能实现有序竞争。基于理性主义分析范畴,合作的基础是共同的利益机制;基于行为主义分析范畴,共同的目标或意向一致是合作的主观诱因,在共同的利益或目标引导下,合作由此成为科学研究的主流模式。然而由于教育本身的公益性、育人性等,致使教育范畴的科学研究多呈共同意向统一下的合作,即共同行动。

共同行动,顾名思义即为一致的行动或行为实践,但深究此内涵,不免使共同行动深陷行为主义泥淖,呈现一种规范化、制度化的行动取向,无视行为本身的个体特性,是对共同行动本身的片面认识与理解。"如果行动者之间都同意共同行动,却没能在如何行动上达成一致,那么,他们就无法实践其共同行动的意向。同样,如果行动者在如何行动上达成了一致,却在是否要共同行动的问题上表现出犹豫甚至不愿意采取共同行动,那么,他们也是无法开展共同行动的。"①无疑共同行动机制发生的关键是共同意识与共同行为,二者相辅相成、缺

---

① 张康之、张乾友:《论共同行动的基础》,《南京农业大学学报(社会科学版)》2011 年第2 期。

一不可,是在共同意识引导下的行为表征,是一种行为研究的过程,是一种具体化、可操作化的实践模式,同时共同行动更表现为一种反思性螺旋式上升的研究过程。

在共同行动过程中,主要体现了以下特征:

第一,合作性。单一个体的行动更多是一种个体性行为,其表明的是个体行动意志,这种意志可以是社会所认可的,也可能是个体对新事物、新方法等的尝试性行为,无疑群体的共同参与是开展共同行动的基础,但各自为阵的行动只会使整个行动分崩离析,由此成员之间的协同合作是保证共同行动得以继续进行的重要条件。

第二,效率性。共同行动确定了合作基础,即群体的参与。群体成员的责任分担,一定程度上有效规避了行动风险,为个体存在价值的发挥创造了机会。同时在共同目标的指引下,群体成员共同的合作基础使其对行动认知观念趋同,更易达成步调一致,从而减轻时间、空间等条件制约。一定程度上,共同行动的目的在于带给行动者最佳效能的可能性,最大限度提高行动效率,进而创获更多的行动价值成效。

第三,人文性。共同行动是一种群体行为,为了共同目标的实现集聚而成,同时目标的完成或瓦解往往伴随群体成员的解散,在具体行动过程中,成员需要在平等基础上沟通、交流与合作,进而形成拥有共同信念、价值观和研究方法的合作共同体,逐渐建立起交往理性以克服工具理性思维。换言之,这是一种基于默契的共同行动,是一种具有道德特征的共同行动,强调了个体之间、个体与群体间的平等对话。

教研员是教育管理机制下的重要构成部分,对其胜任特征攫取应遵循教育科学研究程序,在科学统一的研究程序规制下有效完成研究目标。在教研员胜任力研究过程中,研究始终坚持共同行动的原则。无论是质化数据的采集、分析与整理,还是教研员胜任力理论模型的构建、检验与运用等,整个过程以教研员具体胜任特征及其关系的证明为研究目标,进而协同教研员、一线教师、教育行政管理者、教育教学专家等参与其中,旨在营造一种平等、尊重、对话的合作氛围,最终成为研究共同体。当然,教研员胜任力研究旨在体现一种共同行动的研究过程,这是由研究自身的复杂性决定的。其一,研究准备时期需采集大量的质化数据,一方面能对教研员这一群体形成清晰、深刻的先验认知;另一方面,研究目标的达成是以研究假设的建立为前提,为此在深入了解教研员群体之后,将针对性地找寻核心胜任特征,为后期的假设验证奠定坚实的理论基础。其二,在正式研究过程中,关涉访谈的开展、问卷的发放、回收、统计等,更需要与教研员、教师、教育管理者、专家学者等建立长期稳定的交往关系。研究在时间成本、物质成本等的控制下,群体成员分而化之的共同行动是保证研究时效达成的有效路径。其三,在研究总结阶段,对已有结果的内化提升是对整个研究的一以贯之,此时期关于成果的表达、评价与推广更依赖于共同体成员的合作完成。由此观之,以共同行动贯穿教研员胜任力研究过程,有利于规避研究风险,同时能克服传统教育研究的理论独白、研究方法独白、研究主体独白等现象,对研究本身或研究发展具有重要意义。

三、知识获得的循证研究

目前,循证理念已成为医学、社会学、心理学和教育学等不同领域中干预服务的"黄金标准"以及制定相关决策的重要依据。[1] 循证(evidence-based)一词肇始于医学领域,1992 年加拿大麦克马斯特大学的 David Sackett 等人提出循证医学(Evidence-Based Medicine,EBM)概念,同年英国牛津大学的 Lain Chalmers 及其同事共同成立了研究中心,旨在为循证医学实践提供证据支持。由于循证医学不仅为综合实践与研究明确了思路,同时还提出了具体可操作的技术方案,使循证理念快速扩展至社会学、心理学、教育学等领域,其在学界范围内得到了广泛认同。2002 年美国总统签署了《不让一个孩子掉队方案》(*No Child Left Behind Act*),该方案中多次提及"基于科学的研究证据",试图以自然科学中的技术来尝试改造教育学实践,但也间接明确了循证研究的核心要义,即"应用严谨、系统、客观的方法来获得与教育活动及教育政策相关的可靠、有效知识的研究"[2],美国率先从法律层面强化循证教育研究理念的这一行为,使循证研究的影响得到官方认可,为此后循证教育研究的发展奠定了坚实基础。

回溯循证研究发展历史,教育领域的循证研究是以循证实践和循证医学为

---

① Beth Harn, Danielle Parisi, Mike Stoolmiller, "Balancing Fidelity with Flexibility and Fit: What Do We Really Know About Fidelity of Implementation in Schools", *Exceptional Children*, 2013, pp. 181-193.

② *No Child Left Behind Act of* 2001, http://www.ed.gov/policy/elsec/leg/esea02/index.html.

发展源头,虽然循证教育研究的影响日渐扩大,但当前其并未获得规范、统一的经典定义,对其认知理解散见于"循证教育学"概念。美国教育部教育研究与改进助理秘书 Whitehurst 指出,循证教育是"在如何进行教学的过程中,专业智慧与最佳可利用的经验证据的融合"①。由荷兰三所大学共同组建的循证教育学研究所(TIER)指出,"循证教育学是将基于有效的最好证据进行教育政策制定与教育实践的一种哲学。它意味着在推荐或大规模应用具体的教育干预、策略、政策之前,应该进行科学的评估。……它既指对积极评估干预的收集,也指对教育政策制定者或实践者的一种行为或态度"②。英国达勒姆大学教授 Coe 认为,"循证教育学指根据有效的证据进行调整的教育政策或教育实践"③。不同的学者或机构对循证教育认识理解各异,不过从中可管窥循证教育研究深意,循证研究是实践研究或应用研究的重要分支,其严格按照科学研究要求规范研究过程,以获得最佳证据的支持为目标。

此期针对教研员胜任力的研究,主要以教研员在具体教育教学中的工作表现、角色承担、任务完成等为考量,探索其能有效完成或胜任本职工作的具体素养特征,进而构建专属教研员这一群体的专业指导理论。换言之,研究是以教研员胜任力理论的形成为目标,具体以教研员相关胜任知识的获得为条件,即一方面是理论知识,包括教研员的具体胜任特征;教研员胜任力结构模型之中的关系知识;另一方面是实践知识,就是有关教研员胜任力研究过程的知识。这些知识的获得意在发挥其理论指导能力和实践应用力,为以后教研员的专业发展及相关研究提供价值参照。当然,理论的形成既需一线教研工作者的切实参与,攫取实地数据与第一手资料实现数据"发声",更需要研究者的理论思辨与内化生成,因此教研员胜任力的研究有必要取向循证思维。

基于教育领域的教研员胜任力循证研究,核心理念是以所能获得的最佳证据为基础,以研究者的专业技能和社会经验为支撑,并以教研员的满意为宗旨,据此应充分考量以下要素:

---

① 叶澜:《思维在断裂处穿行——教育理论与教育实践关系的再寻找》,《中国教育学刊》2001年第4期。

② *Top Institute for Evidence Based Education Research*, http://www.tierweb.nl/TIER.pdf.

③ R.Coe, *A Manifesto for Evidence-based Education*, http://www.cemcentre.org/RenderPage.asp? LinkID=30317000,1999.

其一，证据。循证研究不仅强调以"证据"为核心，更折射出一种多证据观，观点的多证据支持能增强自身说服力和公信力，尤其是教研员在教研实践中要重视证据来源的多方面，如所得证据可以是国内外有名教育教学专家的观点或研究结论；可以是权威专著、期刊、学科发展的前沿观念；可以是符合教研员特点、工作要求等的政策规范或标准；也可以是社会等组织机构的用人标准、测评监督机制等。这些证据从不同的方面影响教研员循证研究的最终效果，只有科学使用、统筹兼顾、差异选择，结合具体教育教学情境和个体的经验判断，才能发挥多元证据的论证实效，终而形成科学规范的教研员胜任力理论。

其二，实践。循证研究是一种基于科学的干预，是一种具有可操作性的实践框架，是主体审慎地将最佳证据运用到教育教学实践的过程性事件。以证据为研究取向，强调用最佳证据代替有限的个体经验或是对他者的盲目模仿，摒弃主观直觉思维，以证据思维全面考察教育教学实践，由此教研员胜任力的循证研究不仅要考虑证据的可靠性，更需要主体的实践参与，融入"证据现场"。研究中针对教研员的入职标准、相关教育政策导向，以及教研员自身发展规律和内在需求等特点，考虑该群体已有的文化知识基础、能力结构、教研价值观念等因素，需要结合所搜集到的最佳证据、研究者自身的专业素养、教研经验等完成整个教育研究实践过程。

其三，客体参与度。循证思维引导下的教研员胜任力研究是以教研员为主体，研究者为服务者的角色划分，整个教研员胜任知识或理论的循证研究过程，支持包括教研员、教育管理者、教育教学专家、教师、学生等在内的利益相关者参与到研究实践中，间接成为循证教育思维的间际主体和共同体成员，进而扩大证据来源形成积极有效的配合。

教研员胜任力理论知识获得的循证研究，其所体现出的证据科学性、研究主体的专业性、对服务客体的尊重以及就此营造的人文氛围，对教研领域的扩大充实具有重要意义。一方面，明确了基于循证思维的实践主义研究取向。实践在某种程度上拒斥理论，但证据本位的教研员胜任力研究势必以理论的形成为终极旨趣，使教研决策、胜任特征的总结更为理性与科学。另一方面，规范了教研员胜任力研究的过程性发展路向。研究者专业智慧与有效经验证据的结合，缩短了研究理论、教研理论与教研员主体工作的距离，更能在证据找寻中检验已有教研理论的科学性。

第二节　教研员胜任力理论的产生过程

理论的形成是对固有经验整合、实践采集的内涵提升,进而为教研员工作或个体专业发展提供价值引导。通过既有相关研究或理论的学理分析确定研究范畴,通过实地探究的现时研究梳理数理逻辑,力求规整教研员胜任力研究范式,促进核心胜任特征的产出。

一、理论追溯预定研究维度

教研员胜任力理论的形成是以主体胜任内涵为基础,研究遵循理论思辨—实践探索—理论核检的分析脉络,首先要从教研员、胜任力的深层内涵出发抓取理论分析重点。

(一)教研员主体身份的确定

对教研员胜任力维度划分首要考虑教研员与胜任力的深层意蕴。当前有关教研员主体、胜任力实质并未达成统一认识,但随着基础教育课程改革进入"深水区","穿新鞋走老路"的教研形式屡遭诟病,丰富的教研内容,如教师教学的指导、三级课程教材的开发、教育教学理念的创新发展等亟须补位,作为撬动中国基础教育教学发展的中坚力量——教研员,相关研究有必要揭示其胜任特质。

探究教研员胜任力前提在于澄清教研员概念,即教研员是怎样的一个群体,具有何种功能指向或作用。在国外,并不存在"教研员"这一专职群体,故无法准确定位研究对象。基于对教研员属性的认知理解,相关研究散见于教师教育、教师培训等,国外关于教研员的内涵研究主要倾向将其定位为教师或教学研究参与者,强调其教学研究能力、教学参与力等的提升。如国外教育教学机构中的"教育督学""教学督导",其指导、服务、监督等职能与我国教研员相通,美国"校本行动研究""反思性教学""反思性实践者"等相关研究表明"教研员"是教研工作的合作参与者。美国学者乔伊斯、肖尔斯率先提出教师教学研究的"同伴互助";英国学者斯腾豪斯、澳大利亚学者凯米斯等均提倡"教师即研究者",主张教师要将教学与研究相结合等。

在我国,关于教研员的内涵研究整体倾向将其定位为专职教学研究人员,强调教研员角色或职能属性的专业性、研究性和独立性。如钱平安在《教研工作手册》中,确定教研员是中小学教材教法教学研究人员。① 王焕勋认为,教研员是教学研究机构的专职研究人员,省(市)教育学院教研部、县(区)教师进修学校教学研究室或直属教育行政部门的教学研究室均设有若干名专职教学研究人员,称为教学研究员。② 张焕庭在《教育辞典》中,界定教研员是省、市、县教研室负责教学研究的专业人员,一般是由知识和能力特别丰富的优秀教师来担任……教研员是教育行政部门直接领导下的从事教学研究的专业人员,不属于教育行政人员编制,不应把他们调离教研室当作行政人员使用。③ 还有研究者认为教研员是在省、市、县(区)教研机构中以中小学教学研究与教学指导为主要职责的工作人员。④

纵观国内外研究,对教研员定位多基于从属机构,即基层教学组织领导者。此外,还从角色特征、工作范畴、职能类别等方面定义,丰富了教研员研究内涵,扩充了研究视域。但多元极易瓦解核心,研究有必要结合研究目的和教研员个体特征重新审视与定位,具体需要把握:首先,教研员作为体制从属人员,虽不是发号施令者,却受教育行政管理体制制约,为广大教师或学校管理者提供专业支持,是具体践行教育政策和课程教学改革的推手;其次,教研员成长历程短暂、角色多样,大多由学校直接选聘晋升为"教师的教师",负责教学研究与组织学科培训等,即从事教学或教学研究的专业引领者;最后,教研员所承担的教研任务具有情境性和复杂性,所需能力各异。

因此,本书中的"教研员",基于机构性质是指教研室、教师进修学院或教师培训学院的教学专职人员,其职能仅限于教育教学研究而非行政管理,以教立"威";基于专业性质指的是运用科学研究方法、遵循科学研究程序、探寻教育教学规律和解决教育教学问题的专业人员。

(二)胜任力内涵范畴的确定

对教研员的内涵解析明确了研究对象,具体抓取胜任力为研究核心。基于

---

① 钱平安、王生富编著:《教研工作手册》,华中师范大学出版社 1991 年版,第 1 页。
② 王焕勋主编:《实用教育大辞典》,北京师范大学出版社 1995 年版,第 221 页。
③ 张焕庭主编:《教育辞典》,江苏教育出版社 1989 年版,第 751 页。
④ 李幽然:《教研员专业发展的现状、问题及改进策略研究》,西北师范大学 2012 年硕士学位论文。

教研员的胜任力这一理论分析范畴,发现长期以来,胜任力是管理学、心理学、教育学等领域的持续研究热点,不同时代或不同语境赋予其丰富内涵。

基于人力资源管理范畴,胜任力与绩效、报酬等相关,是区别普通者与优秀者的重要标准,具有效标参考价值,强调区别性与情境性。基于心理学范畴,胜任力是一种个体性的特质或行为,包括态度、特质、动机、自我概念、价值观等,重在揭示个体深层次特征,突出个体差异性。基于教育学范畴,研究者多认可胜任力实为一种素质论,一种能力论,是外在知识与内在心理品质相互作用的结果,强调个体能力表现和综合素养,且通过胜任力能引起或预测行为,使行为与行为间具有因果关系。结合本书主题,认为胜任力是个体在某一工作岗位或在完成任务过程中所应具备的知识、能力、情意等综合素养。值得注意的是,并不是所有的知识、能力(技能)、情意(个人特征)都被认为是胜任力,唯有满足区别性、情境性、潜在特质性、预测性才符合要求。

整体而言,教研员胜任力内涵是由"教研员"和"胜任力"共同决定的。结合既有研究对二者的认知与理解,本书认为教研员胜任力是指在专门教研机构(如教研室、教师进修学院、教育科学研究院等)中,作为各个学科教学组织负责人或带头人,其在顺利组织各学科教师进行教学研究活动过程中所应具备的各种知识、能力、情意等。这些知识、能力或情意等是个体在教研员工作岗位上、教育教学研究活动中所具备的潜在或深层次特质,并能将其与一般从业者相区别开来。

二、实地访谈抓取核心特征

教研员胜任力内涵和价值范畴的确定为实践研究指明方向,此后对教研员具体胜任特征的探究以过程主义为原则,旨在为胜任理论的实践转化奠定科学研究基础。

（一）研究目的

本书旨在结合教研员承担的角色和工作表现,探究其胜任教研角色或工作的基本特征,经过理论分析与实践转化提取具体胜任特征,最终形成教研员胜任力理论。值得注意的是,本书并不旨在聚焦优秀教研员胜任特征,而重在突出教研员的区别性特征,结果以教研员胜任力基准模型或基础结构的建立为目标。

（二）研究内容

第一,教研员胜任教研工作或角色的具体表征;

第二,教研员胜任力的核心特征。

（三）研究方法

访谈法。

（四）研究对象

鉴于深度访谈特质和访谈对象的特殊性,结合访谈者地域便利性和沟通及时性,本书在重庆、成都、上海三地一共选取35名教研员作为访谈对象。为保证取样均衡与样本代表性,研究预先确定小学文科、小学理科各取样7人,中学文科、中学理科各取样8人。然而在具体取样中,结合样本对象的配合程度与访谈人员沟通程度,最终小学文科取样7人,小学理科取样5人,中学文科取样13人,中学理科取样10人,一共35人。其中,教研年限在5年（含）以内的教研员有11人,6—10年9人,11—15年8人,16年（含）以上的有7人。整体而言,访谈对象取样均衡,符合研究需求。具体访谈对象基本信息如表3-1所示。

表3-1　重庆、成都、上海教研员胜任力实际访谈信息汇总

样本数 ／ 入职时间 ＼ 学科	小学文科类	小学理科类	中学文科类	中学理科类	总数（人）
5年（含）以内	1(1)	2(1)	5(2)	3(2)	11(6)
6—10年	3(3)	1(2)	2(2)	3(3)	9(10)
11—15年	2(2)	1(3)	3(3)	2(2)	8(10)
16年（含）以上	1(1)	1(1)	3(1)	2(1)	7(4)
总　数（人）	7(7)	5(7)	13(8)	10(8)	35(30)

注:1. 括号里为最先预想人数,括号外为实际访谈人数。

2. 文科类学科包括语文、英语、政治、地理、历史、品德与生活课程、音乐、体育、美术、综合实践活动等,理科类学科包括数学、物理、化学、生物、科学、信息技术。

3. 其中,负责小初高三个年段的德育、美术、信息教研员和专攻科研的教研员做了灵活调整。即小初高德育、美术算入小学文科、小初高信息技术算入中学理科,专攻科研的教研员以前是小学语文教研员,故算入小学文科。

（五）研究工具

工具一："教研员胜任力访谈提纲"

参照"行为事件访谈 STAR 工具"编制教研员胜任力访谈提纲,基于行为事件访谈的情境（Situation）、任务（Task）、行为（Action）、结果（Result）四个要素,在明晰教研员教研职责的基础上,要求其列举在教研工作中所经历的印象深刻的事件,并回顾事件产生背景,个人有何表现行为及由此造成的行为结果等,此后以教研员角色对比学校管理者、教师等,总结归纳出作为教研员的突出特征,最后就教研员的核心胜任特质提出期许。

工具二："教研员胜任力访谈协定"

访谈协定的制成旨在保护被访者利益,消除疑虑并提供安全的心理环境。在访谈协定中申明研究目的、意义、要求、内容等,明确访谈者与被访者权利义务,并承诺所得访谈录音或文字资料信息均做匿名处理,强调访谈的保密原则,保证不强制被访者参与研究,尊重被访者意愿允许其在访谈任一阶段退出,以此确保所获信息的真实可靠。

工具三："教研员胜任力访谈说明"

访谈说明主要由访谈目的、访谈对象、访谈时间、访谈程序、注意事项几个部分构成,访谈说明的开发旨在帮助访谈者掌握访谈出发点、访谈内容设计及访谈程序,力求帮助访谈人员深层理解访谈提纲设计缘由,从而按照严格的访谈程序展开访谈,以期获取丰富而翔实的资料。

工具四："教研员胜任特征辞典"

编码辞典形成基础:编制《教研员胜任特征辞典》,该辞典是实现文本资料与实证数据相互转换的重要工具,能保证访谈结果的科学性与客观性,旨在为文本资料的处理提供工具支持。《教研员胜任特征辞典》是以 Hay 公司 1996 年版的《能力素质分级词典》（基本胜任特征词典）为蓝本,该能力素质辞典是在全世界范围内取样研究开发,是迄今为止在世界范围内被公认研究比较透彻的能力或素质辞典,辞典中所有素质均已通过最严格的专业标准检测,并在广大优秀或杰出人员身上不断得以验证,无论从科学层面还是现实层面都保证了辞典本身的科学有效性。该辞典呈现的核心胜任特征主要有:成就导向、演绎思维、归纳思维、服务精神、培养人才、监控能力、灵活性、影响能力、收集信息、主动性、诚实正直、人际理解能力、组织意识、献身组织精神、关系建立、自信、领导能力、合作精神等 18 项。

编码辞典形成过程：Hay 公司研究出的能力素质分级辞典立足世界样本，具有极强普适性，但并未观照我国本土文化和教研队伍的差异特色，并不能予以直接移植适用。因此本书的立意主体客观性和对象性，需结合教研政策、教研员等相关文献进行文本分析和内容分析。

首先，手动自主预编码。自主选取一份教研员访谈材料手动自主编码，以期最大限度全面把握教研员胜任力表现特质。研究分析得出，此份访谈资料编码形成共计 25 项特征，即教学指导能力、组织活动、批判性思维、资源掌控力、学科引领、教学观念、创新能力、教学设计能力、学习能力、职业尊严、有志向和目标、阅读能力、课程开发能力、课堂预设能力、心态、学科专业知识、教学能力、性格、问题发现解决能力、学科视野、学科专业能力、学科视角、服务、研究意识、兴趣。

其次，比较参照形成辞典。参照 Hay 公司能力素质分级辞典的 18 项特征和本次研究手动编码形成的 25 项特征，尝试自主编制《教研员胜任特征辞典》，此阶段共计形成 23 项特征，具体包括：成就导向、思维力、自信、自我监控、团队合作、理解他人、服务精神、资源开发、领导能力、知识素养、服务精神、教学能力、研究能力、人际沟通、问题意识、组织协调、自我认知、评价能力、主动性、守业敬业、学习意识、反思能力、信息技术能力。

最后，反复思辨整理形成辞典。以自主编码特征为分析基础，结合权威的能力素质分级辞典编制形成的教研员胜任特征辞典，分析发现这些特征在内涵表述、逻辑发展、概括典型等方面存在巨大问题，为保证辞典的科学规范性，研究小组特邀请相关专家和一线教研员参与辞典的修改讨论，经反复讨论与修订，共计形成 40 项具体胜任特征，如表 3-2 所示，分别为学科专业知识、学科教学法知识、教研知识、教育学知识、心理学知识、政策性知识、其他知识、课程设计、课程开发、课标解读、教学设计、教学指导、试题命制、质量反馈、问题筛选、研究思维、创新实践、理念提升、课题论证、方案实施、成果表达、成果评价、推广应用、主动服务、理解他人、引领发展、人际沟通、团队合作、活动设计、专业培训、项目策划、角色认知、守业敬业、学习发展、专业境界、专业规划、个人魅力、情绪管理、灵活应变、成就动机。

表 3-2 教研员胜任特征辞典

特征	具体内涵	具体特征
学科专业知识	教研员对本专业的事实、概念、原理、理论等具体学科知识以及对学科发展规律、发展历史、发展原理等学科理论知识的认识。	学科理论知识、具体学科知识
学科教学法知识	熟练掌握并综合利用有关本学科教学方法的知识。	学科实践性知识
教研知识	1. 某一学科有影响力的多种基础理论知识; 2. 运用最新的研究方法来解决教研工作中遇到的问题。	教学研究知识、关于方法选择的知识
教育学知识	关于教育发展规律的教育学一般知识。	一般教育学知识、教育情境知识
心理学知识	关于学生身心特点和发展规律的心理学一般知识。	身心发展规律的知识
政策性知识	了解教育教学改革、课程改革等各类政策文件的发布途径,并能理解、解读这些政策的基本思想和内涵。	教学改革知识、课程改革知识
其他知识	运用其他学科(人文知识、互联网知识、计算机知识、跨学科知识等)知识体系、价值观念、思维逻辑和研究方法来解决教研过程中遇到的问题。	人文、互联网、计算机、跨学科知识等
课程设计	基于教育发展需要、政策推动、学校办学理念和学生需求等指导教师科学地选择学科知识、确定学科内容、组成学科体系,并规定学科设置顺序和学科时数的过程。	基于学校的课程设计方案、跨学科的整合方案、学科内的单元整合方案
课程开发	根据课程方案独立地开发课程并能够给教师提供专业发展的手册、教学建议等文本资料。	构建课程、资源开发、制定教师发展制度或文件
课标解读	通过对课程标准和中小学教材的分析,明确课程标准的内涵、理念、意义;依据课程标准,结合教材,考量区域教学实际,将课程标准转化为指导教师教学的基本要求。	解读课标、教材
教学设计	根据教学目的、课程标准、教材内容而拟订的教学方案,包括对教学内容的分析、对学生准备状态的了解、对教学方法的选择以及对教学效果的评价。	教学规划、教学安排、教学决策、教学方案
教学指导	1. 指导或帮助教师发现、分析教学过程中存在的问题,并根据教师的个体差异提出针对性的改进建议; 2. 针对中考、高考、会考等各种考试提供专业的指导。	赛课、备课指导、听评课、应考指导
试题命制	1. 根据不同知识点,结合试题命制内容细目表自主编制或组织编制试题; 2. 研究不同国家、地区、学校及不同类型考试、试题、考试大纲和评价标准; 3. 评价他人编制的试题。	自主命题、组织或指导命题、研究试题、评价试题

续表

特征	具体内涵	具体特征
质量反馈	通过试卷分析、质量监测、集体视导、教研会议等为学校提供质量分析报告;通过听评课、赛课等为教师发展提出反馈性意见。	质量分析报告、试卷分析、诊断教师教学
问题筛选	基于研究兴趣、教学实际、学校需要和政策导向等众多实际问题中发现并筛选出有研究意义或价值的问题进行诊断分析。(发现问题的过程即对问题的诊断分析过程,包括对问题的确认、界定与原因研究,即通常所讲的对问题的发现、提出和论证。)	发现问题—筛选问题—分析问题
研究思维	结合教研观念或认识,能分析、阐释问题产生的原因,形成解决思路,进而形成一套科学合理的问题解决方案。	分析思维、研究思路、方法意识
创新实践	1. 采用不同于以往的或多元的方式、行动等有效解决问题; 2. 把新理念、新模式灵活地应用于教育教学实践过程中。	新方式、理论联系实践
理念提升	借鉴应用相关教育教学、心理学理论,结合个人工作经历或经验,形成较为系统的教育教学理念,在教学指导过程中形成了一套自身的教学理念。	个体教育教育理念、教学经验
课题论证	独立自主的申请课题、撰写课题申请书等。	指导申请课题、写申报书
方案实施	通过研究论证课题,将课题方案或活动方案科学地予以施行。	课题调研、实验、访谈、问卷调查
成果表达	1. 能独立自主地撰写论文、著作、研究报告等; 2. 以学术价值、经济效益、社会影响力为标准,建立评价标准,对他人成果进行价值评断。	成果撰写、成果评价
成果评价	能基于学术标准判断或划分他人的学术成果等级。	
推广应用	把研究成果运用到教研实践工作中。	成果认同—形成共识—成果运用
主动服务	充分利用各种资源,自觉主动地为学校、教师提供机会、搭建平台。	搭建平台、提供机会、资源整合利用
理解他人	站在学校、教师的角度考虑问题,设身处地为他人着想。	换位思考、将心比心、设身处地
引领发展	1. 通过课题研究、示范课、试水课、公开课等方式引领教师发展; 2. 根据不同教师、不同学校的差异,提供长远且科学的发展方案。	人生导师、知人善任、发展方案
人际沟通	利用交换意见、传达思想、言语沟通、表达感情、交流信息等人际沟通技巧协调好与同事、学校、教师和专家间的关系。	专家、学校、同事或教师间的交流、关系

续表

特征	具体内涵	具体特征
团队合作	带领团队成员共同完成教研任务或活动。	教师团队、教研组、专家学者间的合作
活动设计	根据活动目的、对象及主题的不同,灵活、机动地选择活动的方式、方案。	针对性培训、研究性活动、同课异构
专业培训	1. 针对日常教研活动中普遍存的问题进行问题式培训; 2. 为适应时代变化、政策、教育教学理念发展或要求而设计专题培训等; 3. 培训筛选机制:根据特定的培训内容和主题选择特定的人去参加。	主题式培训、专题培训、培训筛选机制
项目策划	承担国培、省培、市培等大规模培训项目的组织、策划和管理。	主题培训、培训方案
角色认知	教研员对自己作为学科管理者、领导者、培训者、组织者、策划者等角色、身份的认知。	自我认知、角色定位、教研信念
守业敬业	对教研工作非常的兢兢业业、认真负责。	责任心、踏实
学习发展	1. 主动、自觉地学习新理念、新方法以提高自身专业发展; 2. 能够持续地从他人的教研经历和自己的教研经验中进行反思性学习; 3. 在繁忙的工作中,也能分配出时间来用于专业学习。	主动学习、反思学习、时间管理
专业境界	为专业而奉献,在教研工作中体现自我人生价值(自我实现)。	自我实现
专业规划	基于对学科功能、价值和发展状态的理解,能够制定本学科中长远发展规划。	学科建设规划、未来发展
个人魅力	通过专业品质、专业素养和专业理想赢得他人的尊重和信服。	专业理想、专业魅力
情绪管理	在工作中能够很好地管理自我情绪和控制不良情绪。	
灵活应变	处理偶发事件的机智和智慧。	教研智慧
成就动机	从教研工作的成就感、满足感中获得工作动力。	成就感、满足感

(六)研究过程与步骤

阶段一:前期准备

备人:确定访谈小组成员共计6人,两人一组合作访谈。确定音频转录人员9人;确定访谈编码人员共计6人。

备事:熟悉教研员胜任力访谈提纲、访谈说明、音频转换要求和编码辞典;掌握访谈中的提问技术;准备纸笔、数字录音笔等;提前选择、联系被访者,事先电话预约确定时间地点。

阶段二:实施访谈

正式开展访谈,收集数据。根据《教研员胜任力访谈说明》,对被访者进行行为事件访谈并予以录音保存。首先,自我介绍,明确说明访谈来意或研究目的,获取被访者信任,做出访谈承诺并签订访谈协议(根据被访者意愿也可进行口头承诺),此时注意提醒被访者在访谈协定中填写基本信息,并再次确认签名以示配合访谈。

其次,正式访谈,探测行为事件信息。访谈先了解教研员当前工作职责,明确教研员工作事实;之后引出正题,让被访者回顾教研生涯中经历过的一些比较典型或印象深刻的事情,具体包括1—3个成功事件和比较遗憾的事件,特别注意的是,事件描述中需具体了解这是什么事件,事件是如何发生和变化,是否有他人参与此事,和他们关系怎样,为解决这件事情当时采取了什么行动,有何表现,为何会有此表现,是否遇到困难,最后如何克服,处理效果怎样,并说明个体对此事的看法或感受;事件回顾分析结束后要求被访者总结个体身上的何种特征帮助或阻碍对事件的处理,并结合教研员身份与教育管理者、教师等相比,个人的优势利弊是什么;至此鼓励被访者说出胜任教研工作需具备何种特质。整个访谈时间控制在40—60分钟内,不过可根据访谈实际情况进行灵活处理。

最后,致谢结束访谈,访谈结束后也可获取被访者同意,留下其联系方式,以便后期对不清楚之处予以补充核实。

阶段三:音频转换

将访谈所得音频予以转换,依次编号形成文本资料,并校对文本资料,生成35份教研员音频文本。

阶段四:资料分析与处理

(1)正式编码分析

将35份访谈材料依次编号备用;对照《教研员胜任特征辞典》,辨别各被访者提及事件中的行为特征,并依此进行归类和编码。编码过程中,如若出现新的胜任特征需单独归类记录,之后补充到辞典中;如若有未确定或存疑的行为特征,需单独标记之后统一讨论后编码。

（2）编码结果处理

第一，被访教研员基本信息的处理。

汇总正式编码所得文本信息，此次访谈涉及男教研员 19 人，女教研员 16 人。教研年限在 5 年及以内的 11 人，6—10 年的 9 人，11—15 年的 8 人，16—20 年的 6 人，20 年及以上的 1 人。中级职称的教研员有 8 人，高级职称的教研员有 23 人，还有 4 人由于被访者个人要求并未提供详细信息，故在此不予呈现。被访的所有教研员学历均在本科及以上，其中，本科学历的教研员有 27 人，硕士学历的有 6 人，还有 2 人应本人要求不予呈现详细资料。

统计被访者在关键行为事件中的言语或行为编码结果，统计信息包括访谈时长、访谈文本字数、各个胜任特征出现频次。其中，访谈时长共计 1943.18 分钟，约 32.4 小时，实际访谈录音最短约 30 分钟，最长约 114 分钟，访谈全程录音。访谈文本共计 422316 个字。详细信息如表 3-3 和表 3-4 所示。

表 3-3 教研员实地访谈明细表

编号	学段	学科	性别	年龄	教研年限	职称	学历	访谈时长（分）	访谈字数
1	初中	语文	男	49	2	高级	本科	1:00:00（60）	13371
2	高中	数学	男	43	2	高级	本科	59:43（59.43）	15555
3	中学	英语	女	36	3	中一	本科	48:31（48.31）	10737
4	初中	数学	女	47	10	高级	本科	1:06:03（66.03）	10914
5	高中	物理	男	53	18	高级	本科	1:06:00（66）	9034
6	中学	信息技术	女	40	3	高级	硕士	41:29（41.29）	8142
7	高中	语文	女	38	5	高级	本科	55:49（55.49）	13633
8	高中	物理	男	48	5	高级	本科	45:41（45.41）	8002
9	高中	数学	男	48	8	高级	硕士	1:35:48（95.48）	11186
10	小学	专攻科研	女	42	13	高级	本科	1:10:15（70.15）	22914
11	初中	历史（兼地理）	女	48	27	中一	本科	34:59（34.59）	11362
12	小学	美术	男	44	13	高级	本科	52:04（52.04）	7763
13	小学	科学	女	42	14	高级	本科	59:21（59.21）	12231

续表

编号	学段	学科	性别	年龄	教研年限	职称	学历	访谈时长（分）	访谈字数
]14	中学	体育	男	57	12	高级	本科	46:57(46.57)	9509
15	中学	信息技术	男	46	16	高级	本科	53:53(53.53)	17828
16	小学	数学	女	34	4	小高	本科	32:39(32.39)	7363
17	初中	政治	男	49	8	高级	本科	54:04(54.04)	12770
18	高中	体育	男	52	3	高级	本科	44:16(44.16)	10910
19	初中	数学	男	43	16	高级	本科	47:20(47.20)	9883
20	中学	历史	男	46	4	高级	本科	57:22(57.22)	14966
21	中学	生物	女	45	12	高级	本科	20:59(20.59)	4477
22	小学	音乐	女	44	9	高级	本科	50:04(50.04)	9531
23	中学	语文	男	44	6	中一	本科	53:05(53.05)	11622
24	小学	德育	男	42	10	中级	本科	1:53:51(113.51)	15625
25	小学	数学	男	47	5	小高	本科	48:34(48.34)	8304
26	中学	生物	男	53	15	中高	本科	1:10:40(70.40)	12869
27	中学	语文	男	46	14	中高	硕士	1:13:40(73.40)	16503
28	高中	英语	女	52	17		硕士	55:12(55.12)	13146
29	中学	语文	女	46	11	高级	硕士	54:50(54.50)	15370
30	小学	语文	女	47	17	高级	本科	47:30(47.30)	12997
31	初中	科学	女	47	10	中一	本科	1:02:06(62.06)	14163
32	小学	数学	男	44	6	中一	硕士	1:15:25(75.25)	17155
33	小学	数学	男	44	16		本科	1:10:15(70.15)	18713
34	小学	语文	女	38	10			34:59(34.59)	8598
35	小学	英语	女		4			26:34(26.34)	5170

第二，教研员胜任特征的频次统计，如表 3-4 所示。

研究综合统计分析了 35 份教研员访谈材料，共计编码 2202 次。基于各胜任特征频次统计并予以排序，如表 3-4 所示。发现频次最高的前六项特征分别为角色认知（编码 358 次），教学指导（编码 146 次），学习发展（编码 135 次），人际沟通（编码 121 次），理解他人（编码 111 次），专业培训（编码 107 次），由此说明教研员对自我教研身份的清晰认知是开展教研工作的重要前提，同时教研员的教学指导能力、学习发展能力、人际沟通和专业培训能力等是保障教研工作顺

利完成的关键要求,而活动设计、其他知识等是当前教研员在教研工作中较为欠
缺的方面。

表 3-4　胜任特征频次统计排序表

特征	频次	排序	特征	频次	排序
角色认知	358	1	教研知识	31	21
教学指导	146	2	课题论证	31	22
学习发展	135	3	专业境界	30	23
人际沟通	121	4	理念提升	29	24
理解他人	111	5	推广应用	28	25
专业培训	107	6	质量反馈	28	26
成就动机	98	7	引领发展	26	27
专业规划	95	8	政策性知识	26	28
主动服务	93	9	课标解读	23	29
团队合作	86	10	情绪管理	23	30
守业敬业	76	11	学科专业知识	22	31
个人魅力	58	12	课程开发	19	32
试题命制	47	13	课程设计	19	33
研究思维	44	14	项目策划	18	34
学科教学法知识	42	15	成果评价	13	35
问题筛选	35	16	教育学知识	13	36
成果表达	33	17	灵活应变	13	37
创新实践	33	18	活动设计	11	38
方案实施	33	19	其他知识	9	39
教学设计	31	20	心理学知识	8	40

值得注意的是,研究初期认为角色认知是教研员对自我教研身份或角色的
认知,其编码频次显著高于第二项频次达两倍以上,间接表明前期研究对角色认
知的解析过于笼统,有必要再次明晰角色认知维度。结合被访教研员对角色认
知的回应,研究将角色认知明确划分为学科管理者、教育培训者、组织建设者,再
次统计 35 份访谈材料,统计结果如表 3-5 所示。发现被访教研员对个人角色认
知分别是教育培训者>组织建设者>学科管理者,三个身份特征频次相差不大,
一方面说明教研员对个人教研身份的认知较为全面深刻,另一方面也表明当前

我国教研员以教育培训为己任,旨在促进中小学教师教育教学的积极发展。

表 3-5　教研员胜任特征之角色认知统计细分表

编号	学科管理者	教育培训者	组织建设者	角色认知(总频次)
1	3	4	6	13
2	3	3	3	9
3	4	6	4	14
4	4	4	3	11
5	3	5	6	14
6	1	4	5	10
7	6	8	3	17
8	0	1	1	2
9	3	0	4	7
10	4	6	7	17
11	0	1	1	2
12	0	2	1	3
13	0	1	1	2
14	0	1	1	2
15	1	0	1	2
16	2	7	4	13
17	1	6	4	11
18	0	14	2	16
19	1	5	3	9
20	0	8	5	13
21	1	4	5	10
22	5	6	4	15
23	2	9	1	12
24	8	7	6	21
25	1	4	1	6
26	5	0	8	13
27	4	7	3	14
28	4	8	10	22
29	9	9	5	23
30	2	5	4	11

续表

编号	学科管理者	教育培训者	组织建设者	角色认知（总频次）
31	4	1	5	10
32	1	0	2	3
33	0	1	1	2
34	0	1	0	1
35	2	6	0	8
总频次	84	154	120	358

基于个体胜任力表现，研究发现所调查的 35 名教研员中，编号为 10 的教研员各胜任特征总计高达 162 次，具体来看，该教研员除了在教育学知识、心理学知识、政策性知识、课程开发、课标解读、质量反馈等几项特征上表现不突出，在其他各表现层次均较为突出和均衡，间接验证《教研员胜任特征编码辞典》（见表 3-6）的综合性和典型性。

（七）研究结果

结合研究过程和所获质化数据，教研员胜任力是由学科专业知识、学科教学法知识、教研知识、教育学知识、心理学知识、政策性知识、其他知识、课程设计、课程开发、课标解读等多项具体特征构成，这些特征客观概括了教研员与一般教师、教务人员、教学管理者、教育专家的差异，揭示了教研员胜任教育教学研究的关键所在。

此外，根据研究初期对教研员胜任力的科学定义，即"教研员胜任力是指在专门教研机构（如教研室、教师进修学院、教育科学研究院等）中，作为各个学科教学组织负责人或带头人，其在顺利组织各学科教师进行教学研究活动过程中所应具备的各种知识、能力、情意等"，确定研究是以知识、能力、情意为教研员胜任力的划分标准。因此，教研员胜任特征具体研究结果如下所示：

1.教研员的内部胜任特征

第一，教研员的知识胜任。

教研员的知识胜任是个体掌握的具体理论、相关客观规律认知或理解。结合访谈中教研员的反馈，被访的 35 名教研员均有学科背景和从教经历，有些教研员还兼职多学科教研，可以发现深厚、广泛的知识基础能增强个体的教研自信。

表3-6　各教研员胜任特征频次表

编号	访谈时长(分)	访谈字数	各胜任特征频次统计																																						频次
			成就动机	灵活应变	情绪管理	个人魅力	专业规划	专业境界	学习发展	守业敬业	角色认知	项目策划	专业培训	活动设计	团队合作	人际沟通	理解他人	主动服务	引领发展	推广应用	成果评价	成果表达	方案实施	课题论证	理念提升	创新实践思维	研究思维	问题筛选	质量反馈	试题命制	教学指导	教学设计	课标解读	课程开发	课程设计	其他知识	政策性知识	心理学知识	教育学知识	教研学知识	学科教学法知识	学科专业知识	
1	60	13371	6	1	1	1	0	2	9	3	13	0	1	1	1	2	7	4	3	0	0	0	0	0	1	3	3	0	1	4	4	2	2	0	0	1	0	0	3	2	11	0	83
2	59.43	15555	1	0	0	0	5	0	5	3	9	4	4	0	0	4	8	5	0	2	0	0	1	0	0	0	0	2	0	8	6	0	0	0	0	0	1	0	3	3	5	1	80
3	48.31	10737	2	0	0	0	1	0	12	5	14	0	3	0	0	10	7	2	2	0	0	1	0	0	0	0	0	0	2	3	3	1	0	0	0	0	0	0	0	0	0	0	73
4	66.03	10914	2	1	3	3	0	1	1	1	11	0	5	3	0	3	3	3	1	2	2	0	0	1	0	0	4	1	1	2	4	1	1	0	0	1	0	0	0	0	0	2	79
5	66	9034	3	2	1	3	1	0	5	2	14	0	0	0	3	3	3	3	2	2	0	2	0	0	0	3	4	1	2	2	4	1	0	0	2	1	4	2	2	3	3	0	57
6	41.29	8142	4	3	0	0	3	3	0	0	10	0	3	0	3	3	3	0	0	1	1	0	0	0	0	0	1	1	0	0	0	0	1	0	0	0	0	0	2	0	0	1	54
7	55.49	13633	7	2	3	3	3	1	2	9	17	2	5	5	5	9	5	6	2	2	3	2	2	4	0	2	2	2	3	3	13	2	0	0	0	0	0	0	0	0	0	1	117
8	45.41	8002	0	0	0	0	0	0	0	2	2	1	1	0	1	1	1	0	0	0	1	0	1	0	0	0	0	1	0	0	3	0	0	0	0	0	0	1	0	0	0	1	21
9	95.48	11186	3	0	0	3	3	0	1	1	7	2	7	0	4	2	2	3	2	2	0	0	0	1	1	0	1	0	0	0	2	2	0	0	0	0	0	0	1	1	2	2	54
10	70.15	22914	7	7	5	3	8	2	6	8	17	15	15	1	4	7	13	4	2	3	4	4	8	7	7	2	2	2	4	0	4	4	0	0	1	0	0	0	2	1	0	2	162
11	34.59	11362	1	2	0	0	1	1	0	1	2	1	1	0	1	1	1	4	0	0	0	0	0	0	0	0	0	1	0	0	0	0	0	0	0	0	0	0	1	0	0	2	22
12	52.04	7763	0	0	0	0	0	0	0	0	3	0	2	1	2	2	5	5	1	1	0	0	0	0	0	1	1	0	0	0	3	3	3	2	1	1	1	0	0	1	0	1	19
13	59.21	12231	0	0	0	0	3	0	0	0	2	0	2	0	0	2	2	2	0	0	0	2	2	1	0	0	0	0	1	0	1	0	1	0	0	0	0	0	0	0	0	0	35
14	46.57	9509	1	0	0	0	2	0	1	0	2	0	3	1	0	0	2	0	0	0	0	0	0	0	0	1	0	0	0	0	0	0	0	1	0	1	0	0	0	1	0	1	23
15	53.53	17828	2	0	0	0	0	0	1	1	2	0	0	0	0	0	0	2	2	1	0	2	2	0	0	0	0	4	4	1	3	3	3	0	0	0	0	0	0	1	0	0	17

续表

编号	访谈时长（分）	访谈字数	学科专业知识	学科教学法知识	教研知识	教育学知识	心理学知识	政策性知识	其他知识	课程设计	课程开发	课标解读	教学设计	教学指导	试题命制	质量反馈	问题筛选	研究思维	创新实践	理念提升	课题论证	方案实施	成果表达	成果评价	推广应用	引领发展	主动服务	理解他人	人际沟通	团队合作	活动设计	专业培训	项目策划	角色认知	守业敬业	学习发展	专业境界	专业规划	个人魅力	情绪管理	灵活应变	成就动机	频次
16	32.39	7363	0	0	0	0	0	0	0	0	0	1	0	2	2	0	2	2	0	1	1	0	0	0	1	2	1	3	6	6	0	1	0	13	1	5	4	2	8	1	2	4	62
17	54.04	12770	0	0	0	0	0	0	0	0	0	4	0	8	0	2	1	0	0	0	0	0	0	0	0	4	0	2	2	5	0	2	0	11	0	0	0	0	0	0	0	3	42
18	44.16	10910	1	3	0	0	0	0	0	0	0	0	0	3	1	1	0	0	0	0	0	0	1	0	0	0	3	3	4	2	4	2	3	0	16	2	2	5	2	0	0	0	3	62
19	47.20	9883	0	0	0	0	0	0	0	0	0	0	0	1	6	0	1	0	0	3	0	0	0	0	0	1	0	0	1	3	1	2	0	9	0	0	0	0	1	0	0	1	38
20	57.22	14966	0	0	0	0	0	0	0	0	0	1	1	5	0	2	2	1	3	0	1	1	2	0	1	0	1	3	3	1	0	5	0	13	1	1	0	0	0	0	1	8	48
21	20.59	4477	0	0	0	0	1	1	0	0	0	0	0	2	2	2	0	0	0	2	0	0	0	0	0	2	2	0	1	3	0	7	0	10	1	2	0	1	1	0	1	0	38
22	50.04	9531	0	0	0	0	0	0	0	0	0	2	2	1	0	0	0	0	0	6	3	0	0	0	0	0	0	9	4	4	3	1	3	15	1	0	2	0	0	0	0	2	91
23	53.05	11622	0	3	3	0	0	0	1	1	1	2	1	7	3	0	0	0	5	1	1	1	2	0	0	0	8	4	13	8	2	6	3	12	3	0	0	0	0	0	3	2	81
24	113.51	15625	6	7	7	0	0	1	4	6	6	1	2	2	1	3	0	0	14	6	5	0	0	0	0	2	1	4	0	5	0	0	0	21	0	6	2	6	4	0	3	6	120
25	48.34	8304	0	1	1	0	1	0	0	6	0	0	2	3	4	0	1	3	0	0	0	4	0	0	0	0	1	0	2	1	0	4	0	6	3	5	2	5	0	3	1	3	53
26	70.40	12869	0	1	0	0	0	0	0	0	0	1	5	6	4	4	4	1	0	0	0	3	1	4	0	1	3	3	4	1	0	1	4	13	1	2	0	0	3	0	0	0	65
27	73.40	16503	1	1	1	8	0	4	4	0	0	0	2	5	1	1	3	2	0	0	0	0	2	0	2	0	0	3	5	3	0	5	0	14	2	12	2	2	6	0	0	4	90
28	55.12	13146	0	1	0	0	1	3	0	0	0	0	2	11	1	1	2	0	0	0	0	0	0	0	0	0	3	3	15	0	0	1	0	22	3	5	2	0	6	8	0	0	1	85
29	54.50	15370	0	2	2	0	1	3	0	0	0	0	0	1	3	3	1	1	1	1	0	1	1	0	0	1	1	6	5	3	3	4	0	23	6	5	1	3	2	0	0	5	86
30	47.30	12997	0	0	1	0	3	1	0	0	0	2	1	5	0	0	2	2	2	1	1	0	1	4	4	1	3	5	0	5	0	1	0	11	3	4	1	6	0	0	0	0	67

续表

编号	访谈时长(分)	访谈字数	学科专业知识	学科教学法知识	教研知识	教育学知识	心理学知识	政策性知识	其他知识	课程设计	课程开发	课标解读	教学设计	教学指导	试题命制	质量反馈	问题筛选	研究思维	创新实践	理念提升	课题论证	方案实施	成果表达	成果评价	推广应用	引领发展	主动服务	理解他人	人际沟通	团队合作	活动设计	专业培训	项目策划	角色认知	宁业敬业	学习发展	专业境界	专业规划	个人魅力	情绪管理	灵活应变	成就动机	频次
31	62.06	14163	0	1	0	0	0	0	0	0	0	0	1	9	0	2	0	0	1	4	0	0	0	0	0	0	2	12	4	3	0	6	1	10	4	5	0	4	0	7	0	7	83
32	75.25	17155	0	0	1	0	0	0	0	0	0	0	0	8	0	1	0	0	0	9	0	0	0	0	0	0	2	1	3	1	0	7	7	3	4	7	3	12	1	2	1	2	78
33	70.15	18713	0	0	0	0	0	0	0	3	13	0	2	1	0	3	1	3	3	1	0	2	1	0	3	0	0	0	0	0	1	0	0	2	2	7	1	13	0	0	0	7	72
34	34.59	8598	0	0	1	0	0	0	0	0	2	0	0	3	0	0	1	0	0	0	0	3	0	0	3	0	0	0	0	0	0	0	0	1	2	1	0	0	0	0	0	3	22
35	26.34	5170	0	0	0	0	0	0	0	0	0	0	1	3	0	0	1	0	0	0	0	0	0	0	0	0	0	0	2	0	0	2	0	8	0	1	2	1	0	0	0	1	23
总数	1943.18	422316	22	42	31	13	8	26	9	19	19	23	31	146	47	28	35	44	33	29	31	33	33	13	28	26	93	111	121	86	11	107	18	358	76	135	30	95	58	23	13	98	2202

我对我所学的美术这个专业,我相信我应该比多数人都钻得深……首先我们这个学科,你对美术爱不爱好,专业程度,暂且不说教学的东西,首先你肯定要喜欢才愿意去做,你对美术的发展,儿童美术、成人美术、中外美术、古代、现代、当代,前沿的一些东西有没有主动关注的意识,这个我觉得是很基础也是很核心的东西。(12—CD)

我甚至有的话能原段背,当时一个老师写了篇论文,我们的老教研员说这段文字写得好,我拿过来一看,这段文字是在《基础课程改革的纲要》的中间大概哪一页,是在书的左上部,因为这部分内容我基本上背过,我就读到那种程度。(27—CQ)

我能够把背后的原因给他阐释清楚,包括一些课堂为什么设计这么个流程,比如结构之间的关系、每个环节背后的原理和衔接。(27—CQ)

这些理论知识具体包括学科专业知识、学科教学法知识、教研知识、教育学知识、心理学知识、政策性知识、其他知识等方面,具体如图 3-1 所示。

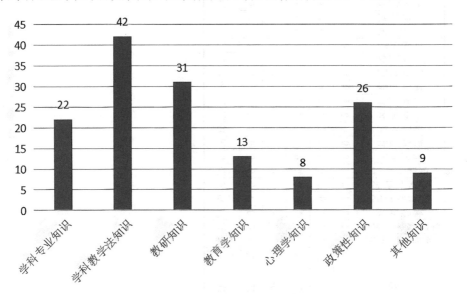

图3-1 教研员知识胜任特征频次统计

其中,结合各具体胜任力数值特征,图 3-1 显示学科教学法知识频次最高,之后是教研知识、政策性知识,而心理学知识和其他知识最低。这表明在知识类别中,学科教学法知识和教研知识对教研员从事教研工作影响最大,而心理学知识和其他知识的影响不明显。

第二,教研员的能力胜任。

教研员的能力胜任是在教研工作或完成教研任务过程中所展现的行为倾向或表现。访谈中不同的教研员均表现出有所差异的工作范畴,进而展现出多样的教研能力。被访教研员均提及不同的工作表现,折射出差异的能力提升需求,如有教研员提及:

第一,要会研究,选拔这样一个人。第二呢,就是要会指导。因为搞研究是我们的核心工作,毕竟教研员这个名字就是要搞教研活动。然后指导就是我们的重心工作,实际上你研究后,主要就是要拿下去指导,不是纸上谈兵的做。这个指导,你不光是要教别人怎么做,自己还要会做。(05—CQ)

你要把你的理论与实际结合,把理念用在这节课的中间来。哪些环节怎样改变一下可能会好一些,或者说一些具体教学设计的东西要和老师提出一些东西,能够引起他的思考,让他觉得你这个是有道理、对他有促进。(02—CD)

命题这块,难度比较大,我们工作量也蛮大的,像我们初中英语主科,一个学期如果是三个年级,12套试卷……在命题过程中,还得想我们命题怎样才能达到中考标准,学生的差异蛮大的,在这样一个大背景下,我们怎么去让每一个层次的学生都能够在学习中找到成就感,这个很难,特别在试卷命题的信度、效度各方面考虑很多。(03—CD)

我们教研员手里多少还是有一点权力就是课程再造,按照国家说法就是校本课程,我们做学案就是要让所有学校有一个大致的统一,比如一些内容前后调了顺序,还有一些章节适当的一些合并。(04—CD)

平时最主要的事情就是给老师们做教材分析,去阅读、思考、观察比较前沿的教学思想,包括技术上面,包括互联网方面这些内容……让老师们发现这些前沿理念离我们并不遥远,其实很多时候是可以在我们的课堂中实现的,并不是纸上谈兵。(16—CD)

我对教师来做课题这个方面本身就持反对态度,工作压力已经很大了,面对学生面对教学,如果他能在教学实际当中摸索一点经验出来,能够积累

一点成果,那个也不叫课题啊。(07—CD)

要告诉课题组课题方向,怎么写,同时写的过程中,因为老师们的知识是很零散的,它没有一个系统化甚至理论化的东西。它就是零零散散的课堂教学片断,那么你得把这些零散的东西和理论的以及课题结合起来,整个过程进行沟通交流。(06—CD)

我们教科室对教研员的承认是必须出专著,而教研员出专著是很困难的事情,一个大学教授年底还不一定能出一本,所以教研员难当,从上来的压力,从下来的压力,两个压力都有。(08—CD)

当一个教研员真是不容易,除了辛苦外,自己要把方方面面的人和事处理得相当好。也就是说,我经常和同事们一起交流,教研员需要一个人情商和智商都很高才做得下来。(05—CQ)

综合来看,可以将其具体归纳为课程设计、课程开发、课标解读、教学设计、教学指导、试题命制、质量反馈、问题筛选、研究思维、创新实践、理念提升、课题论证、方案实施、成果表达、成果评价、推广应用、引领发展、主动服务、理解他人、人际沟通、团队合作、活动设计、专业培训、项目策划等多个方面,具体如图 3-2 所示。

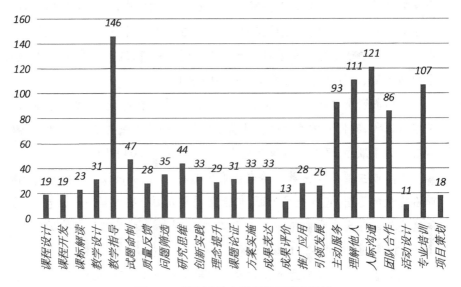

图3-2　教研员能力胜任特征频次统计

　　其中,结合各具体胜任力数值特征,图3-2显示教学指导频次最高,之后是人际沟通、理解他人,活动设计和成果评价最低。这表明在能力类别中,教学指导是教研员的核心工作,同时对教研员完成教研工作影响较大,而活动设计和成果评价是教研员较为欠缺的能力,对个体影响不明显。

　　第三,教研员的品质胜任。

　　教研员的品质,即情感意志,是教研员在教研过程中展现出的一种比较稳定的主观特质。被访教研员均表示:

　　　　我们的工作对象是老师,由于工作对象不同,所以工作的内容指导思想就不一样,我们主要是跟老师一起研究教育教学的思想、理念、理论,一些教育教学方法啊,包括一些什么是新技术啊,经常要培训。(17—CD)

　　　　更高明的地方就是我能够深深体会教育的敬畏精神……比如说我做这节课,我有一个核心的问题,我的底线原则问题,我不能伤害孩子,我一定要让我设计的这个课程有教育意义。(24—CQ)

　　　　从我刚开始做教研员到现在,我就一直告诉自己,我坐这个位子,就一定要坐得稳,而且我也一定要做得好……工作还是有很多的,但我经常有一种满足感,做这一行。(27—CQ)

　　综合来看,教研员的品质可以包括角色认知、守业敬业、学习发展、专业境界、专业规划、个人魅力、情绪管理、灵活应变、成就动机等方面,具体如图3-3所示。

　　其中,结合各具体胜任力数值特征,图3-3显示角色认知频次最高,之后是学习发展、成就动机,灵活应变频次最低。这表明在品质类别中,角色认知制约教研员的教研发展和工作胜任,该因素对教研员影响较大,而灵活应变是教研员较为欠缺的特质。

　　2. 教研员的总体胜任特征

　　知识、能力和品质是教研员胜任力的核心构成要素,三者相辅相成,共同保证教研工作的有效性。如图3-4所示,教研员的能力>品质>知识,表明教研员胜任力核心是能力胜任,能力是制约教研员专业发展或个体发展的关键所在,此外品质也是影响教研员的重要因素之一,而知识特征统计频次较低,

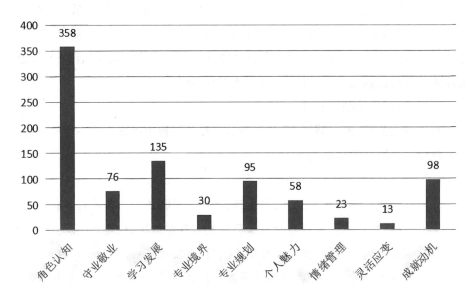

图 3-3　教研员品质特征频次统计

间接表明教研员的知识储备或知识素养不足,使其不能很好地发挥导向作用。

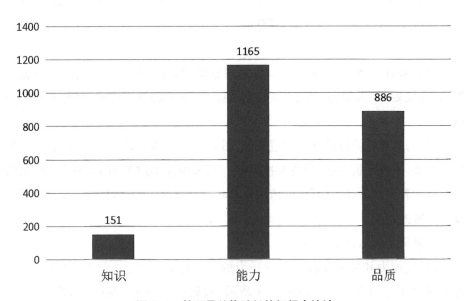

图 3-4　教研员总体胜任特征频次统计

第三节 教研员胜任力理论的理论向度

通过对教研员访谈研究所获取的质化数据进行分析处理,我们发现胜任力并非以表征为单一构成要素,其内涵丰富的知识、客观科学的能力和多元统一的品质保证,都是由多种要素综合而成的个体素养,因此有必要深层解析各个胜任维度,以此为个体发展提供明确导向。

值得注意的是,教研员胜任理论的构建需结合教研员职能属性和具体胜任特征,由于学界至今对胜任力的划分并未达成统一意见,故本书基于前期访谈结果,结合编码辞典和频次统计结果,对各特征予以再次分层聚类。

一、内涵丰富的知识表征

分类依据:《教育大辞典》认为"知识是对事物属性与联系的认识",以知识的本质属性为依据,各知识论者按照不同的分类方式将知识划分为多样的结构。如基于知识表现形态,可将知识划分为主观知识和客观知识;基于知识能否清晰表达与转移,迈克尔·尼波拉将知识划分为显性知识和隐性知识;皮连生立足心理学,将知识划分为陈述性知识和程序性知识;斯皮罗在其"认知灵活性理论"中将知识解构为良构知识和劣构知识;世界经合组织(OECD)更将知识分类为事实知识、原理知识、技能知识和人力知识等。纵观已有研究对知识的分类,多立足宏观视域实现对知识分类的本质内涵延伸。

回归本书需求,研究将对理论层面的结构进一步分析调整与细化,进而落脚实践层面的知识结构研究。由于当前并未有成熟的教研员知识体系结构,结合教研员选聘条件,故攫取对教师知识结构的划分形成分类参照(见表3-7)。从表3-7可看出,国内外对教师知识结构的划分有一致的理论价值诉求,旨在寻找支撑教师进行教育教学的知识基础。值得注意的是,国外学者多落脚具体教育教学实践活动,使用内涵具体实在的"下位概念",如学科知识、课程知识、一般教学知识等,这一类知识概念易于理解和接受,指向明确;国内学者多关注文化背景而使用内涵丰富、概括性强的"上位概念",如理论性知识、实践性知识、实质性知识、方法论知识等,这类知识划分意蕴深远,要求研究者或实践者具有一定的学术积淀。

表3-7 教师知识结构划分框架

艾尔伯兹 (Elbaz，1981)	伯利纳 (D.C.Berliner)	格罗斯曼 (R.L.Grossman，1994)	陈向明	钟启泉	辛涛、 申继亮、 林崇德
学科知识	学科内容知识	内容知识	理论性知识	实质性知识	本体性知识
课程知识	学科教学法知识	课程知识	实践性知识	方法论知识	条件性知识
教学知识	一般教学法知识	背景知识		价值性知识	实践性知识
教学环境知识		自我知识			文化知识
		一般教学法知识			
		关于学习者和学习的知识			

具体表征:教研员对教研工作的胜任以扎实的本体知识为基础和丰富的条件知识为补充。其中,教研员的本体知识是胜任教研工作的价值内核;条件知识是胜任教研工作的价值拓展。因此,教研员胜任力的发挥程度需以个体所掌握的知识为充要条件(见图3-5)。

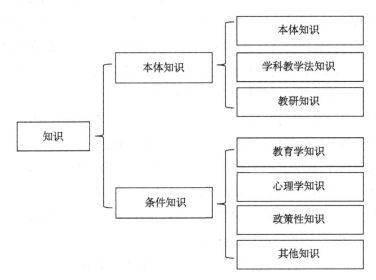

图3-5 教研员的知识胜任要素聚类

（一）本体知识

本体知识是作为某一学科教研员所应具备的特定专业知识,包括学科专业知识、学科教学法知识和教研知识。其中,学科专业知识是指教研员对本专业事实、概念、原理、理论等具体学科知识以及对学科发展规律、发展历史、发展原理等学科理论知识的认识,如语文、数学、英语、物理等具体的学科知识。学科教学法知识,即 PCK(Pedagogical Content Knowledge),要求教研员熟练掌握并综合利用有关本学科教学方法的知识。教研知识是个体基于教研认知或教研经历,熟悉了解某一学科有影响力的多种基础理论知识,运用最新的研究方法来解决教研工作中遇到的问题。

（二）条件知识

条件知识是教研员顺利完成教研活动或任务的一种必备知识,包括教育学知识、心理学知识、政策性知识。教育学知识是有关教育发展规律的一般知识。心理学知识是有关师生身心特点和心理发展规律的一般知识。教育学知识和心理学知识是教研员发展的基础知识。政策性知识是对有关教改、课改等各类政策的颁布途径与文件精神内涵的理解。20 世纪 80 年代,美国教师教育协会(AACTE)在要求新教师必须掌握的知识(关于学习和学习者的知识、关于课程与教学的知识和关于教育社会基础知识三类)中也明确提出应掌握专业合作、专业伦理、法律权利和责任等方面知识的主张。[①] 政策性知识是教研员把控教研全局、紧跟时代发展的保证,教研员应该了解教育教学改革、课程改革等各类政策文件的发布途径,并能理解、解读这些政策的基本思想和内涵。

二、严谨科学的能力表征

分类依据:能力概念是研究教研员胜任力的认知基础。追溯已有能力认知,发现不同领域对能力的理解各异。如心理学中认为能力是个体身上一种比较稳定的个性心理特征或心理结构,它是"符合活动要求影响活动效果的个性心理特征的综合"[②];哲学中的能力是人在社会实践活动中所表现出的能量,是获取某些潜在专业成就的综合特征;组织行为学领域认为能力是保证顺利完成工作

[①] 郭志明:《美国教师专业规范历史研究》,中国社会科学出版社 2004 年版,第 265—266 页。

[②] 李忠孝:《能力心理学》,陕西人民教育出版社 1985 年版,第 4 页。

任务并获得高绩效的一种个体特征。各异的能力内涵认知使能力分类多样,结合有关能力的分类探究,发现大多研究基于适应范围,将能力划分为一般能力和特殊能力,一般能力是进行任一活动必备的基础能力,如想象力、记忆力、观察力、思维力等;特殊能力是从事特殊活动需要的能力,如绘画、运动、数学能力等。基于能力功能,分类为认知能力、操作能力、社交能力等。按照目标实现程度,可分为实际能力和潜在能力等。基于适应性程度,可以把能力分为智力、专门能力和创造力三类。[①]

具体表征:任一领域对能力内涵与分类各执己见,但均潜在认同能力是影响个体或组织行动效率、工作效果的重要因素,具有情境性、综合性和复杂性等特征。教研员胜任力是以具体能力为依托,即个体在教研工作中展现出的稳定行为特征。由此对其分类研究应落脚组织行为学场域,定位教学、研究、领导、组织四个层面(见图3-6)。

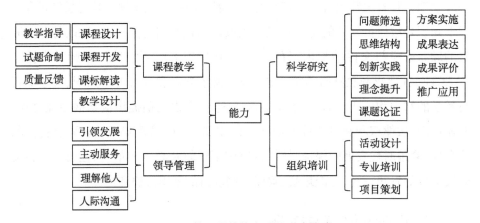

图3-6　教研员的能力胜任要素聚类

(一)课程教学能力

基于教研员的"教师"或研究人员身份,教研员需具备课程教学能力,是指个体围绕课程、教学活动、教学行为等促使教育教学发展的综合表征。具体指向三个层面:

课程方面,包括课程设计,它是基于教育发展需要、政策推动、学校办学理念

---

① 李忠孝:《能力心理学》,陕西人民教育出版社1985年版,第6页。

和学生需求等指导教师科学地选择学科知识、确定学科内容、构建学科体系,并规定学科设置顺序和学科时数的过程;课程开发要求教研员能根据课程方案独立地开发课程并能够给教师提供专业发展的手册、教学建议等文本资料;课标解读即教研员通过对课程标准和中小学教材的分析,明确课程标准的内涵、理念、意义,依据课程标准,结合教材考量区域教学实际,将课程标准转化为指导教师教学的基本要求。

教学方面,包括教学设计,指根据教学目的、课程标准、教材内容而拟订的教学方案,包括对教学内容的分析、对学生准备状态的了解、对教学方法的选择以及对教学效果的评价;教学指导,是指教研员能切实指导或帮助教师发现、分析教学过程中存在的各种问题,并根据教师的个体差异提出针对性的改进建议,针对中考、高考、会考等考试提供专业的指导。

课程教学的综合方面,包括试题命制,教研员能根据不同知识点,结合试题命制内容细目表自主编制或组织编制试题,研究不同国家、不同地区、不同学校以及不同类型的考试、试题、考试大纲和评价标准,评价他人编制的试题;质量反馈,是指能通过试卷分析、质量监测、集体视导、教研会议等为学校提供质量分析报告,通过听评课、赛课等为教师发展提出反馈性意见。

(二)科学研究能力

立足研究者身份,教研员需具备科学研究能力。教育中的科学研究是指能运用科学研究方法,遵循一定的研究程序和原则,有目的、有计划、系统地探究教育本质属性与规律的活动过程。教研员依据"确定主题—形成假设—制定计划—分析验证—成果形成"的研究进程,应然指向:问题筛选能力,即教研员能基于研究兴趣、教学实际、学校需要和政策导向等众多实际问题发现并筛选出有研究意义或价值的问题进行诊断分析;研究思维,能结合教研观念或认识,分析、阐释问题产生的原因,形成解决思路,进而形成一套科学合理的问题解决方案;创新实践,是指个体大胆采用不同于以往的或多元的方式、行动等有效解决问题,把新理念、新模式灵活地应用于教育教学实践过程中;理念提升,能借鉴应用相关教育教学、心理学理论,结合个人工作经历或经验,形成较为系统的教育教学理念,并在教学指导过程中形成一套自身的教学理念;课题论证,教研员能独立自主地申请课题、撰写课题申报书等;方案实施,也就是通过研究论证课题,能将课题方案或活动方案科学地予以施行;成果表达,要求教研员能独立自主地撰写论文、著作、研究报告等;成果评价,就是教研员能以学术价值、经济效益、社会影响力为标准,建立评价标准,对他人成果进行价值评断;推广应用,要求教研员能将研究成果运用到教研实践工作中。

（三）领导管理能力

立足管理者身份,教研员需具备领导管理能力,它是为保障教研活动或任务的顺利完成,个体协同教研成员完成教研任务或活动过程中所展现出的人际能力。涵盖:主动服务,即教研员能充分利用各种资源,自觉主动地为学校、教师、学生等提供机会,搭建发展平台;引领发展,教研员通过课题研究、示范课、试水课、公开课等方式引领教师发展,根据不同教师、不同学校的差异,提供多元、科学的发展方案;人际沟通,指能利用交换意见、传达思想、言语沟通、表达感情、交流信息等人际沟通技巧协调好与同事、学校、教师、专家等群体间的关系;团队合作,要求教研员能带领团队成员共同完成教研任务或活动。

（四）组织培训能力

立足培训者或组织者身份,教研员需要能独立组织策划各种培训活动,由此应具备组织培训能力。实际指向活动设计,即能根据活动目的、对象及主题的不同,灵活、机动地选择活动方式、方案;专业培训,要求教研员能针对日常教研活动中的问题进行主题式培训,为适应时代变化、政策、教育教学理念发展或要求能设计专题培训等,可以根据筛选机制,根据特定的培训内容和主题选择特定的个体去参加;项目策划,教研员能够承担国培、省培、市培等大规模培训项目的组织、策划和管理等。

三、多元一向的品质表征

教研工作的长期性和复杂性要求教研员拥有坚定的态度,同时对教研事业保有热情,这是以优秀的专业品质特征为重要依托,它集中体现了作为一名教研员的教研情怀或工作信念。对其专业品质的把握需"下沉"到专业或工作实际,"具身"到教研个体。

分类依据:随着对品质内涵研究的深入,人们从不同角度赋予其丰富内涵。有研究认为品质是个体一种稳定的心理特征;是一种主体特征;是人的特殊性部分。也有研究认为品质是个体对外在环境的态度或行为表征等,多元的内涵理解与品质的外在表现统一——向,彰显品质是不同特征的实在统一。

　　其一,特殊性与共同性(共性)的统一,如马克思所言,"人是特殊的个体,并且正是人的特殊性使人成为个体,成为现实的、单个的社会存在物,同样,人也是总体,是观念的总体,是被思考和被感知的社会的自为的主体存在,正如人在现实中既作为对社会存在的直观和现实享受而存在,又作为人的生命表现的总体而存在一样"①。教研群体共性寓于单个教研个体个性品质中,无个性即无共性可言。其二,稳定性与易变性的统一。个性品质是个体身上长期存在并在不同情境下都能表现出的一致特征,历经社会实践检验而形成。但人作为不断运动变化的有机体,多重因素的交互作用使其个性朝积极或消极方向转化,最终趋于相对统一。其三,自然性与社会性的统一。自然性由个体自然属性决定,社会性由其社会属性决定,社会性彰显个性品质的本质特征,自然性为个体品质的形成提供物质或生理基础,二者相依相存。因此,对教研员个性品质的把握是挖掘胜任力的关键所在。

　　具体分类:个性品质是教研员工作的根本内驱力,教研员品质是个体适应教研员这一角色与其个体性相结合,并在教研过程中所表现出的稳定心理特征与行为倾向,它是教研员职业或专业共性与自身特质的统一。对其把握需"下沉"专业或工作实际,着眼到教研员这一个体,具体从以下几方面展开(见图3-7)。

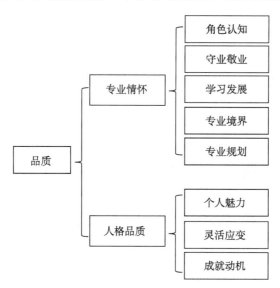

图3-7　教研员品质胜任要素的聚类

---

①　《1844年经济学哲学手稿》,人民出版社2018年版,第234页。

（一）专业情怀

专业情怀是对个体所从事职业或工作的个性心理倾向的集合，以期促使个体完成职业使命。包括角色认知，即教研员对个人作为学科管理者、领导者、培训者、组织者、策划者等角色、身份的认知；守业敬业，要求教研员对教研工作兢兢业业、认真负责；学习发展，要求教研员能主动、自觉地学习新理念、新方法，以提高自身专业发展能力，能够持续地从他人的教研经历和个人教研经验的总结中进行反思性学习，此外还能在繁忙的工作中分配出一定时间用于专业学习；专业境界，要求教研员能为专业而奉献，并在教研工作中实现自我人生价值；专业规划，即基于对学科功能、价值和发展状态的理解，教研员能够制定本学科长远的发展规划。

（二）人格品质

人格品质是个体区别于他人稳定而独特的思维或行为方式。涵盖：个人魅力，它是指教研员能通过专业品质、专业素养和专业理想赢得他人的尊重和信服；灵活应变，教研员处理偶发事件的机智与智慧；成就动机，即个体能从教研工作的成就感、满足感中获得工作动力。此外，值得注意的是，原有采集的教研员胜任特征中还包括情绪管理，虽然在访谈中有一部分教研员提及情绪管理的重要性，但是基于心理学和教育学领域的认知理解，情绪管理是每一个体的基本能力，是对自我外在事物的具体感知觉，是感性主义的重要构成部分，在教研员胜任教研工作的过程中，其并未起到决定性作用，所以，情绪管理这一特征将不予纳入胜任力范畴。

第四节　教研员胜任力的理论模型

教研员胜任力是一种内涵、特征各异的综合素质，有其内在的独特结构机制，也有多样的外在表现机制。一定程度上，教研员各种胜任特征的多重耦合呈现以共同的理论框架为指导，并在教研过程中实现知识、能力、品质等特征的多元互动，由此有必要从理论与实践角度出发，解构与重塑教研员胜任力的理论结构模型，以此为教研员的专业化提升提供价值参照。

一、教研员胜任力多重式横向理论框架组构

经对教研员胜任力各具体特征的聚类分析,形成知识、能力和品质三大族群特征,在不同的族群中又包含各异的具体胜任特质,具体分类框架如表 3-8 所示。

表 3-8　教研员胜任力分类框架

分类	维度	具体胜任特征
知识	本体知识	学科专业知识、学科教学法知识、教研知识
	条件知识	教育学知识、心理学知识、政策性知识、其他知识
能力	课程教学	课程设计、课程开发、课标解读、教学设计、教学指导、试题命制、质量反馈
	科学研究	问题筛选、思维结构、创新实践、理念提升、课题论证、方案实施、成果表达、成果评价、推广应用
	领导管理	引领发展、主动服务、理解他人、人际沟通、团队合作
	组织培训	活动设计、专业培训、项目策划
品质	专业情怀	角色认知、守业敬业、学习发展、专业境界、专业规划
	人格品质	个人魅力、灵活应变、成就动机

二、教研员胜任力多层次互动结构构筑

教研员外部胜任特征的多重交叉与其内在结构的逻辑运演密不可分。教研员个体知识、能力和品质三层次从不同层面彰显了教研员的学术示范、能力引领和品质胜任,为个体实现专职专业发展指明了发展路向。

（一）知识维度内部的胜任结构关系

在斯宾塞提出"什么知识最有价值"之后,知识价值的探讨引起了学界的高度重视,间接表明知识对教育发展具有重要作用。诉诸教研员的胜任力提升,仍需突出知识中心的教研取向,由此构筑了教研员胜任力发展知识结构图（见图 3-8）。

教研员胜任力的发展是以知识胜任为基础,诉诸知识间际关系,呈现以本体知识为核心,条件知识为保障,两种知识相互补充,缺一不可,没有本体知识储备的教研形如枯槁,没有条件知识协助的教研只能是低水平的简单重复,本体知识

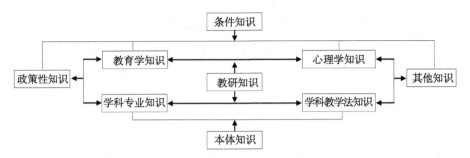

图3-8　知识维度的结构胜任关系

和条件知识"两驾马车"共同拉动了知识增长的内在需求。诉诸知识内部关系，由学科专业知识、学科教学法知识和教研知识构成的本体知识处于知识最低端，隶属基础核心层，没有本体知识做"基底"将无法促成知识的延伸发展。由教育学知识、心理学知识、政策性知识和其他知识构成的条件知识作为本体知识的补充，拥有丰富的内涵属性、延展的功能界限，隶属基础发展层，能规整、调配本体知识，从而发挥知识的价值实效。其中，隶属本体知识的教研知识是在教研员个体的课程理解或教学认知影响下，对教育教学现象或要素的创新解决，其不仅是对学科教学领域内问题的综合认知，还包括对教育学、心理学知识和个体发展规律等的掌握，处于整个知识体系核心；政策性知识是对教育时代性、发展性的攫取，对其的掌握能帮助教研员把握教学时效，而其他知识是一种广义范畴内的知识补充，二者裹挟教育学知识、心理学知识、学科专业知识、学科教学法知识和教研知识形成的"圈层"，确保教研员工作符合时代和国家发展需求。最终各种知识围绕教研知识循环往复，帮助教研员实现创生发展，使教研员的教研特色区别于一般中小学教师。

（二）能力维度内部的胜任结构关系

教研员胜任力一定程度上可等同能力，它是在自身教育信念、课程观、教学观等意识的多重作用下，在具体教育教学研究过程中所呈现的行为特征，这些特征有些是显而易见的，有些可能是潜在的。由此结合教研员的职能属性，将抽象的教研员胜任力落诸"研究、培训、指导、服务"四大功能，形成以课程教学能力、科学研究能力、领导管理能力、组织培训能力为关键能力的教研员胜任力，它们共同成为了教研员胜任力的核心特征。这些胜任特征在不同教研情境的交互作用下，对教研员个体的影响深浅不一、表征各异。为有效厘清不同胜任特征之间的关系,就此构筑了教研员胜任力发展的能力结构图(见图 3-9)。

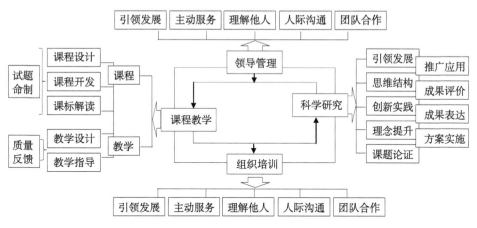

图 3-9 能力维度的结构胜任关系

横向解析能力结构,可以发现课程教学、科学研究、领导管理、组织培训四种胜任特征间并无等级优劣之分,共处同一基准线,以教研作为共同的逻辑起点,从而实现不同能力的协同演绎。教研员对任一能力的偏向或缺失,将直接导致教研活动的前功尽弃,如缺失领导管理能力的教研员,只能对教研工作进行理论建构,而无法组织中小学教师、校长、专家等人参与其中形成共同体,使教研理论与实践彻底脱离。

纵向解析能力结构,受传统"以教定学"思想、教学研究职能和研训群体需求的影响,教研员对工作任务的胜任即为教学胜任,促使教学效能成为衡量教研员专业发展的价值尺度。较之中小学教师、教育管理者、学科带头人等,丰富的教学经历使其能基于教育环境"发声",更能基于教学事实诊断、分析背后存在的问题,结合教育教学理论提出问题解决方案,而这是以教研员的科学研究能力为保证,最终形成课程教学与科学研究之间相互支撑的关系。不过这种关系仅仅停留于对教育教学问题的发现和提出,问题的解决还需复归教研实际,这就需要教研员具备组织培训能力,结合教师或学校不同的现实需求,开展针对性的主题培训或项目培训,自主设计一些灵活的教研活动调动客体积极性。在此问题解决过程中可以发现,教研员的课程教学和科学研究均服务于组织培训能力的发挥,没有组织培训参与的教研活动终究成为"空中楼阁"。此外,教研员的领导管理能力并非局限对教师团队的统整,还关涉自身教研团队的组织管理,是在教研过程前后体现出的一种人际交往能力,最终成为促进整个能力机制协调共生的"润滑剂"。因此,教研员能力维度的胜任结构表征为,在领导管理能力统筹下,以课程教学和科学研究为基点彰显组织培训价值,分层递进实现教研工作的多重胜任。

(三)品质维度内部的胜任结构关系

品质作为一种难以具体呈现的胜任特征,成为教研员实现教研胜任的核心要素,更多体现为一种情意或价值信念,是被广为赞同或默认的特征。在全面考量教研员个体特色基础上,从个体性和普遍性出发,基于人格和专业构建了教研员胜任力发展的品质结构图(见图3-10)。

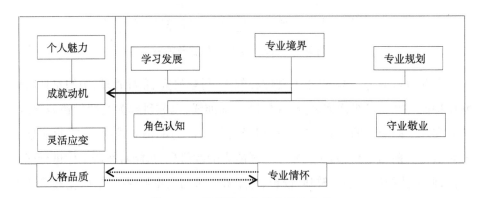

图3-10 品质维度的结构胜任关系

教研员胜任力品质维度的胜任结构以人格品质和专业情怀为主,二者相辅相成,沟通了个体与社会,使教研员个体特殊性融于社会普遍性范畴,并在专业引领下激发个体发展内需。具体而言,教研员在自我实现价值和社会价值实现的共同驱动下,势必改善教研行为、提升教研认知、提高教研效能,最终优质教研结果的获得将强化教研员教研行为,并能转化成为个体的成就动机。教研员作为一线教学指导者,积累了丰富的教研经历,能适应多样的教育教学情境和师生需求,并凭借自身独具的教研魅力得到众多的追随者或学习者,彰显了个体特色的人格品质。同时,教研员"立身"教育领域要求明确自身所扮演的角色,"立命"教研岗位需要个体守业敬业,并在教研成就动机驱使下,谋求专业发展之路和不断提升自我学习能力。整体而言,教研员人格品质与专业情怀的兼备体现个体自然属性与社会属性的统一,在成就动机牵引下进行专业规划、实现专业发展是必然之势,而这是以良好的角色认知和守业敬业为前提的。

三、教研员胜任力多元立体式理论模型建构

研究发现教研员胜任力多重的维度表征,聚焦知识、能力和专业品质三方面,知识是对事物属性与联系的认识或总结,它是符合人类文明的社会精神产物;能力是个体在完成目标或任务过程中所表现出的素质或特征;专业品质是个体在某一领域内表现出的稳定个性特质。各方面内部表征各异,使所形成的教研员胜任力分类框架表层无连接,实则各维度间和内部各胜任特征间是以一定的逻辑架构而成,且知识、能力与专业品质的主客交互印证使三者互融共生、相互促进。其中,知识是能力习得和品质形成的重要基础,能力是应用和检验个体知识的充要条件,而专业品质是促进个体教研事业发展的保障。由此形成以知识为内层、能力为中层和专业品质为外层的教研员胜任力理论模型(见图 3-11)。

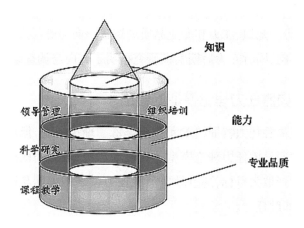

图 3-11 教研员胜任力理论模型图

基于对教研员胜任力理论模型的建构,其以知识为内层,凸显教研员的知识胜任,个体只有具备扎实的专业知识才能掌握教研"话语权"。其中,作为教研员具备特定的学科专业知识是立足学科领域的"通行证";教育学、心理学、政策性等知识是帮助教研员开展或完成相关教研活动的必备要素,两者相互补充、缺一不可。模型核心内层中本体知识与条件知识交互影响,随着能力发展而不断加深并高于能力,即教研员个体掌握的知识最终内化形成系统的知识信念,指导、规整、调节个体或教师的教研行为。

以知识为中心形成能力为主的模型中层,呈现能力对知识的"包裹",彰显

教研员对不同学科活动的能力胜任,个体只有具备专业的教研能力才能掌握教研"主动权"。其中,课程教学能力处于能力中的基础层,教研员只有扎根一线教育教学,才能发现问题、找出问题症结和提出问题解决策略,进而有效开展研训活动,由此奠定科学研究能力为发展层。教研员除承担学科教研任务外,还统摄教研全局,对教师队伍负责,由此确定领导管理能力和组织培训能力为影响层。概言之,课程教学能力是基础,科学研究能力是发展,领导管理能力和组织培训能力是影响,它们以职能的进阶和变化为划分依据。

以知识为中心,专业品质裹挟能力形成胜任力发展的外层,体现教研员的品质胜任,不同教研个体所具备的专业品质是影响其职业发展的重要因素,个体唯具有积极的专业品质才能掌握教研"发展权"。其中,体现教研员对职业或岗位心理性向的专业情怀和个体特定行为或思维方式的人格品质交相呼应,实现社会属性与个体属性的联结,协同为教研员的专业胜任、职业胜任提供稳定的心理支持。因此,教研员知识、能力和专业品质的逻辑一向为胜任力理论模型的生成奠定了坚实的基础,同时亦为后期实证研究指明了方向与调查维度。

四、教研员胜任力理论模型的修正

前期对教研员胜任力特征的多元探究丰富了理论模型,但是多质胜任特征的存在消解了教研员胜任力理论模型的代表性和典型性,因此研究以教研员胜任力特征的深度择取为目标,通过教研员胜任力量表的编制与试测提炼出教研员的关键能力,即胜任力。

(一)教研员胜任力量表的编制

教研员胜任力量表初始项目来源有两个:其一,参照"教研员胜任力编码辞典"(终稿),筛选出符合教研员特质的胜任特征条目进行项目编制,此方法是教研员胜任力量表题项设计的最主要来源。其二,对已有同类问卷或量表进行改编和选用,以调整、修正量表题项的表达;主要参考来源是徐建平博士的"教师胜任力行为自评问卷"。[①] 通过上述两种方式,设计出包含53个项目的《教研员胜任力量表》。根据3位教育心理专家的评议,6位教育心理学博士的建议,合并了一些意义重复或相近的选项,删除或修订了一些有歧义或不易理解的项目,

---

① 徐建平:《教师胜任力模型与测评研究》,北京师范大学 2004 年博士学位论文。

经过反复讨论,确定由 39 个项目组成试测量表。然后课题组在重庆市内先后进行了两次量表试测,最后确定了包含 35 个项目的正式施测量表。量表主要采用 Likert 自评五点计分,从"完全不符合"到"完全符合",记为 1—5 分,得分越高表示教研员胜任力水平越高,反之亦然。对数据的处理和质量审核,主要采用 IBM SPSS Statistics 21.0 对收集到的数据资料进行统计分析和探索性因素分析,采用 AMOS 21.0 进行验证性因素分析。

（二）教研员胜任力量表的形成

1. 项目分析

项目分析的主要目的在于检验编制的量表个别题项的适切性或可靠程度。项目分析的检验就是探究高低分的受试者在每个题项的差异或进行题项间同质性检验,项目分析结果可作为个别题项筛选或修改的依据。[①] 有鉴于此,本书运用相关分析和决断值对施测数据进行项目分析。

（1）项目与总分的相关分析

在量表中,个别题项与总分的相关度越高,表明题项与总体量表的同质性越高,与所要测量的心理特质就越接近。通过对个别题项与总分的相关分析结果表明,胜任力指标的 35 个项目与总分的相关系数均达到显著水平（$p<0.01$）,且 35 个项目的相关系数均高于 0.4,故保留胜任力维度的 35 个项目。

（2）临界比率分析

将量表施测总得分前 27% 和后 27% 作为临界组界限,临界组在所有项目上的均值差异均达到显著性水平（$p<0.01$）。个别题项与总分相关分析结果表明,个别题项与总分的相关系数均达到显著水平,且 35 个项目的相关系数均高于 0.4,故保留胜任力指标的 35 个项目。

2. 探索性因素分析

将随机抽取正式施测的一半数据进行探索性因素分析。通过分析,得出 KMO 系数为 0.962,Bartlett 球形检验系数为 18169.257（$p<0.01$）,表明数据群的相关矩阵间有共同因素存在,适合进行因素分析。采用主成分分析法提取因子,并对因素负荷矩阵进行最大变异法正交旋转。对于因素分析的结果,剔除量

---

① 吴明隆:《问卷统计分析实务——SPSS 操作与应用》,重庆大学出版社 2010 年版,第 158 页。

表中项目负荷值小于 0.4、共同度小于 0.3、因素负荷在两个以上因子上相近且不符合理论逻辑的 1 个项目,最终剩余 34 个项目。对剩下的 34 个项目再次进行因素分析,采用特征值作为因素提取的标准并结合陡坡检验共抽取 6 个因子,累计方差贡献率为 71.585%,项目负荷介于 0.436—0.835 之间,具体见表 3-9。

表 3-9　教研员胜任力量表探索性因素分析结果

项目	F1	F2	F3	F4	F5	F6	共同度
V30 主动学习新理念、新知识、新方法	0.798						0.792
V29 一丝不苟地从事教研工作	0.793						0.772
V31 自觉反思经验改进自身教研工作	0.787						0.764
V28 清楚地理解教研员的职责所在	0.775						0.738
V35 经常从教研工作中获得成就感	0.751						0.651
V34 机智地处理教研工作中的偶发事件	0.723						0.673
V32 分配出很多的时间用于专业学习	0.714						0.580
V33 在教研工作中有一大批追随者	0.656						0.608
V23 能够根据不同要求组织专题式的培训活动		0.739					0.770
V22 能够针对日常教研活动中的各种问题及时开展培训		0.731					0.753
V26 能够在教研工作中形成自己的教育教学理念		0.670					0.641
V25 能够很好运用教育理论分析实际问题		0.660					0.664
V21 能够设计出不同的教研活动方案		0.640					0.725
V20 能够带领团队成员共同完成各种教研任务		0.626					0.742
V19 能够充分考虑教师现实处境开展教研活动		0.579					0.722
V27 能够协调好与同事、校长、教师、专家之间的关系		0.535					0.565
V1 能够准确掌握本学科发展规律、发展历史的知识			0.762				0.741
V2 能够熟练掌握本学科的教学策略和方法			0.736				0.777
V3 能够熟练掌握解决本学科实际问题的教学研究知识			0.725				0.725

续表

项目	F1	F2	F3	F4	F5	F6	共同度
V5 能够熟练掌握本学科教学研究方法的相关知识			0.645				0.678
V4 能够熟练掌握组织本学科教研活动的程序性知识			0.636				0.669
V10 能够准确解读课程标准			0.436				0.652
V15 能够独立撰写课题申报书				0.835			0.845
V16 能够根据课题研究方案独立开展课题研究				0.834			0.886
V17 能够独立撰写研究报告				0.813			0.839
V18 能够基于学术标准评价他人的教学研究成果				0.624			0.607
V12 能够根据不同考试要求独立命制试题					0.825		0.857
V13 能够找出各类试题的命制规律					0.815		0.827
V11 能够通过赛课、听评课等为教学改进提供针对性建议					0.589		0.730
V14 能够将教育研究成果应用到教学实践中去					0.476		0.564
V7 能够设计出一套完整的跨学科课程方案						0.833	0.768
V8 能够设计出一套完整的学校课程方案						0.819	0.755
V6 能够设计出一套完整的学科课程方案						0.643	0.646
V9 能够独立自主地开发一门校本课程						0.623	0.610
特征值	16.077	2.636	1.920	1.497	1.164	1.044	合计
贡献率	47.284	7.753	5.648	4.404	3.424	3.072	71.585

根据各因子所包含项目的具体内容对抽取的 6 个因子进行命名,依次为专业品质、组织领导、专业知识、科学研究、教学发展、课程建设。因素一为专业品质:专业品质是教研员职业共性与个性的统一,有鉴于此,对专业品质的把握需"下沉"专业实际,"具身"教研个体,具体包括角色认知、职业认同、个人魅力、成就动机等向度。因素二为组织领导:管理者的角色赋予是教研活动有序展开的支撑,具体含括创新实践、人际沟通、团队合作、活动设计等指征。因素三为专业

知识:作为教研员胜任教研工作的逻辑前提,专业知识的核心构件包括学科知识和教研知识两个维度。因素四为科学研究:"研"是教研员身份生成之基,此即要求教研员能够遵循教育科学研究的逻辑进路,依据"课题论证—方案实施—成果表达—成果评价"的研究进程,实现"以研促教"的价值旨归。因素五为教学发展:"教"是教研员身份确立之根,此一构面包括三种意涵:首先,教研员应能够发挥专业引领者的角色指导教师实现有效教学;其次,教研员应可以按照要求编制出各类型试题;最后,教研员应具备将科学研究成果转化为教学实践的能力。因素六为课程建设:教研员虽集多种角色于一身,但"教"是教研员身份确立之根,而"教"的有效展开则建基于课程建设,具体含括课程设计与课程开发两个层面。

3. 验证性因素分析

根据探索性因素分析结果,对施测的另一半数据进行验证性因素分析,运用AMOS检验由专业知识、课程建设、教学发展、科学研究、组织领导和专业品质构成的教研员胜任力六因子模型拟合程度。教研员胜任力模型路径图与验证性因素分析结果见图 3-12 和表 3-10。

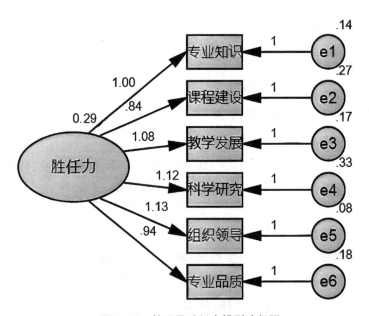

图 3-12　教研员胜任力模型路径图

表 3-10　教研员胜任力量表的验证性因素分析拟合指数

拟合指数	X^2	df	X^2/df	GFI	CFI	NFI	IFI	RMSEA
数值	2094.559	480	4.364	0.815	0.904	0.879	0.904	0.073

结果显示,模型的各项拟合指数均符合统计学要求[1],说明该模型结构的设置与构想是合理的。

因此,研究建构了包括六阶二十六维度的教研员胜任力理论模型,教研员胜任力的六阶包括专业知识、课程建设、教学发展、科学研究、组织领导、专业品质。教研员胜任力的二十六维度分别是:专业知识中的学科专业知识、学科教学法知识、教研知识;课程建设中的课程设计、课程开发、课标解读;教学发展中的教学指导、试题命制、推广应用;科学研究中的课题论证、方案实施、成果表达、成果评价;组织领导中的理解他人、团队合作、活动设计、专业培训、创新实践、理念提升、人际沟通;专业品质中的角色认知、守业敬业、学习发展、个人魅力、灵活应变、成就动机。

① 郭庆科、王炜丽、陈雪霞、韩丹:《验证性因素分析中模型拟合的判断》,《心理学探新》2007年第4期;吴明隆:《结构方程模型——AMOS的操作与应用》,重庆大学出版社2019年版,第40—62页。

第四章 教研员胜任力的水平模型建构

对教研员胜任力结构的考察,离不开对教研员胜任力内涵层次的深度探讨和专业胜任现实的揭示。本章旨在前期理论思辨和实践预探的基础上,通过实证辅助构建教研员胜任力的水平模型,从而对教研员胜任力水平与特征进行探索,具体包括五部分:第一部分是对教研员胜任力模型建构的思路与方法进行说明;第二部分具体建构教研员胜任力模型;第三、四部分旨在考察教研员胜任力每一胜任水平特征、内部差异特征和类型表征等;第五部分主要考察教研员胜任力形成或发展的影响因素。

第一节 模型建构的思路与方法

教研员胜任力水平模型的建构,首要涉及在前期概念辨析基础上对研究理路的梳理,基于当前教研员胜任力研究的背景和相关研究,立足教研员胜任力提升需求的角度,具体择取恰当的研究范式推进模型建构。

一、模型建构思路

研究首要对所收集的数据进行预处理,增强数据理性解释力度,尽可能保证数据所代表样本的准确性。剔除或修改错误的数据样本,并针对问卷客观题和主观题数据中的一些错误信息,进行相应的删除或标记,以最大限度提升数据质量,降低不良数据对调查结果的消极影响。提取主观题数据,调查问卷的主体部分采用五度选择题形式,研究将相关反向题或表意不明的题进行重新编码,以保证所有题项保持一致。

其次,为保证问卷调查项目的针对性、可靠性,研究采用项目反应分析方法对问卷项目进行深入探测。项目反应关注构成量表的每一个项目,能明确考察所测量的哪一水平对项目的影响最大,进而帮助找出测量不同水平段的合适项目以及不同项目在不同水平上的差异表现。"IRT 并不是一套能导出一系列具体操作步骤的理论,而是一组数学模型。这组模型的具体差别在于模型中参数的多少"[①]。教研员胜任力模型的建立以胜任力量表中具体模型参数的统计为基础,即项目难度系数、项目区分度系数、猜测度系数等,多维系数的统计使调查量表更加科学、规范和可操作,增强了胜任力测验项目的信效度。

教研员胜任力项目的规范使调查量表更具说服力,此后为多面揭示教研员群体胜任水平与差异特征,将采用聚类分析方式推进研究,以期对每一类别或水平的教研员胜任力及其内部结构予以把握。同时,也运用 SPSS 统计分析软件对每一水平的整体结构进行描述性分析,以更完善地呈现教研员胜任力每一水平特征情况。

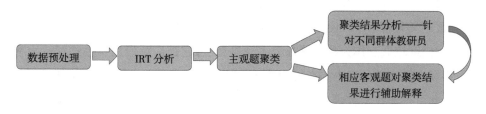

图 4-1　模型建构思路图

二、模型建构方法

(一)文献计量分析法

文献计量是集数学、统计学、文献学为一体的综合性知识体系。其计量对象主要有:文献量(各种出版物,尤以期刊论文和引文居多)、作者数(个人集体或团体)、词汇数(各种文献标识,其中以叙词居多)。借助文献计量学的基本思想,通过 CNKI、维普数据库和万方数据库等途径,查找有关教研员胜任力现状的文献资料,以期全面了解教研员胜任力的研究现状,为研究的顺利展开奠定基础。

---

① ［美］罗伯特·F.德威利斯:《量表编制:理论与应用》(第 3 版),席仲恩、杜珏译,重庆大学出版社 2016 年版,第 173 页。

（二）问卷调查法

问卷调查是社会调查里的一种数据收集手段。问卷调查假定研究者已经确定要调查的问题，这些问题事先被印制在问卷上，再编制成书面的问题表格交由调查对象填写，然后收回整理分析，从而得出结论。当前，我国存在大约 12 万担负中小学教研工作的教研员，对这个群体进行全面调查显然是不现实的，因此有必要通过问卷进行抽样调查。

（三）项目反应分析法

项目反应理论（Item Response Theory，IRT），也称潜在特质理论，它是在一定假设的情况下，通过数学函数来刻画被试在项目上可观察的作答表现与其不可观察的特质水平之间的函数关系。项目反应理论擅长处理问卷数据以及探讨被试的潜在内质特征，通过 PARSCALE 软件进行分析后，得到每个题项的难度与区分度参数，同时也能得到不同教研员的潜在特质水平。

（四）聚类分析法

聚类分析是一种数据规约技术，旨在把大量观测值规约为若干个类。这里的类被定义为若干个观测值组成的群组，群组内的数值相似度较高，而群组外的数值相似度较低。作为数据挖掘十大经典算法，它被广泛应用于生物和行为科学、市场以及医学研究中。在得知被试的胜任力水平之后，按照数据特征进行分类，由此可得知我国教研员的大致水平及分类，便于在后期针对性地发现问题。

第二节　教研员胜任力的水平模型

模型建构思路的明晰和研究方法的合理选择，为教研员胜任力水平模型的建构奠定了基础。研究在项目分析、聚类分析等具体实证手段支持下，通过数据"发声"构建教研员胜任力水平模型。

一、模型建构过程

（一）研究对象的确定

本书在全国范围内按照分层随机抽样方式，选取各地教师进修学院或学校、教科所的教研员作为研究对象，一共发放问卷 1729 份，在排除缺失值与异常值之后,有效样本有 1189 个,有效回收率为 69%。调查对象基本情况包括性别、单位类别、年龄段、教研年限、职称和学历等情况,具体如表 4-1 所示。

特别说明的是,本课题组在已经发表的论文《教研员胜任力初探》(《教育研究》2017 年第 8 期)中显示的有效统计数据为 1271 份,而在本书稿运用的有效统计数据为 1189 份。之所以存在此种偏差,是由以下原因造成的:《教研员胜任力初探》此篇研究论文的目的在于探明教研员胜任力的内在结构,并未涉及与人口统计学变量相关的研究内容,只是对其他既有数据进行事实性呈现,因此得出来的有效数据为 1271 份。而在运用大数据聚类分析方法的过程中,需要考量人口统计学变量对教研员胜任力的影响,因此又在 1271 份有效数据基础之上对人口属性缺失的数据进行了一次清洗,最终直接剔除了 82 份问卷,剩余有效问卷 1189 份。因为本书的数据量属于大样本,剔除问卷占总问卷的比例低,造成的影响甚小,所以我们将其剔除。需要指出的是,也可以采用其他缺失值填充技术保留原有问卷,例如根据数据特征填充缺失值等,但在本书中暂不做此处理。

表 4-1 教研员基本信息

		参测人数(人)	百分比(%)
性别	男	584	49.12
	女	605	50.88
单位类别	省级	41	3.45
	市级	193	16.23
	区/县级	955	80.32
年龄段	20—30 岁	31	2.61
	31—40 岁	256	21.53
	41—50 岁	577	48.53
	50 岁以上	325	27.33
教研年限	0—5 年	333	28.01
	6—10 年	276	23.21
	11—15 年	210	17.66
	16—20 年	164	13.79
	20 年以上	206	17.33

		参测人数（人）	百分比（%）
职称	正高级	12	1.01
	高级	694	58.37
	一级教师	383	32.21
	二级教师	87	7.32
	三级教师	13	1.09
学历	大专及以下	80	6.73
	本科	970	81.58
	研究生	139	11.69

由表4-1所知,研究样本的人口学基本信息表征为:基于教研员性别结构,女性教研员占总数的50.88%,男性教研员占49.12%,男女比例基本持平;基于学历结构,本科学历的教研员占总数的81.58%,研究生学历占11.69%,大专及以下学历的占6.73%;基于教研员所属单位类别,区/县级教研员占总数的80.32%,市级教研员占16.23%,省级教研员占3.45%;基于教研年限,0—5年的教研员有28.01%,6—10年的有23.21%,11—15年的有17.66%,16—20年的有13.79%,20年以上的有17.33%;基于年龄组成,41—50岁的教研员最多,占比48.53%,50岁以上的教研员为27.33%,31—40岁的为21.53%,20—30岁为2.61%。

分析发现,当前我国教研员队伍发展呈现性别比例基本持平、学历趋向高等化、教研经验成熟化等特征,区县教研员成为发展主体,整体而言教研人员结构配比较合理,符合国情、教情。教研员个体的独特存在使团队结构层次多样,而统一僵化的教研员准入标准限制了队伍发展可能,不利于教研队伍的建设。不过,我国教研队伍多样化、多层次的现实为教研事业发展奠定了坚实基础。

(二)研究工具的选择

调查问卷:《教研员工作情况调查问卷》。该问卷主要分为两部分,第一部分旨在调查教研员个体的基本信息,包括性别、学历、职称、单位类别、年龄和教研年限等;第二部分旨在调查教研员个体日常行为,主要涵盖 12 个维度,分设 50 个题项,所有题项均采用 Likert 自评五点记分方式,共分 5 个等级,其中,"1"表示"完全不符合","2"表示"基本不符合","3"表示"一般","4"表示"基本符合","5"表示"完全符合",具体包括 12 个向度(一级指标)和 41 个子向度(二级指标)。

研究软件:R 语言,PARSCALE,IBM SPSS21.0。

(三)问卷信效度的检验

信度:信度是指测验的可靠程度,即可靠性、一致性、连贯性和稳定性。信度易受随机误差影响,可视为随机误差对测量结果的影响程度,是衡量测验好坏的一个重要指标。大多学者认为:任何测验和量表的信度系数如果在 0.9 以上,则该测验或量表的信度较好;信度系数在 0.8 以上都是可以接受的,如果在 0.7 以上,则应对量表进行较大修订;如果低于 0.7,量表就需重新设计。[①] 研究采用 Cronbach's α 分析方法进行信度分析,以检验问卷的可靠性、稳定性和内部一致性。通过分析得出整个问卷内部一致性系数为 0.966,各分量表内部一致性系数介于 0.815—0.926 之间,其中专业知识为 0.919,课程建设为 0.815,教学发展为 0.881,科学研究为 0.923,组织领导为 0.932,专业品质为 0.926,整体表明问卷内部一致性良好,基本达到团体施测要求。

效度:效度是指测量的正确性。效度越高,测量结果越能体现所需测量内容的真正特征。根据问卷性质和特点,本书采用相关分析、因素分析来评估测验的效度。测验分数与效标的相关系数,反映了测验所测量的特质与另一个概念变动之间的一致性程度,利用相关系数可以得出两个变量间的相关程度。其中,因素分析的最大功能是利用一组题目与抽象概念间关系的检验,协助研究者进行概念效度的验证。在效度分析中,用效度系数表示效度的大小,效度系数越大,测验的有效程度就越大。学者们普遍认同以下标准:效度系数低于 0.3,说明该测验不可信;效度系数在 0.3—0.4 间说明该测验勉强可相信;在 0.4—0.5 间说明该测验稍微可信;在 0.5—0.7 间说明该测验可信;在 0.7—0.9 间说明该测验比较可信;高于 0.9 说明该测验十分可信。[②]

---

① 卢纹岱主编:《SPSS 统计分析》,电子工业出版社 2014 年版,第 511 页。
② 刘爱玉:《SPSS 基础教程》,上海人民出版社 2007 年版,第 235 页。

表 4-2　KMO 和 Barlett 检验

Kaiser-Meyer-Olkin		0.972
Barlett 的球形检验	近似卡方	53377.722
df		1225
显著性		0.000

基于表 4-2,对问卷数据进行效度分析后发现,效度系数为 0.972,显著性水平低于 0.001(极其显著),说明研究所用量表效度良好,测量结果可以反映测量目的。

(四)数据的分析与处理

1.数据预处理

数据的预处理以所收集样本数据为主,主要分为四个步骤:

第一,删除及修改。

原始样本数为 1271 份,排除含有缺失值及错误信息的样本,有效样本为 1189 份。如部分样本的年龄、性别等多个信息为空,则此类样本需予以删除;有些样本题项,选项为 1 至 5,而回答为 0 或 6,为保证样本的有效性,选择与该题项相关性更大的相邻题项进行修改,一般修改方式为复制。

第二,提取主观题。

把问卷数据中的"胜任力_1"至"组织氛围_7"共计 50 个选项的数据提取出来,以便下步处理。

第三,数据离散化。

数据的离散化,又称软化,其目的是在一定程度上弥补调查问卷设计上的原不足,力求在保持数据稳定的前提下使数据呈现差异性。具体来看,研究将主观题数据中的数据"1""2""3""4""5"分别进行离散化,共计有 59450 个数据,此后分别做某个区间内的随机化,以达到正态化的目的。具体如图 4-2 所示。

如图 4-2 所示,对数据中所有的"1"值进行离散化,使其位于区间[0.5,1.5]内,并以 1 为中心呈现正态分布。以下如图 4-3 至图 4-6 分别是依次对"2""3""4""5"进行离散化的结果示意图。

第四,数据归总至上层指标。

对离散化后的数据,根据维度与题项对照表,把具体题项中的数据通过平均

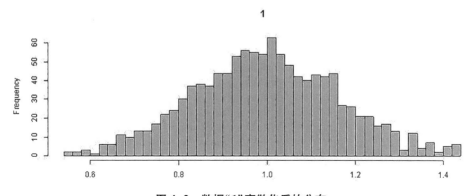

图4-2　数据"1"离散化后的分布

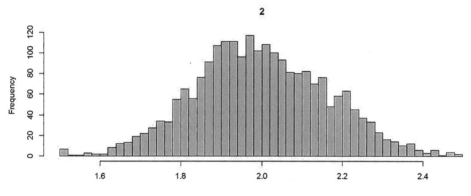

图4-3　数据"2"离散化后的分布

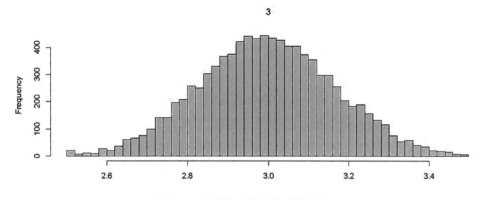

图4-4　数据"3"离散化后的分布

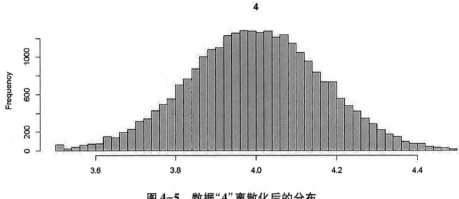

图 4-5 数据"4"离散化后的分布

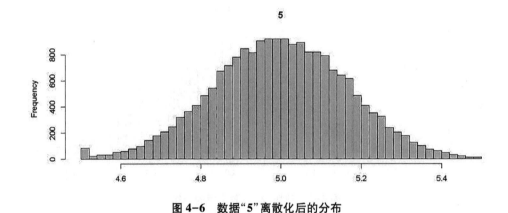

图 4-6 数据"5"离散化后的分布

归总到相应的 41 个二级指标,再按同样的方式,将其归总到 12 个一级指标中,至此,根据数值特征完成样本数据的预处理。

2. 项目反应分析

第一,项目反应理论分析。

项目反应理论(Item Response Theory,IRT),又称潜在特质理论,其假定被试在某个测验上的反应受某种心理特质所支配,要想知道被试在这个测试上的反应如何,就必须先对这种特质进行界定,然后估出这种特质的分数,并根据分数高低来预测和解释被试对测验项目的反应。①

---

① 张锋:《应用项目反应理论对中国应征青年数学推理能力测验的编制》,第四军医大学2013 年硕士学位论文。

项目反应理论近年来发展迅速。1916 年,Terman 在对 Binet-Simon 智力量表进行分析时,用图形绘制不同年龄段被试在项目上的正确作答比例曲线,由此揭开了 IRT 发展的帷幕。1952 年,Frederic M.Lord 在大量数据分析的基础上,提出双参数正态肩形曲线模型及其参数估计方法。1957 年,Birnbaum 提出较正态肩形曲线模型更易使用的 logistic 模型,打开了 IRT 实际应用的大门。1960 年,Lord 提出 3 个项目反应模型(即单参、二参、三参项目反应模型)。1969 年,Samejima 提出了适用于多级记分题型的等级反应模型,突破了 IRT 仅用于 0 和 1 记分题型的限制。1978 年,Sympson 提出多维三参数模型,突破了 IRT 仅用于单维测验的问题。

值得注意的是项目反应理论的发展,除理论模型的不断建立,还伴随很多关于参数计算以及计算机应用的研究。1970 年,Kolakowski 和 Bock 实现联合极大似然估计方法。1981 年,Bock 和 Aitkin 提出基于 EM 算法的边际极大似然估计算法。在计算机应用上,常用软件有适用于二级记分的 BILOG 程序,适用于多级记分模型的 MULTILOG 和 PARSCALE。[①]

当前,项目反应理论在实际考试或问卷分析中的应用是一大热点。近年来 PISA(Program for International Student Assessment,国际学生评估项目)对 IRT 的成功应用,以及因为计算机飞速发展而随之产生的题库建设,CAT(计算机自适应测验)等激励着国内外无数学者深入钻研。

目前我国已有很多学者将项目反应理论成功应用于众多领域的问卷分析中,由于其自身的逻辑性与科学性,也取得了不同于传统测量理论分析的成果。在这样的背景下,本书使用项目反应理论来研究问卷各个题项的难度与区分度。

第二,项目反应理论假设。

作为一种理论,项目反应理论的许多命题或论断是建立在一些假设的基础上发展起来的,没有这些假设,项目反应理论的大部分命题或论断就无法成立。因此,在深入理解项目反应理论之前,必须首要确定研究假设。

假设 1:作答反应反映了个体的真实行为表现。其含义是,被试在面对情景并作出反应时,表现的是他的真实状态,而不是随机反应或混乱反应。这是项目反应理论的基本前提。

---

① 罗照盛:《项目反应理论基础》,北京师范大学出版社 2012 年版,第 11 页。

假设2：局部独立性。这个假设包括两个方面的含义：同一被试在任意项目（题目）上的作答反应不会受到测验中其他项目的影响，同一项目上一个被试的反应不受同测验中其他被试的影响。这个假设在项目反应理论建立联合似然函数时是一个前提假设，只有此假设成立，才能保证所有作答反应概率相乘的合理性。

假设3：模型潜在特质空间维度有限性假设。所谓有限潜在特质空间维度，指使用某个项目反应理论时，首先必须检测所测量的内容维度数量是否符合这个模型能够解释的数量维度。

假设4：项目特征曲线的形势假设。

假设5：非速度测量假设。即项目反应理论所分析的数据反映的是被试在有充分时间保证下的真实能力水平的表现。

第三，项目反应理论假设验证。

在对量表进行正式分析前，首要对相关前提性假设进行验证。本次问卷调查采取随机发放的方式进行，且被试地域分布广阔与分散，各题项之间相关性较小，基本满足除假设3（模型潜在特质空间维度有限性假设）外的其他假设，即项目特征曲线的形势假设、非速度测量假设和局部独立性。

对于假设3，若应用SPSS软件对数据进行主成分分析，较宽泛的标准是：如果发现第一因子的特征根大于第二因子特征根的5倍以上，就可以证明该量表具有单维性。采用因素分析中的主成分分析方法发现，第一个因素的特征根为22.72，第二个因素的负荷为4.271，且碎石图的第一个拐点明显，可以认为量表数据符合模型潜在特质空间维度有限性假设。碎石图如下：

由图4-7分析可得，教研员胜任力研究的问卷可以很好地解释其所测量的维度，即胜任力、自我效能感、组织氛围三个部分所包括的12个维度及其所包含的41个向度。

在对问卷进行项目反应理论假设验证之后，应该对其进行进一步的项目反应理论与数据资料的拟合度分析，以图形形式表现项目与模型拟合度检验结果，即项目反应特征曲线（见图4-8）。

根据图4-8，得知50个题项的项目特征曲线，且发现每一个题项的项目特征曲线均符合Samejima等级模型，由此可以对问卷进行下一步的项目反应理论参数估计。

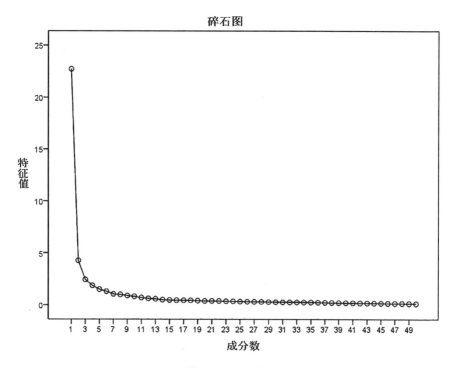

图 4-7　碎石图

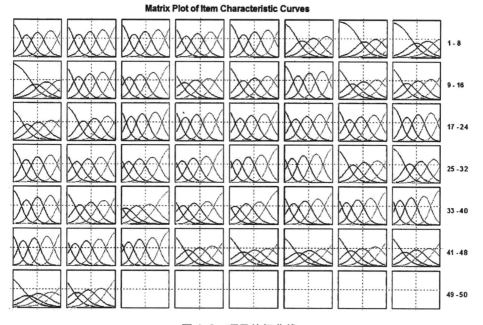

图 4-8　项目特征曲线

第四,题项难度和区分度分析。

本书是对教研员心理状态的研究,结合数据本体考虑和量表特征,所构建的模型是无猜测系数(猜测度)的二参数模型,保留教研员胜任力问卷的难度与区分度参数。在利用 PARSCALE 软件对问卷数据进行项目反应理论分析之后,得到每个题项的难度及区分度,如表4-3 所示。

表4-3　各题项难度与区分度参数

项目	难度	区分度	项目	难度	区分度
1	0.118	1.183	26	−0.359	1.111
2	−0.145	1.252	27	−0.662	1.123
3	0.025	1.273	28	−0.710	1.185
4	−0.226	1.130	29	−0.647	1.301
5	0.133	1.264	30	0.570	1.399
6	0.675	0.857	31	0.325	0.934
7	1.723	0.800	32	0.671	1.029
8	1.473	0.729	33	0.156	1.359
9	1.262	0.728	34	0.031	1.013
10	−0.128	1.212	35	−1.036	0.810
11	−0.597	1.190	36	−0.588	0.966
12	−0.432	0.837	37	−0.884	0.950
13	0.130	0.958	38	−0.363	1.137
14	0.167	1.311	39	−0.517	1.216
15	0.211	0.777	40	−0.575	1.409
16	0.254	0.829	41	−0.256	1.458
17	0.227	0.803	42	−0.543	1.241
18	0.280	1.034	43	−0.643	1.372
19	−0.317	1.371	44	0.087	0.819
20	−0.299	1.315	45	0.189	0.705
21	−0.254	1.244	46	0.229	0.681
22	−0.133	1.200	47	0.082	0.801
23	−0.122	1.169	48	0.100	0.731
24	0.297	1.361	49	0.307	0.588
25	0.138	1.259	50	−0.289	0.774

在 50 道题项中,前 34 道题项是属于胜任力部分,第 35 至第 43 题项为自我效能感,第 44 至第 50 题项都是属于组织氛围部分。由此,根据这三个部分的特点对项目参数进行分析。

胜任力:就难度参数而言,本书认为其值越大,项目越难,被试也就越难对其作出我们所希望的回答。在胜任力部分,题项数为 6、7、8、9、30、32 的参数均已超过 0.5,在查阅对照表后,发现它们强调的是"设计完整的课程或学科方案""自觉反思"并"形成同事所追求的教研风格",前者要求教研员不仅要对教研环节熟悉,还需要有整体意识,站在课程、学科甚至学校的角度来设计教研方案。而后者希望教研员在工作中不仅要善于利用前人经验,同时也要自己多反思吸收,从而形成他人所推崇的风格。本次问卷调查在这两个方面表现不佳,一方面反映了当前教研员存在的问题,另一方面也说明这些要点确实难以做到,更需要教研员们在实际工作中有意培养。同时也应注意到,27、28、29 的难度参数均小于-0.5,它们强调了教研员对工作职责的理解与工作态度,说明教研员们工作上比较积极进取。对于区分度参数,胜任力部分 34 道题的值都很高,说明问卷所设的这些题在鉴别教研员胜任力上有很强的适用性。

自我效能感:自我效能感的测量需要针对具体的研究领域,它不仅是一个人对自己某方面能力的评估,更是对某些特定活动的行为能够做得怎么样的自我评估。由此自我效能感的测量并不是指个体拥有多少技能,而是测量个体运用所拥有的技能去完成特定工作行为的自信程度。从第 35 至第 43 题项,难度参数均为负数,尤其是第 35 题,"我坚信教研员的工作是一项崇高的事业",其难度参数为-1.036,说明这些题项对教研员而言基本符合实际情况,也说明大多数教研员认同自己的职业,对职业所抱的认同感与自豪感,是教研员自我效能感表现不俗的内在动力之一。对于区分度参数,第 35 至第 37 题较其余 4 个题项较小,说明教研员在这三道题上普遍有相同认知,区分力度不大。第 40、41、43 题的区分度参数都在 1.4 左右,它对教研员自制力有较高要求,也可以说,自制力强弱在某种程度上影响了教研员的自我效能感及胜任力水平。

组织氛围:第 49 题项的难度参数在组织氛围部分是最大的,为 0.307,侧重于"交流、学习机会",说明当前存在着教研员学习观摩机会较少等问题。

3. 数据聚类分析

通过项目反应分析,分别从难度和区分度两维参数构建了教研员胜任力的二参数模型,使调查量表更加科学、规范和可操作,增强了胜任力测验项目的信度,整体规范了所调查项目。同时前期对数据的预处理,规范了数据类别。在此基础上,为深层揭示教研员群体胜任水平与特征,进一步以聚类分析为手段构建模型。

第一,聚类理论分析。

聚类分析是一种数据规约技术,旨在把大量观测值规约为若干个类。这里的类被定义为若干个观测值组成的群组,群组内的数值相似度较高,群组外的数值相似度较低。作为数据挖掘十大经典算法,它被广泛应用于生物和行为科学,市场以及医学研究中。最常用的两种聚类算法是层次聚类以及划分聚类。层次聚类中,每一个类,每次两两合并,直到所有的类最后都被聚成一个类为止,多用于观测值较少的情况下。在划分聚类中,首先指定类的个数 K,然后观测值被随机分成 K 类,再根据一定规则来重新聚合,适用于样本数较多的场合。[①]

本次水平划分采用 k-means 算法,k-means 算法的输入对象是 d 维向量空间中的一些点,即是对 d 维向量的点集 D 进行聚类,该算法会将 D 点集划分成 k 个聚族,将每个点都归于且仅归于 k 个聚族中的一个,k 值的算法是 k-means 算法中关键的输入。它通常基于"紧密度"或"相似度"等概念对点集进行分组,一般默认的算法是欧几里得距离,实质是要最小化一个如下的代价函数:

$$\text{Cost} = \sum^{n} (\arg \min \| x(i) - c(j) \|)$$

即最小化目标是:每个点 $x(i)$ 和离它最近的聚族代表 $c(j)$ 之间的欧几里得距离的平方和。通过迭代的方式对点集进行聚类,主要分为两个步骤:(1)重新确定点集 D 中每个数据点的聚族标识;(2)基于每个聚族内所有数据点算出新的对应的聚族代表。k-means 以空间中的 k 个点为中心点,对最靠近他们的对象归类。通过迭代的方法,逐次更新各聚类中心的值,直至得到最好的聚类结果。

具体操作流程为:

① 先从 n 个数据对象中任意选择 K 个对象作为初始聚类中心;

②对于所剩下的其他对象,根据它们与这些聚类中心的相似度(距离),分

---

① [美]Robert I.Kabacoff:《R 语言实战》(第 2 版),王小宁等译,人民邮电出版社 2016 年版,第 342—344 页。

别将它们分配给与其最相似的(聚类中心所代表的)聚类;

③再计算每个所获新聚类的聚类中心(该聚类中所有对象的均值);

④不断重复这一过程直到标准测度函数开始收敛为止。

此后确定聚类个数。k-means 聚类可以处理比层次聚类更大的数据集,同时,样本值不会永远被分到一类中,当我们提高整体的解决方案时,聚类方案也会被改动。使用 k-means 方法,选择适当的 k 值是关键(即事先规定要将数据划分成几类)。可喜的是,R 软件提供了很多可用于聚类 k 值选择的函数,本文使用 NbClust 包中的 NbClust( )函数,以及类中总的平方数(wssplot 函数)来确定聚类数。

第二,聚类个数分析。

在对原始数据进行二级指标均值归总之后,按照胜任力的六个维度值进行聚类。利用 R 语言软件使用 NbClust 包中的 NbClust( )函数,以及 k-means 的参数 nstart(采用类中总的平方值辅助 k 值选择)来确定聚类数。NbClust( )函数确定的胜任力聚类个数为:

表 4-4　NbClust( )函数确定的胜任力聚类个数

聚类个数	0	2	3	4	5	6	14	15
赞成数	2	6	11	1	2	1	1	2

将其绘制成条形图,如图 4-9 所示:

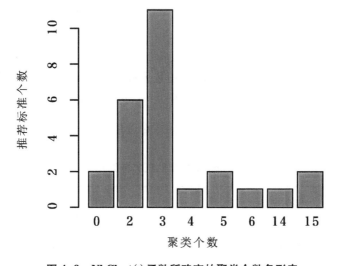

图 4-9　NbClust( )函数所确定的聚类个数条形表

由上可见,聚成 3 类时得到的赞同标准最多,总共 11 个标准,其次为 2 类,得到赞同标准为 6。此时似乎选择聚成两类或是三类都可以,为帮助选择 k 值,接下来应用 nstart 计算 k 值。

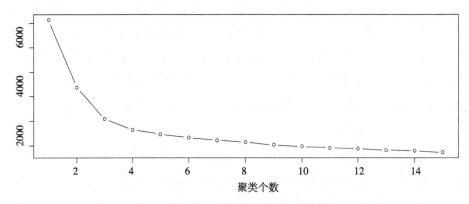

图4-10　nstart 函数所推荐的聚类个数

由图4-10可知,从一类到三类下降得很快,之后下降得较慢,建议选用聚类个数为3的解决方案。至此令 k=3,即按照胜任力各维度均值把原始数据划分为三个类别,分别为 A、B、C 类,代表胜任力值依次下降,所含样本量分别为 755、398、36。

二、水平模型形成

经过数据预处理、项目修正初构教研员胜任力基础结构,经聚类分析建构了教研员胜任力水平模型。

(一)教研员胜任力水平模型划分

教研员胜任力有效问卷 1189 份,通过数据聚类将教研员的胜任力数据具体分成三水平:"较好"水平、"一般"水平和"较差"水平,最终形成教研员胜任力等级水平模型。具体对这三个水平按照中心点值大小进行排列,各水平具体表征为:

表4-5　教研员胜任力聚类表

类别水平	样本数
C 类,"较差"水平	36
B 类,"一般"水平	398
A 类,"较好"水平	755

C类,共有36个样本,占样本总数的3.03%,中心点均值为-3.27,处于教研员胜任力"较差"水平。

B类,共398个样本,占样本总数的33.47%,中心点均值为-0.56,处于教研员胜任力"一般"水平。

A类,共755个样本,占样本总数的63.50%,中心点均值为0.45,处于教研员胜任力"较好"水平。

(二)教研员胜任力水平特征刻画

教研员胜任力水平在各维度上均值由大到小依次为专业品质、教学发展、组织领导、专业知识、科学研究和课程建设。教研员胜任力的整体水平特征如表4-6所示。

表4-6 教研员胜任力各维度整体情况

维度	平均值	标准差	排序
专业知识	4.06	0.67	3
课程建设	3.46	0.68	5
教学发展	4.12	0.72	2
科学研究	3.85	0.83	4
组织领导	4.12	0.66	2
专业品质	4.13	0.66	1
胜任力	3.98	0.57	

教研员在各维度上表现较好,平均值接近4,整体处于较高水平,说明大多数教研员能够胜任教研工作。基于对教研员胜任力各维度的整体分析(见表4-6),发现影响教研员胜任力水平高低的核心因素是专业品质,其次是教学发展和组织领导,再次是专业知识、科学研究、课程建设。一定程度上,教研员清晰的角色认知、一丝不苟的工作态度,在较高教研成就动机的激励下不断提升自我专业能力、学习能力,越能有效胜任教研工作。此外,教研员群体表现出较低的课程建设能力,反映出教研员胜任力与课程建设之间的相关性不突出或不明显。

基于教研员胜任力水平模型层次,可发现各类胜任力水平特征,具体如表4-7所示。

表 4-7　三类教研员各胜任力水平维度分析

	胜任力						自我效能感			组织氛围		
	专业知识	课程建设	教学发展	科学研究	组织领导	专业品质	认知效能	情绪效能	意志效能	组织结构	组织价值	组织支持
较好水平	4.2819	3.7000	4.4397	4.2497	4.4389	4.4026	4.6349	4.5060	4.5331	4.1351	4.1179	4.1417
一般水平	3.6616	2.9912	3.7268	3.3084	3.7296	3.8144	4.1943	4.0515	4.0779	3.6759	3.6650	3.7688
较差水平	1.6392	1.8062	1.6946	1.5984	1.6328	1.8279	1.8704	1.9861	1.9936	2.1806	2.7778	2.3611

在教研员胜任力"较差"水平上,教研员在组织氛围维度上得分较高,即该水平的教研员胜任力发展有良好的组织结构、组织价值和组织支持。综合教研员在自我效能感、组织氛围上的得分,发现胜任力处于"较好"等级水平的教研员在组织氛围上得分偏低。一定程度上,这与教研员身份地位等密切相关。教研员作为"教师的教师",其入职要求区别于一般教育行政管理者,大多教研员来源于一线具有丰富教育教学、科研经历的骨干教师或学科带头人,并且教研员工作拥有业界认可的专业话语权、弹性的工作制度、多样的薪酬待遇等具有较强吸引力,使很多教师以其为职业发展方向。对于胜任力水平"一般"的教研员,现有工作环境或组织氛围能满足职业发展需求,而对于胜任力水平"较好"的教研员,还未能满足其自我教育教学价值实现的需要,因此不同胜任水平的教研员在组织氛围维度得分上有所差异。

胜任力处于"一般"水平的教研员,从具体胜任力表现维度上看,发现教研员在课程建设和科学研究上得分较低,同时处于胜任力"较好"水平的教研员,也在课程建设纬度上得分较低。此外,综合教研员在胜任力、自我效能感和组织氛围上的普遍得分,发现教研员在自我效能感维度上得分普遍较高。值得注意的是,胜任力表现"较好"与"一般"的教研员在课程建设上得分均最低,即课程建设能力欠缺。结合我国教研发展史和教研现实,教研员作为基础教育一线负责人与管理者,核心职能定位教学研究,即促进教学发展。随着基础课程改革的深化推进,以教研为本的教研员发展受限,职能拓展至课程、科研等范畴,三级课程管理体制的建立赋予地方和学校课程自主权,课程设计与开发成为教研员重要工作内容,然而长期专注教师教学指导、教材文本解读、课标分析等的教研员,其课程思维和课程领导能力仍不足。

　　胜任力处于"较好"水平的教研员,综合其在自我效能感、组织氛围上的得分,在自我效能感整体维度上得分较高,即此部分教研员具有较强的认知、情绪与意志表现;在组织氛围三个项目上得分较低,即当前所处的组织体系、组织价值和组织支持并未有效促进教研员胜任力的提升。整体表明当前教研室、教师进修学院或学校的制度、结构功能等,并未真正满足优秀教研员发展需求,不能提供有力的全方位支持,当前教研员胜任力的发展主要源于自身丰富的教研经验、教研信念等。

第三节　教研员胜任力模型内部特征

　　教研员胜任力内部特征是在教研员胜任力内部结构分析基础上探寻三个水平之间的区别特征。

一、教研员胜任力"较差"水平(C类)

　　通过聚类分析,在所调查的全体教研员中,处于教研员胜任力"较差"水平的样本数为36,为三水平中最低一级。

（一）教研员胜任力"较差"水平整体说明

　　基于对教研员胜任力"较差"水平的整体分析,C类是教研员胜任力中的最低水平,如表4-8,发现在此水平中影响教研员胜任力高低的主要是专业品质,之后依次是课程建设、教学发展、专业知识、组织领导、科学研究,各个维度间层次差异显著,总体处于最低得分水平。其中,教研员在专业品质上均分最高,表明教研员能明晰个人教研角色;主动学习新理念、新知识、新方法,自觉反思经验改进自身教研工作,分配出很多时间用于专业学习;能机智地处理教研工作事项;在教研工作中有一大批追随者;经常从教研工作中获得成就感。一定程度上,教研员专业品质是在教研实践中不断内化生成的一种稳定特质,较高的专业品质促进教研员不断深化专业知识,专注课程建设、教学发展,有效组织领导和开展科学研究。此外,"较差"水平教研员表现出较低的科学研究,表明科学研究与胜任力之间相关性不大或者影响不明显。

表 4-8 教研员胜任力"较差"水平变量特征

变 量	"较差"水平胜任力表征		排序
	均值	标准差	
专业知识	1.6392	0.5785	4
课程建设	1.8062	0.6764	2
教学发展	1.6946	0.6685	3
科学研究	1.5984	0.6732	6
组织领导	1.6328	0.5071	5
专业品质	1.8279	0.6806	1
胜任力	1.7018	0.4456	

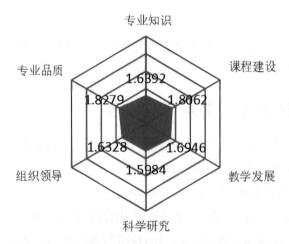

图 4-11 教研员胜任力"较差"水平各维度均值雷达图

结合图 4-11,教研员胜任力"较差"水平上,无论胜任力水平处于哪一类的教研员都在课程建设维度上表现得不尽如人意,这也说明在当前的教研员发展中,课程建设是非常明显的短板,而课程建设不仅是教研员传统意义上应该有的职责,也在当下的基础教育改革中具有重要意义。因此,不论是教研员本身、对教研员发展做前瞻性研究的专家学者,还是把握宏观大局的教育行政部门,都应对如何提升教研员课程建设能力做深入研究,唯其如此,教研员才能更好地为我国教师及教育发展提供支撑性力量。

就教研员胜任力"较差"水平与总体水平相比较,具体如表 4-9 所示:

表4-9 教研员胜任力总体水平与"较差"水平的比较

变量	教研员胜任力总体表征		"较差"水平胜任力表征		均值差
	均值	标准差	均值	标准差	
专业知识	4.0611	0.67055	1.6392	0.57853	2.4219
课程建设	3.4563	0.67924	1.8062	0.67642	1.6501
教学发展	4.1177	0.71525	1.6946	0.66853	2.4231
科学研究	3.8545	0.83198	1.5984	0.67317	2.2561
组织领导	4.1167	0.66467	1.6328	0.5071	2.4839
专业品质	4.1274	0.65905	1.8279	0.6806	2.2995
胜任力	3.9832	0.57147	1.7018	0.44562	2.2814

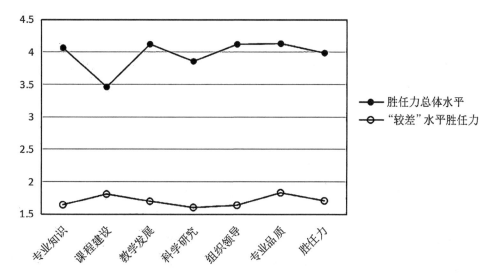

图4-12 教研员胜任力总体水平与"较差"水平胜任力比较

基于表4-9和图4-12,可以看出"较差"水平教研员胜任力处于总体水平下方,二者在各维度得分趋势相同但差距较大,说明"较差"水平的教研员在各维度表现不如总体(波动较大)。其中,组织领导、教学发展和专业知识与总体差距较大,间接反映出其突出特征表现在组织领导、教学发展和专业知识三个维度。

(二)教研员胜任力"较差"水平各维度表征

1.专业知识

专业知识是指教研员为胜任教研工作,必须具备的原理性、概念性、程序性等系统化知识体系。

专业知识维度主要划分为三项具体维度,即学科专业知识、学科教学法知识和教研知识。其中,学科专业知识是对本专业的事实、概念、原理、理论等具体学科知识以及对学科发展规律、发展历史、发展原理等学科理论知识的认识。学科教学法知识是有关本学科教学方法的知识。教研知识是某一学科有影响力的多种基础理论知识,并能运用最新的研究方法来解决教研工作中遇到的问题。

专业知识维度(见图 4-13),就教研员的学科专业知识(题 1),分别有44.44%的教研员选择"完全不符合"和"基本不符合",11.11%的教研员选择"一般",说明 88.88%的教研员不能或不确定能"准确掌握本学科发展规律、发展历史的知识"。

就学科教学法知识(题 2),分别有 44.44%的教研员选择"完全不符合"和"基本不符合",8.33%的教研员选择"一般",仅有 2.78%的教研员选择"基本符合"及以上,说明 88.88%的教研员还不能"熟练掌握本学科的教学策略和方法"。

就教研知识,主要体现为教学研究知识、程序性知识和其他知识。在教学研究知识(题 3,教研知识 1)上,94%以上的教研员选择"基本不符合"及以下,表现出还不能够熟练掌握解决本学科实际问题的教学研究知识。在程序性知识(题 4,教研知识 2)上,90%以上的教研员选择"基本不符合"及以下,未能"熟练掌握组织本学科教研活动的程序性知识"。在其他知识(题 5,教研知识 3)上,97%左右的教研员选择"基本不符合"及以下,仅 2.78%的教研员选择"一般",说明大多数教研员不确定或未能"熟练掌握本学科教学研究方法的相关知识"。

2. 课程建设

课程建设是指教研员能够基于教育发展需要、政策推动和学生需求,依据自身教研知识和教研技能设计出一套科学、完整的课程方案,并能够根据学校办学理念和校园文化开发校本课程。在这一维度,具体划分为课程设计、课程开发和课标解读三个维度。

其中,课程设计是基于教育发展需要、政策推动、学校办学理念和学生需求等指导教师科学地选择学科知识、确定学科内容、组成学科体系,并规定学科设置顺序和学科时数的过程。课程开发是根据课程方案独立地开发课程并能够给教师提供专业发展的手册、教学建议等文本资料。课标解读是通过对课程标准

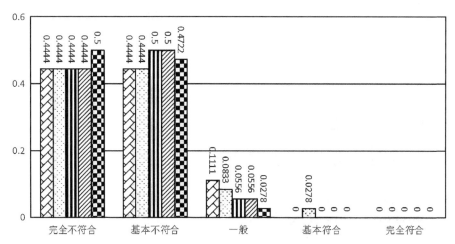

图 4-13 "较差"水平教研员专业知识维度各题项选择百分比

和中小学教材的分析,明确课程标准的内涵、理念和意义。

在课程设计维度(见图 4-14),具体体现为学科课程方案、跨学科课程方案和学校课程方案。就学科课程方案(题 6,课程设计 1)而言,85%以上的教研员选择"基本不符合"及以下,其余 13.89%的教研员选择"一般",说明几乎所有的教研员不确定或不能"设计出一套完整的学科课程方案"。就跨学科课程方案(题 7,课程设计 2)而言,80%左右的教研员选择"基本不符合"及以下,8.33%的教研员选择"一般",8%左右的教研员选择"基本符合"及以上,说明大多数教研员不确定或不能"设计出一套完整的跨学科课程方案",仅有少部分教研员具备跨学科课程方案设计能力。就学校课程方案(题 8,课程设计 3)而言,72.22%的教研员选择"基本不符合"和"完全不符合",16.67%的教研员选择"一般",11.11%的教研员选择"基本符合",说明多数教研员未能"设计出一套完整的学校课程方案"。

在课程开发维度(题 9),80%以上的教研员选择"基本不符合"及以下,仅5.56%的教研员选择"基本符合",说明多数教研员还不能够"独立自主地开发一门校本课程"。

在课标解读维度(题 10),90%以上的教研员选择"基本不符合"及以下,没有教师选择"基本符合"和"完全符合",说明此水平多数教研员未能"准确解读课程标准"。

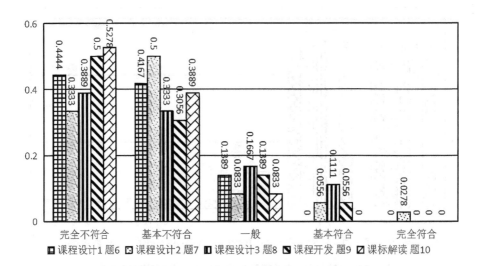

图4-14 "较差"水平教研员课程建设维度各题项选择百分比

3. 教学发展

教学发展是教研员能够指导或帮助教师发现、分析教学过程中存在的问题，并根据教师的个体差异提出针对性的改进建议。与此同时，教研员能够在研究各级类型考试大纲和评价标准的基础上自主编制或组织编制试题。此维度主要划分为教学指导、试题命制和推广应用三个具体维度。其中，教学指导是指教研员能帮助或指导教师发现、分析教育教学过程中存在的问题，并给出针对性改进建议等；试题命制是指根据不同试题要求独立命制试题并找出各类试题命制规律等；推广应用是指能将教育研究成果应用到教学实践中去。

如图4-15，就教学指导（题11）而言，52.78%的教研员选择"完全不符合"，33.33%的教研员选择"基本不符合"，8.33%选择"一般"，余下5.56%选择"基本符合"，说明"较差"水平85%以上的教研员不能够"通过赛课、听评课等为教学改进提供针对性建议"。

就试题命制而言，主要体现在能独立命题和总结命题规律（题13）两方面。独立命题（题12）方面，44.44%的教研员选择"完全不符合"，41.67%的教研员选择"基本不符合"，13.89%的教研员选择"一般"，反映出"较差"水平的教研员不确定或不能"根据不同考试要求独立命制试题"。总结命题规律（题13）方面，47.22%的教研员选择"完全不符合"，38.89%的教研员选择"基本不符合"，11.11%选择"一般"，2.78%的教研员选择"基本符合"，说明此水平85%以上的教研员不能"找出各类试题的命制规律"。

就推广应用(题14)而言,47.22%的教研员选择"完全不符合",36.11%选择"基本不符合",16.67%选择"一般",说明几乎所有的教研员不确定或难以"将教育研究成果应用到教学实践中去"。

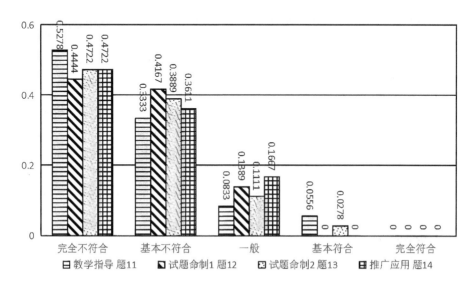

图4-15 "较差"水平教研员教学发展维度各题项选择百分比

4.科学研究

科学研究是指教研员能够根据教育改革与发展实际,跟踪教育研究发展前沿和未来趋势,遵循教育科学研究的程序和原则展开有目的、有计划的课题研究,并能够基于学术标准对相关领域人员的教学研究成果进行科学评价和指导的能力。

在这一维度上,主要划分为课题论证、方案实施、成果表达和成果评价四个具体维度。其中,课题论证指向前期课题研究的准备规划,独立自主地申请课题、撰写课题申报书等;方案实施指向课题研究过程,通过研究论证课题,将课题方案或活动方案科学地予以施行;成果表达和成果评价指向课题研究总结反思阶段,成果表达是指能独立自主地撰写论文、著作、研究报告等,成果评价是指能基于学术标准判断或划分他人的学术成果等级。

如图4-16,在课题论证维度(题15),52.78%的教研员选择"完全不符合",36.11%选择"基本不符合",8.33%选择"一般",2.78%选择"基本符合",说明此水平接近90%的教研员不能"独立撰写课题申报书"。

在方案实施维度(题16),55.56%的教研员选择"完全不符合",41.67%选择"基本不符合",2.78%选择"一般",说明95%左右的教研员不能"根据课题研究方案独立开展课题研究"。

在成果表达维度(题17),55.56%的教研员选择"完全不符合",30.56%选择"基本不符合",11.11%选择"一般",2.78%选择"完全符合",说明85%左右的教研员不能"独立撰写研究报告"。有意思的是,少量教研员明确表示可以独立撰写研究报告。

在成果评价维度(题18),47.22%的教研员选择"完全不符合",38.89%选择"基本不符合",11.11%选择"一般",2.78%选择"基本符合",说明85%以上的教研员不能"基于学术标准评价他人的教学研究成果"。

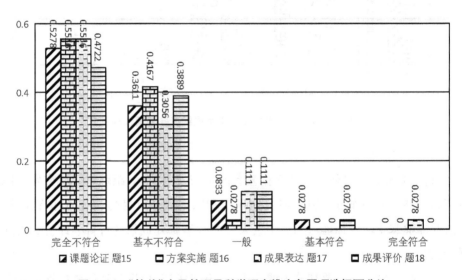

图4-16 "较差"水平教研员科学研究维度各题项选择百分比

5. 组织领导

组织领导是指教研员在教育教学理念指导下,为实现教研活动的有效性,保障教研任务的完成所呈现出的沟通、协调、合作、引领等能力的综合。此维度主要划分为七个具体维度,即理解他人、团队合作、活动设计、专业培训、创新实践、理念提升和人际沟通。

其中,理解他人是站在学校、教师的角度考虑问题,设身处地为他人着想。

团队合作是能带领团队成员共同完成教研任务或活动。活动设计是指根据活动目的、对象及主题的不同灵活、机动地选择活动的方式、方案。专业培训是针对日常教研活动中普遍存在的问题进行问题式培训，同时为适应时代变化、政策、教育教学理念发展或要求而设计专题培训等。创新实践是教研员能采用不同于以往的方式、行动等有效解决问题，把新理念、新模式灵活地应用于教育教学实践过程中。理念提升是指能借鉴应用相关教育教学、心理学理论，结合个人工作经历或经验，形成较为系统的教育教学理念，或在教学指导过程中形成一套自身的教学理念。人际沟通是指能利用交换意见、传达思想、言语沟通、表达感情、交流信息等人际沟通技巧协调好与同事、学校、教师和专家间的关系。

如图4-17，在理解他人维度（题19），各有47.22%的教研员选择"完全不符合"和"基本不符合"，5.56%选择"一般"，说明此水平约95%的教研员不"能够充分考虑教师现实处境开展教研活动"。

在团队合作维度（题20），52.78%的教研员选择"完全不符合"，44.44%选择"基本不符合"，2.78%选择"一般"，说明约97%的教研员不能"带领团队成员共同完成各种教研任务"。

在活动设计维度（题21），44.44%的教研员选择"完全不符合"，50%选择"基本不符合"，5.56%选择"一般"，说明大多数教研员不能"设计出不同的教研活动方案"。

在专业培训维度，主要体现在日常培训和专题培训两个具体维度，就日常培训（题22，专业培训1）而言，52.78%的教研员选择"完全不符合"，44.44%选择"基本不符合"，2.78%选择"一般"；就专题培训（题23，专业培训2）而言，58.33%的教研员选择"完全不符合"，38.89%选择"基本不符合"，2.78%选择"一般"，这两方面共同说明几乎所有的教研员不能"针对日常教研活动中的各种问题及时开展培训"，也不能"根据不同要求组织专题式的培训活动"。

在创新实践维度（题24），38.89%的教研员选择"完全不符合"，50%选择"基本不符合"，2.78%选择"一般"，8.33%选择"基本符合"，说明约90%的教研员不能"很好运用教育理论分析实际问题"。

在理念提升维度（题25），36.11%的教研员选择"完全不符合"，52.78%选择"基本不符合"，5.56%选择"一般"，5.56%选择"基本符合"，说明大多数教研员不能"在教研工作中形成自己的教育教学理念"，只有5%左右的教研员能基本形成个体教育教学理念。

在人际沟通维度（题26），41.67%的教研员选择"完全不符合"，38.89%选择"基本不符合"，13.89%选择"一般"，各有2.78%的教研员选择"基本符合"和"完全符合"，说明此水平80%左右的教研员不能"协调好与同事、校长、教师、专家之间的关系"。

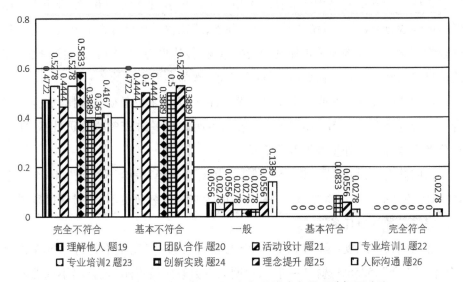

图4-17　"较差"水平教研员组织领导维度各题项选择百分比

6.专业品质

专业品质是指教研员在教研活动过程中所表现出来的认知、思想、品行等稳定性心理特征和行为倾向，是教研员职业共性与个性的统一。在这一维度中，主要分为角色认知、守业敬业、学习发展、个人魅力、灵活应变和成就动机六个具体维度。

其中，角色认知是指教研员对个人研究者、培训者、组织者、策划者等角色、身份的认知。守业敬业是指对教研工作非常兢兢业业、认真负责。学习发展是指能主动、自觉地学习新理念、新方法以提高自身专业发展；能够持续地从他人的教研经历和个人的教研经验中进行反思性学习；能分配出时间来用于专业学习。个人魅力是通过专业品质、专业素养和专业理想等赢得他人的尊重和信服。灵活应变是处理偶发事件的机智和智慧。成就动机是指能从教研工作的成就感、满足感中获得工作动力。

如图 4-18，在角色认知维度（题 27），47.22% 的教研员选择"完全不符合"，36.11% 选择"基本不符合"，16.67% 选择"一般"，说明此水平 80% 左右的教研员不清楚理解作为教研员的职责。

在守业敬业维度（题 28），44.44% 的教研员选择"完全不符合"，36.11% 选择"基本不符合"，13.89% 选择"一般"，5.56% 选择"基本符合"，说明 80% 的教研员对待教研工作无法做到一丝不苟。

在学习发展维度，主要体现在新知识、反思经验、时间分配三个具体维度上，就新知识（题 29，学习发展 1）而言，41.67% 的教研员选择"完全不符合"，33.33% 选择"基本不符合"，19.44% 选择"一般"，2.78% 选择"基本符合"，2.78% 选择"完全符合"。就反思经验（题 30，学习发展 2）而言，41.67% 的教研员选择"完全不符合"，33.33% 选择"基本不符合"，22.22% 选择"一般"，2.78% 选择"基本符合"。就时间分配（题 31，学习发展 3）而言，44.44% 的教研员选择"完全不符合"，33.33% 选择"基本不符合"，19.44% 选择"一般"，2.78% 选择"基本符合"。综合来看，"较差"水平占 3/4 的教研员在学习发展上不能"主动学习新理念、新知识、新方法"、不能"自觉反思经验改进自身教研工作"，更无法"分配出很多的时间用于专业学习"。

在个人魅力维度（题 32），44.44% 的教研员选择"完全不符合"，36.11% 选择"基本不符合"，19.44% 选择"一般"，说明此水平 80% 的教研员在教研工作中并没有大批追随者。

在灵活应变维度（题 33），38.89% 的教研员选择"完全不符合"，36.11% 选择"基本不符合"，25% 选择"一般"，说明此水平占 3/4 的教研员不能"机智地处理教研工作中的偶发事件"，1/4 的教研员不清楚能否处理教研工作中的偶发事件。

在成就动机维度（题 34），44.44% 的教研员选择"完全不符合"，33.33% 选择"基本不符合"，16.67% 选择"一般"，5.56% 选择"基本符合"，说明 77% 左右的教研员不能从教研工作中获得成就感。

二、教研员胜任力"一般"水平（B 类）

通过聚类分析，在所调查的全体教研员中，处于教研员胜任力"一般"水平的样本数有 398，为三水平中较一般的一级。

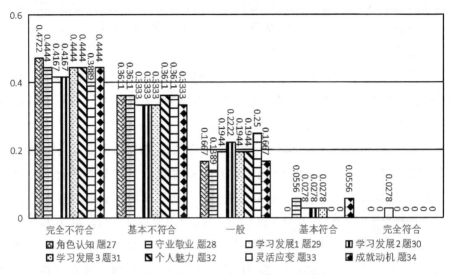

图4-18 "较差"水平教研员专业品质维度各题项选择百分比

(一)教研员胜任力"一般"水平整体说明

基于对教研员胜任力"一般"水平的整体分析(见表4-10),发现在此水平中影响教研员胜任力高低的首要因素是专业品质,其次是组织领导和教学发展,之后依次是专业知识、科学研究、课程建设。其中,教研员在专业品质上均分最高,表明"一般"水平的教研员有清晰的角色认知,主动谋求学习发展、不断提升自我。此外,此水平中教研员表现出较低的课程建设,表明课程建设对此水平的教研员胜任力发展影响不大或不突出。

表4-10 教研员胜任力"一般"水平变量特征

变量	"一般"水平胜任力表征		排序
	均值	标准差	
专业知识	3.6616	0.45368	4
课程建设	2.9912	0.55796	6
教学发展	3.7268	0.49804	3
科学研究	3.3084	0.6419	5
组织领导	3.7296	0.41607	2
专业品质	3.8144	0.51018	1
胜任力中心点值	3.6008	0.28564	

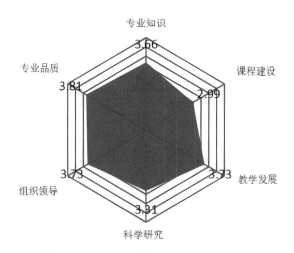

图4-19 教研员胜任力"一般"水平各维度均值雷达图

"一般"水平是教研员胜任力中的中等水平,如表4-10和图4-19,此水平在各个维度表现差异不大,处于中等得分水平。就教研员胜任力"一般"水平与总体水平相比较,具体如下:

表4-11 教研员胜任力总体水平与"一般"水平的比较

变量	教研员胜任力总体表征		"一般"水平胜任力表征		均值差
	均值	标准差	均值	标准差	
专业知识	4.0611	0.67055	3.6616	0.45368	0.3995
课程建设	3.4563	0.67924	2.9912	0.55796	0.4651
教学发展	4.1177	0.71525	3.7268	0.49804	0.3909
科学研究	3.8545	0.83198	3.3084	0.6419	0.5461
组织领导	4.1167	0.66467	3.7296	0.41607	0.3871
专业品质	4.1274	0.65905	3.8144	0.51018	0.313
胜任力	3.9832	0.57147	3.6008	0.28564	0.3824

基于表4-11和图4-20,可以看出"一般"水平教研员胜任力处于总体水平下方,二者得分趋势相同且差距较小,说明此水平的教研员在各维度上的表现接近总体。其中,科学研究和课程建设与总体差距较大,间接反映出科学研究和课程建设是影响胜任力发展的突出特征。

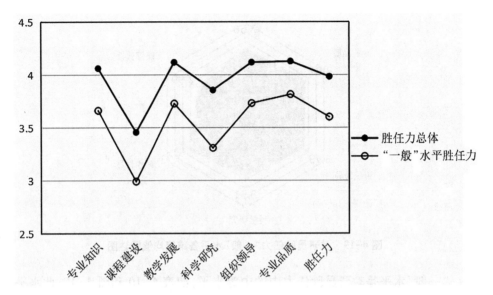

图 4-20　教研员胜任力总体与"一般"水平胜任力比较

（二）教研员胜任力"一般"水平各维度表征

1. 专业知识

专业知识维度主要划分为三项具体维度，即学科专业知识、学科教学法知识和教研知识。

专业知识维度（见图 4-21），就教研员的学科专业知识（题 1），0.75% 的教研员选择"完全不符合"，1.51% 选择"基本不符合"，31.16% 选择"一般"，60.55% 的教研员选择"基本符合"，6.03% 选择"完全符合"，说明 66% 左右的教研员基本"准确掌握本学科发展规律、发展历史的知识"，30% 左右的教研员无法确定是否能掌握本学科专业知识。

就学科教学法知识（题 2），0.25% 的教研员选择"完全不符合"，1.76% 选择"基本不符合"，19.35% 选择"一般"，69.85% 选择"基本符合"，8.79% 选择"完全符合"，说明大多数教研员还不能"熟练掌握本学科的教学策略和方法"。

就教研知识，主要体现为教学研究知识、程序性知识和其他知识。在教学研究知识（题 3）上，0.25% 的教研员选择"完全不符合"，2.26% 的教研员选择"基本不符合"，31.91% 选择"一般"，59.55% 选择"基本符合"，6.03% 选择"完全符合"，反映出 60% 左右的教研员基本或熟练掌握解决本学科实际问题的教学研究知识,30%左右的教研员不确定是否掌握教学研究知识。在程序性知识(题4)上,0.5%的教研员选择"完全不符合",1.26%选择"基本不符合",23.62%选择"一般",64.32%选择"基本符合",10.3%选择"完全符合",说明"一般"水平3/4左右的教研员基本或完全"熟练掌握组织本学科教研活动的程序性知识"。在其他知识(题5)上,0.25%的教研员选择"完全不符合",1.51%选择"基本不符合",35.93%选择"一般",58.04%选择"基本符合",4.27%选择"完全符合",说明62.31%的教研员基本或完全"熟练掌握本学科教学研究方法的相关知识"。

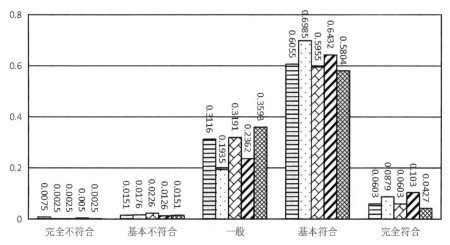

图4-21　"一般"水平教研员专业知识维度各题项选择百分比

2. 课程建设

课程建设这一维度,具体包括课程设计、课程开发和课标解读三个维度。

在课程设计维度(见图4-22),主要体现为学科课程方案、跨学科课程方案和学校课程方案。就学科课程方案(题6)而言,1.51%的教研员选择"完全不符合",12.31%的教研员选择"基本不符合",49.75%选择"一般",31.41%选择"基本符合",5.03%选择"完全符合",说明约一半的教研员不确定自己能"设计出一套完整的学科课程方案"。就跨学科课程方案(题7)而言,6.28%的教研员选择"完全不符合",33.42%的教研员选择"基本不符合",48.99%选择"一般",10.05%选择"基本符合",1.26%选择"完全符合",说明60%的教研员基本或完全能"设计出一套完整的跨学科课程方案"。就学校课程方案（题8）而言，7.04%的教研员选择"完全不符合"，26.88%的教研员选择"基本不符合"，46.48%选择"一般"，18.09%选择"基本符合"，1.51%选择"完全符合"，说明仅有1/5的教研员基本或完全能够"设计出一套完整的学校课程方案"。

在课程开发维度（题9），8.29%的教研员选择"完全不符合"，29.9%的教研员选择"基本不符合"，43.47%选择"一般"，17.09%选择"基本符合"，1.26%选择"完全符合"，说明约20%的教研员基本或完全能"独立自主地开发一门校本课程"。

在课标解读维度（题10），0.25%的教研员选择"完全不符合"，2.01%的教研员选择"基本不符合"，27.14%选择"一般"，62.06%选择"基本符合"，8.54%选择"完全符合"，说明此水平70%以上的教研员能够"准确解读课程标准"。

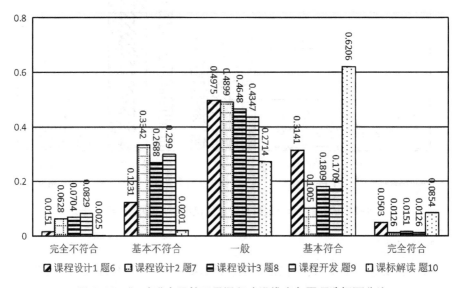

图4-22 "一般"水平教研员课程建设维度各题项选择百分比

3. 教学发展

教学发展维度主要划分为教学指导、试题命制和推广应用三个具体维度。

如图4-23，就教学指导（题11）而言，0.5%的教研员选择"完全不符合"，0.75%的教研员选择"基本不符合"，13.22%选择"一般"，72.11%选择"基本符合"，13.32%选择"完全符合"，说明"一般"水平上85%左右的教研员基本或完全能"通过赛课、听评课等为教学改进提供针对性建议"。

就试题命制而言,主要体现在能够独立命题和总结命题规律两方面。独立命题(题12)方面,0.75%的教研员选择"完全不符合",3.77%的教研员选择"基本不符合",24.12%选择"一般",54.27%选择"基本符合",17.09%选择"完全符合",反映出"一般"水平70%左右的教研员基本或完全能"根据不同考试要求独立命制试题"。总结命题规律(题13)方面,1.01%的教研员选择"完全不符合",6.03%的教研员选择"基本不符合",36.68%选择"一般",51.26%选择"基本符合",5.03%选择"完全符合",说明此水平56.29%的教研员基本或完全能"找出各类试题的命制规律"。

就推广应用(题14)而言,0.25%的教研员选择"完全不符合",3.77%的教研员选择"基本不符合",37.69%选择"一般",55.03%选择"基本符合",3.27%选择"完全符合",说明58.3%的教研员基本或完全能"将教育研究成果应用到教学实践中去"。

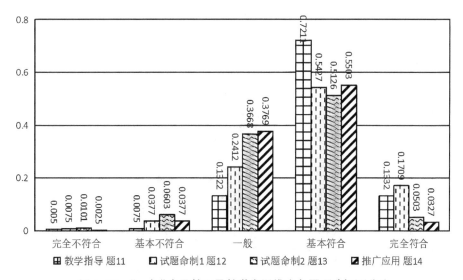

图4-23　"一般"水平教研员教学发展维度各题项选择百分比

4.科学研究

在科学研究这一维度中,主要划分为课题论证、方案实施、成果表达和成果评价四个具体维度。

如图4-24所示,在课题论证维度(题15),2.01%的教研员选择"完全不符合",10.55%的教研员选择"基本不符合",45.23%选择"一般",37.19%选择

"基本符合",5.03%选择"完全符合",说明此水平42.22%的教研员基本或完全能"独立撰写课题申报书",此外近乎同等比例的教研员无法确定自己能否独立撰写课题申报书。

在方案实施维度(题16),2.01%的教研员选择"完全不符合",11.56%的教研员选择"基本不符合",45.48%选择"一般",37.19%选择"基本符合",3.77%选择"完全符合",说明40%左右的教研员基本或完全能根据课题研究方案独立开展课题研究。

在成果表达维度(题17),2.26%的教研员选择"完全不符合",9.3%的教研员选择"基本不符合",47.24%选择"一般",37.19%选择"基本符合",4.02%选择"完全符合",说明41.21%的教研员基本或完全能够独立撰写研究报告。

在成果评价维度(题18),0.75%的教研员选择"完全不符合",9.55%的教研员选择"基本不符合",50.75%选择"一般",36.68%选择"基本符合",2.26%选择"完全符合",此外有50%左右的教研员不确定自己是否具备此能力。

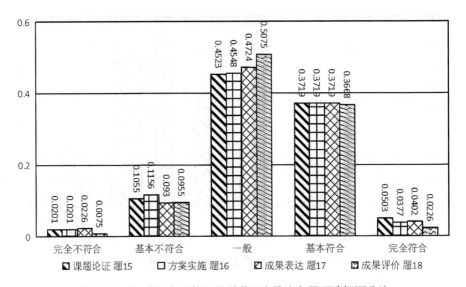

图4-24 "一般"水平教研员科学研究维度各题项选择百分比

5. 组织领导

组织领导维度主要划分为七个具体维度,即理解他人、团队合作、活动设计、专业培训、创新实践、理念提升和人际沟通。

如图4-25,在理解他人维度(题19),1.01%的教研员选择"基本不符合",

22.86%选择"一般",65.83%选择"基本符合",10.3%选择"完全符合",说明此水平约 3/4 的教研员基本或完全能充分考虑教师现实处境开展教研活动。

在团队合作维度(题 20),0.75%的教研员选择"完全不符合",1.51%的教研员选择"基本不符合",27.14%选择"一般",61.56%选择"基本符合",9.05%选择"完全符合",说明约 70%的教研员基本或完全能够"带领团队成员共同完成各种教研任务"。

在活动设计维度(题 21),0.25%的教研员选择"完全不符合",2.51%的教研员选择"基本不符合",26.88%选择"一般",61.56%选择"基本符合",8.79%选择"完全符合",说明约 70%的教研员基本或完全能"设计出不同的教研活动方案"。

在专业培训维度,主要体现在日常培训和专题培训两个具体维度,就日常培训(题 22,专业培训 1)而言,1.01的教研员选择"完全不符合",3.27%的教研员选择"基本不符合",29.4%选择"一般",60.3%选择"基本符合",说明 60.3%的教研员能组织开展日常教研培训活动;就专题培训(题 23,专业培训 2)而言,0.5%的教研员选择"完全不符合",4.27%的教研员选择"基本不符合",29.9%选择"一般",59.3%选择"基本符合",6.03%选择"完全符合",这两方面共同反映 65%左右的教研员基本能"针对日常教研活动中的各种问题及时开展培训",并能"根据不同要求组织专题式的培训活动"。

在创新实践维度(题 24),0.25%的教研员选择"完全不符合",2.51%的教研员选择"基本不符合",42.71%选择"一般",51.26%选择"基本符合",3.27%选择"完全符合",说明 54.53%的教研员基本能"很好运用教育理论分析实际问题"。

在理念提升维度(题 25),0.75%的教研员选择"完全不符合",2.51%的教研员选择"基本不符合",36.68%选择"一般",56.78%选择"基本符合",3.27%选择"完全符合",说明近乎 60%的教研员基本能"在教研工作中形成自己的教育教学理念"。

在人际沟通维度(题 26),0.25%的教研员选择"完全不符合",1.51%的教研员选择"基本不符合",19.1%选择"一般",58.04%选择"基本符合",21.11%选择"完全符合",说明此水平接近 80%的教研员基本能够协调好个人与同事、校长、教师、专家等之间的关系。

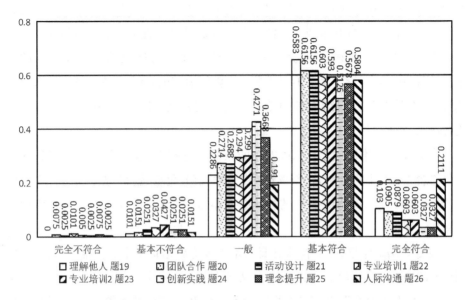

图4-25 "一般"水平教研员组织领导维度各题项选择百分比

6. 专业品质

在专业品质这一维度中,主要分为角色认知、守业敬业、学习发展、个人魅力、灵活应变和成就动机六个具体维度。

如图4-26,在角色认知维度(题27),0.5%的教研员选择"完全不符合",1.51%的教研员选择"基本不符合",14.82%选择"一般",54.52%选择"基本符合",28.64%选择"完全符合",说明此水平83.16%的教研员基本清楚理解作为教研员的职责。

在守业敬业维度(题28),0.5%的教研员选择"完全不符合",1.01%的教研员选择"基本不符合",11.56%选择"一般",54.77%选择"基本符合",32.16%选择"完全符合",说明86.93%的教研员在教研工作中能做到一丝不苟。

在学习发展维度,主要体现在新知识、反思经验、时间分配三个具体维度上,就新知识(题29)而言,0.25%的教研员选择"完全不符合",0.75%的教研员选择"基本不符合",15.08%选择"一般",57.29%选择"基本符合",26.63%选择"完全符合",说明近85%的教研员能积极学习新理念、新知识、新方法。就反思经验(题30)而言,0.5%的教研员选择"基本不符合",15.58%选择"一般",60.55%选择"基本符合",23.37%选择"完全符合",说明约83%的教研员会积极反思自我教研工作。就时间分配(题31)而言,0.25%的教研员选择"完全不符合",6.03%的教研员选择"基本不符合",39.2%选择"一般",47.24%选择"基本符合",7.29%选择"完全符合",说明50%以上的教研员能分配足够的时间用于专业学习。

在个人魅力维度(题32),2.51%的教研员选择"完全不符合",9.3%的教研员选择"基本不符合",52.26%选择"一般",32.91%选择"基本符合",3.02%选择"完全符合",说明此水平35%左右的教研员在教研工作中有大批的追随者。

在灵活应变维度(题33),0.25%的教研员选择"完全不符合",4.02%的教研员选择"基本不符合",34.17%选择"一般",55.03%选择"基本符合",6.53%选择"完全符合",说明此水平近60%的教研员能够机智地处理教研工作中的偶发事件。

在成就动机维度(题34),1.01%的教研员选择"完全不符合",4.02%的教研员选择"基本不符合",34.42%选择"一般",49.5%选择"基本符合",11.06%选择"完全符合",说明约60%的教研员能从教研工作中获得成就感。

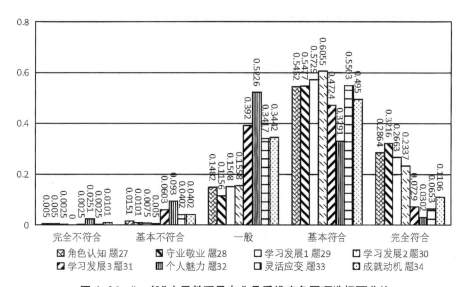

图4-26 "一般"水平教研员专业品质维度各题项选择百分比

三、教研员胜任力"较好"水平(A类)

通过聚类分析,在所调查的全体教研员中,处于教研员胜任力"较好"水平的样本数为755,为三个等级水平中的最高一级。

（一）教研员胜任力"较好"水平整体说明

基于对教研员胜任力"较好"水平的整体分析（见表4-12），发现在此水平中影响教研员胜任力高低的首要因素是教学发展和组织领导，之后依次是专业品质、专业知识、科学研究、课程建设。值得注意的是，教研员同时在教学发展和组织领导两个维度上得分最高，专业品质均分与二者仅0.04之差，表明教研员在教学、组织、品质三方面协同发展能提高自身对教研工作的胜任水平。此外，该水平教研员在专业知识和科学研究维度相差不大，而较低的课程建设得分表明其对教研员胜任力的影响不大或不显著。

表4-12　教研员胜任力"较好"水平变量特征

变量	"较好"水平胜任力表征		排序
	均值	标准差	
专业知识	4.2819	0.37204	4
课程建设	3.7000	0.50436	6
教学发展	4.4397	0.43474	1
科学研究	4.2497	0.54422	5
组织领导	4.4389	0.34189	2
专业品质	4.4026	0.37808	3
胜任力	4.2936	0.20056	

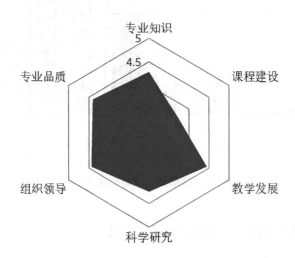

图4-27　教研员胜任力"较好"水平各维度均值雷达图

　　"较好"水平是教研员胜任力中的最高水平,如表 4-12 和图 4-27,除在课程建设维度外,此水平在其他各个维度的表现差异不大,处于最高得分水平。

　　就教研员胜任力"较好"水平与总体水平相比较,具体如下:

表 4-13　教研员胜任力总体水平与"较好"水平的比较

变量	教研员胜任力总体表征		"较好"水平胜任力表征		均值差
	均值	标准差	均值	标准差	
专业知识	4.0611	0.67055	4.2819	0.37204	−0.2208
课程建设	3.4563	0.67924	3.7000	0.50436	−0.2437
教学发展	4.1177	0.71525	4.4397	0.43474	−0.322
科学研究	3.8545	0.83198	4.2497	0.54422	−0.3952
组织领导	4.1167	0.66467	4.4389	0.34189	−0.3222
专业品质	4.1274	0.65905	4.4026	0.37808	−0.2752
胜任力	3.9832	0.57147	4.2936	0.20056	−0.3104

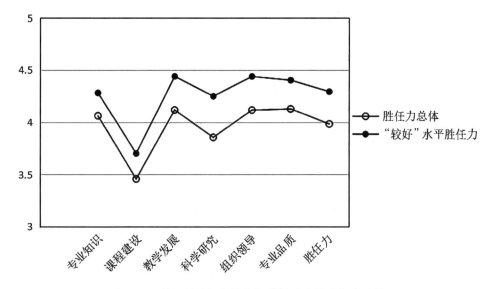

图 4-28　教研员胜任力总体与"较好"水平胜任力比较

　　基于表 4-13 和图 4-28,可以看出"较好"水平教研员胜任力处于总体水平上方,二者得分趋势相同,说明"较好"水平的教研员在各维度上的表现优于总体。其中,科学研究、组织领导和教学发展与总体差距较大,间接反映出科学研究、组织领导和教学发展是胜任力发展的突出特征。

（二）教研员胜任力"较好"水平各维度表征

1. 专业知识

专业知识维度主要划分为三个具体维度，即学科专业知识、学科教学法知识和教研知识。

专业知识维度（见图4-29），就教研员的学科专业知识（题1），0.13%的教研员选择"完全不符合"，0.26%的教研员选择"基本不符合"，3.97%选择"一般"，65.96%选择"基本符合"，29.67%选择"完全符合"，说明约95%的教研员基本能"准确掌握本学科发展规律、发展历史的知识"。

就学科教学法知识（题2），0.13%的教研员选择"基本不符合"，2.12%选择"一般"，55.5%选择"基本符合"，42.25%选择"完全符合"，说明约97%的教研员基本能"熟练掌握本学科的教学策略和方法"。

就教研知识，主要体现为教学研究知识、程序性知识和其他知识。在教学研究知识（题3）上，2.91%的教研员选择"一般"，60%选择"基本符合"，37.09%选择"完全符合"，说明约97%的教研员能熟练掌握解决本学科实际问题的教学研究知识。在程序性知识（题4）上，3.44%的教研员选择"一般"，46.49%选择"基本符合"，50.07%选择"完全符合"，说明96.5%的教研员能"熟练掌握组织本学科教研活动的程序性知识"。在其他知识（题5）上，4.5%的教研员选择"一般"，63.58%选择"基本符合"，31.92%选择"完全符合"，说明约95%的教研员基本能熟练掌握本学科教学研究方法的相关知识。

2. 课程建设

课程建设这一维度，具体划分为课程设计、课程开发和课标解读三个维度。

在课程设计维度（见图4-30），具体体现为学科课程方案、跨学科课程方案和学校课程方案。就学科课程方案（题6）而言，0.26%的教研员选择"完全不符合"，1.19%的教研员选择"基本不符合"，21.06%选择"一般"，56.95%选择"基本符合"，20.53%选择"完全符合"，说明约77%的教研员基本或完全能"设计出一套完整的学科课程方案"。就跨学科课程方案（题7）而言，1.72%的教研员选择"完全不符合"，12.05%选择"基本不符合"，47.95%选择"一般"，32.98%选择"基本符合"，5.3%的教研员选择"完全符合"，说明38.28%的教研员基本能"设计出一套完整的跨学科课程方案"，接近一半的教研员不确定是否具备此能力。就学校课程方案（题8）而言，1.99%的教研员选择"完全不符合"，10.73%

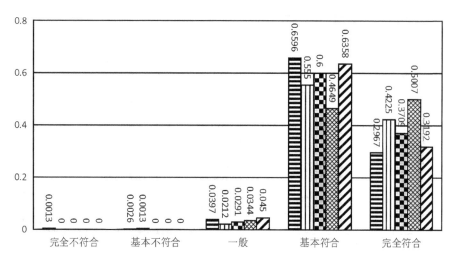

图 4-29 "较好"水平教研员专业知识维度各题项选择百分比

的教研员选择"基本不符合",36.95%选择"一般",43.58%选择"基本符合",6.75%选择"完全符合",说明约一半的教研员能"设计出一套完整的学校课程方案"。

在课程开发维度(题9),1.06%的教研员选择"完全不符合",5.83%的教研员选择"基本不符合",32.32%选择"一般",47.02%选择"基本符合",13.77%选择"完全符合",说明60%左右的教研员能独立自主地开发出一门校本课程。

在课标解读维度(题10),2.52%的教研员选择"一般",52.05%选择"基本符合",45.43%选择"完全符合",说明几乎所有教研员都能准确解读课程标准。

3. 教学发展

教学发展维度主要划分为教学指导、试题命制和推广应用三个具体维度。

如图4-31,就教学指导(题11)而言,0.26%的教研员选择"完全不符合",1.06%选择"一般",29.14%选择"基本符合",69.54%选择"完全符合",说明98.68%处于"较好"水平的教研员能够"通过赛课、听评课等为教学改进提供针对性建议"。

就试题命制而言,主要体现在能独立命题和总结命题规律两方面。独立命题(题12)方面,0.4%的教研员选择"完全不符合",0.66%的教研员选择"基本不符合",3.71%选择"一般",35.23%选择"基本符合",60%选择"完全符合",

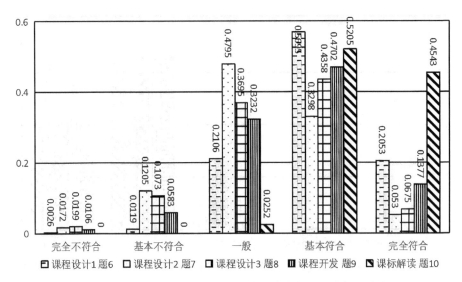

图 4-30 "较好"水平教研员课程建设维度各题项选择百分比

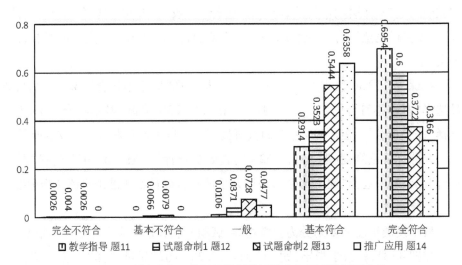

图 4-31 "较好"水平教研员教学发展维度各题项选择百分比

反映出"较好"水平约 95% 的教研员能"根据不同考试要求独立命制试题"。在总结命题规律(题 13)方面,0.26% 的教研员选择"完全不符合",0.79% 的教研员选择"基本不符合",7.28% 的教研员选择"一般",54.44% 选择"基本符合",37.22% 选择"完全符合",说明此水平 91.66% 的教研员基本能找出各类试题的命制规律。

就推广应用(题14)而言,4.77%的教研员选择"一般",63.58%选择"基本符合",31.66%选择"完全符合",说明约95%的教研员基本能"将教育研究成果应用到教学实践中去"。

4. 科学研究

在科学研究这一维度中,主要划分为课题论证、方案实施、成果表达和成果评价四个具体维度。

如图4-32,在课题论证维度(题15),0.13%的教研员选择"完全不符合",0.79%选择"基本不符合",10.6%选择"一般",46.62%选择"基本符合",41.85%选择"完全符合",说明此水平88.47%的教研员能"独立撰写课题申报书"。

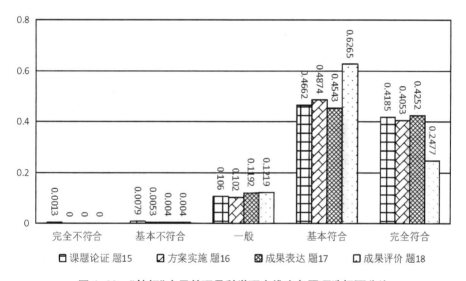

图4-32　"较好"水平教研员科学研究维度各题项选择百分比

在方案实施维度(题16),0.53%的教研员选择"基本不符合",10.2%选择"一般",48.74%选择"基本符合",40.53%选择"完全符合",说明约90%的教研员能"根据课题研究方案独立开展课题研究"。

在成果表达维度(题17),0.4%的教研员选择"基本不符合",11.92%选择"一般",45.43%选择"基本符合",42.52%选择"完全符合",说明87.95%的教研员基本或完全能"独立撰写研究报告"。

在成果评价维度(题18),0.4%的教研员选择"基本不符合",12.19%选择

"一般",62.65%选择"基本符合",24.77%选择"完全符合",说明87.42%的教研员基本能"基于学术标准评价他人的教学研究成果"。

5. 组织领导

组织领导维度主要划分为七个具体维度,即理解他人、团队合作、活动设计、专业培训、创新实践、理念提升和人际沟通。

如图4-33,在理解他人维度(题19),0.13%的教研员选择"基本不符合",0.93%选择"一般",42.65%选择"基本符合",56.29%选择"完全符合",说明此水平约98.94%的教研员能充分考虑教师现实处境而开展各项教研活动。

在团队合作维度(题20),1.06%的教研员选择"一般",40.66%选择"基本符合",58.28%选择"完全符合",说明约99%的教研员能"带领团队成员共同完成各种教研任务"。

在活动设计维度(题21),1.99%的教研员选择"一般",43.31%选择"基本符合",54.7%选择"完全符合",说明约98%的教研员能"设计出不同的教研活动方案"。

在专业培训维度,主要体现在日常培训和专题培训两个具体维度,就日常培训(题22)而言,0.13%的教研员选择"基本不符合",3.05%选择"一般",47.15%选择"基本符合",49.67%选择"完全符合";就专题培训(题23)而言,3.44%的教研员选择"一般",46.89%选择"基本符合",49.67%选择"完全符合",这两方面共同说明约96%的教研员能针对日常教研活动中的各种问题及时开展培训,能够根据不同要求组织专题式的培训活动。

在创新实践维度(题24),6.23%的教研员选择"一般",70.07%选择"基本符合",23.71%选择"完全符合",说明93.78%的教研员基本能"很好运用教育理论分析实际问题"。

在理念提升维度(题25),0.26%的教研员选择"基本不符合",5.17%选择"一般",61.46%选择"基本符合",33.11%选择"完全符合",说明约95%的教研员基本能"在教研工作中形成自己的教育教学理念"。

在人际沟通维度(题26),3.71%的教研员选择"一般",43.97%选择"基本符合",52.32%选择"完全符合",说明此水平96.29%的教研员能"协调好与同事、校长、教师、专家之间的关系"。

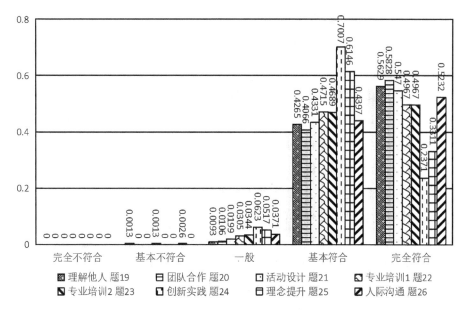

图4-33 "较好"水平教研员组织领导维度各题项选择百分比

6.专业品质

在专业品质这一维度中,主要分为角色认知、守业敬业、学习发展、个人魅力、灵活应变和成就动机六个具体维度。

如图4-34所示,在角色认知维度(题27),0.13%的教研员选择"完全不符合",0.13%选择"基本不符合",1.46%选择"一般",30.86%选择"基本符合",67.42%选择"完全符合",说明此水平约98%的教研员清楚了解作为教研员的基本职责。

在守业敬业维度(题28),1.46%的教研员选择"一般",31.26%选择"基本符合",67.28%选择"完全符合",说明98%左右的教研员能够一丝不苟地从事教研工作。

在学习发展维度,主要体现在新知识、反思经验、时间分配三个具体维度上,就新知识(题29)而言,1.06%的教研员选择"一般",31.39%选择"基本符合",67.55%选择"完全符合"。就反思经验(题30)而言,0.13%的教研员选择"完全不符合",1.46%选择"一般",33.38%选择"基本符合",65.03%选择"完全符合"。就时间分配(题31)而言,0.13%的教研员选择"完全不符合",1.85%选择"基本不符合",16.03%选择"一般",51.92%选择"基本符合",30.07%选择"完全符合"。综合来看,此水平约有98%的教研员能"主动学习新理念、新知识、新方法",也能"自觉反思经验改进自身教研工作";约81%的教研员基本能分配出很多的时间进行专业学习。

在个人魅力维度(题32),0.26%的教研员选择"完全不符合",1.59%选择"基本不符合",17.62%选择"一般",62.12%选择"基本符合",18.41%选择"完全符合",说明此水平约80%的教研员在教研工作中有一大批追随者。

在灵活应变维度(题33),5.3%的教研员选择"一般",65.03%选择"基本符合",29.67%选择"完全符合",说明此水平约94%的教研员基本能够机智地处理教研工作中的各种偶发性事件。

在成就动机维度(题34),0.13%的教研员选择"完全不符合",0.4%选择"基本不符合",10.2%选择"一般",47.68%选择"基本符合",41.59%选择"完全符合",说明89.27%的教研员能从教研工作中获得成就感。

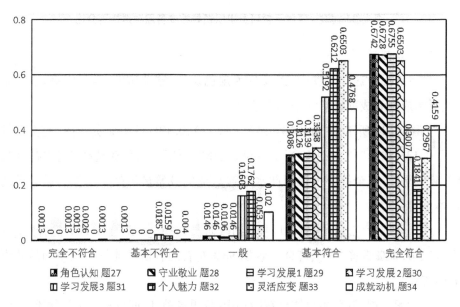

图4-34 "较好"水平教研员专业品质维度各题项选择百分比

第四节 不同胜任力水平的教研员类型

以教研员总体胜任力水平为参照(见图4-35),中小学教研员的胜任力可以划分为三个水平，"较好"水平的教研员胜任力高于总体水平，"一般"水平的教研员胜任力略低于总体水平，"较差"水平的教研员胜任力显著落后于总体水平及其他水平。

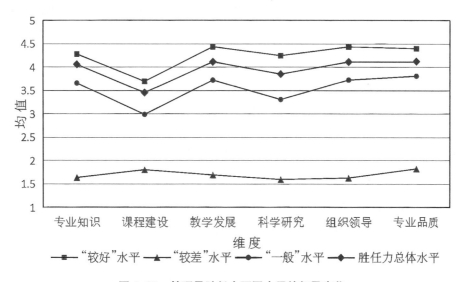

图 4-35　教研员胜任力不同水平特征及变化

教研员胜任力的突出特征是研究重点之一。教研员胜任力具体由三个等级水平构成，如表 4-14 所示。"较差"水平的教研员胜任力突出特征主要表现在专业品质和科学研究两个维度；"一般"水平的教研员胜任力突出特征主要表现在专业品质和课程建设两个维度；"较好"水平的教研员胜任力突出特征主要表现在教学发展、组织领导和课程建设三个维度。下面具体分析教研员胜任力不同水平相互区别的结构特征。

表 4-14　教研员胜任力不同水平突出特征

	专业知识	课程建设	教学发展	科学研究	组织领导	专业品质
"较差"水平（C 类）				科研能力欠缺		角色定位混乱
"一般"水平（B 类）		课程设计和开发能力较弱				角色定位较清晰
"较好"水平（A 类）		课标解读深入	教学指导力突出		团队领导力强，人际关系融洽	

其一,教研员胜任力在"较差"水平上的突出特征为科研意识和科研能力欠缺、教研角色定位混乱不清。具体而言,在科学研究上,此水平教研员不能够独立撰写课题申报书,无法根据课题研究方案独立开展课题研究等相关工作;在专业品质上,不清楚作为教研员的职责所在,不能积极投入教研事业,成就动机极其低。此水平教研员整体呈现一种消极无力的职业发展和专业发展态度。

因此,此类教研员可归属为"消极"型教研员。

其二,教研员胜任力在"一般"水平上的突出特征为:课程设计和课程开发能力较弱、教研职能定位基本清晰。具体而言,在课程建设上,此水平教研员不能设计出针对学科、跨学科或学校层次的课程方案,难以独立自主地开发校本课程等;在专业品质上,基本能明确作为教研员的职责所在并投入教研工作中。此水平教研员整体呈现一种职业生存基础上的专业发展态势。

因此,此类教研员可归属为"生存"型教研员。

其三,教研员胜任力在"较好"水平上的突出特征为:教学指导能力突出、团队领导和组织力强、人际关系融洽、课标解读深入等。具体而言,在课程建设上,能够准确解读本学科的课程标准;在教学发展上,此水平教研员能通过赛课、听评课等为教学改进提出针对性的建议,能找出各类试题的命制规律,并将一系列教科研成果应用于教学实践中;在组织领导上,教研员能设计出不同的教研活动方案,能带领团队成员共同完成各种教研任务,并能协调好与同事、校长、教师、专家等之间的关系。此水平教研员整体呈现一种积极向上、充满发展机遇的职业与专业发展态度。

因此,此类教研员可归属为"积极"型教研员。

第五节　教研员胜任力影响因素表征

对胜任力水平特征的多元描述能全面解析教研员工作现实,而对影响因素的分析能有效探寻教研员胜任力外部结构特征,研究具体以人口学要素为考察变量进行探究。

一、性别差异特征

教研员胜任力有效问卷1189份,根据教研员性别予以区分,在1189名教研员中,男教研员有584名,女教研员有605名。

表4-15　教研员胜任力与性别的差异分析

维度	性别	均值	标准差	T值
专业知识	男	4.0579	0.73967	-0.161
	女	4.0641	0.59689	
课程建设	男	3.5055	0.67525	2.456
	女	3.4089	0.68027	
教学发展	男	4.1074	0.76445	-0.488
	女	4.1277	0.66481	
科学研究	男	3.8634	0.81506	0.364
	女	3.8459	0.84859	
组织领导	男	4.0771	0.71232	-2.023
	女	4.1550	0.61335	
专业品质	男	4.0708	0.73759	-2.904**
	女	4.1820	0.56843	
胜任力	男	3.9672	0.63003	-0.951
	女	3.9987	0.50864	

注:* $p<0.05$,表示显著差异;** $p<0.01$,表示非常显著差异;*** $p<0.001$,表示极其显著差异。

通过独立样本t检验发现,男性教研员和女性教研员在胜任力总体水平上不存在显著性差异(见表4-15)。具体而言,男性教研员在课程建设和科学研究上优于女性教研员,而在专业知识、教学发展、组织领导和专业品质上低于女性教研员。其中,在专业品质维度上二者存在非常显著的差异,在其他维度均不存在显著性差异。

不同性别教研员在每一胜任力水平分布如图4-36至图4-38所示:

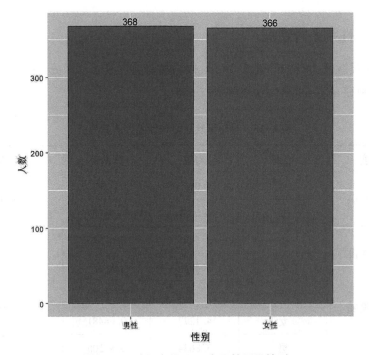

图 4-36　胜任力处于 A 水平教研员性别

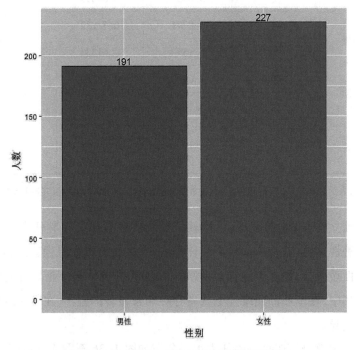

图 4-37　胜任力处于 B 水平教研员性别

第四章　教研员胜任力的水平模型建构 | 169

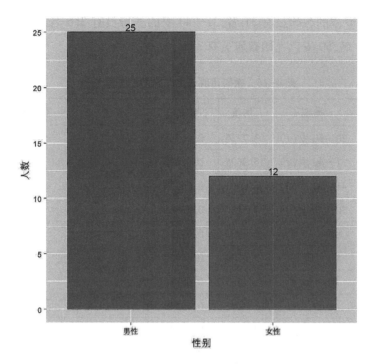

图 4-38　胜任力处于 C 水平教研员性别

据图显示,584 名男教研员中,368 名(63.01%)教研员分布于胜任力的"较好"水平(A 水平)(见图 4-36)。191 名(32.71%)教研员分布于胜任力的"一般"水平(B 水平)(见图 4-37)。25 名(4.28%)教研员分布于胜任力的"较差"水平(C 水平)(见图 4-38)。

605 名女教研员中,366 名(60.50%)教研员分布于胜任力的"较好"水平(A 水平)(见图 4-36),227 名(37.52%)教研员分布于胜任力的"一般"水平(B 水平)(见图 4-37),12 名(1.98%)教研员分布于胜任力的"较差"水平(C 水平)(见图 4-38)。

总体而言,无论在"较好"水平还是"较差"水平,男性教研员胜任力水平均优于女性教研员,即在教研员胜任力发展中存在性别差异特征,一定程度上,这与我国当前教研员队伍结构及其准入机制密切相关。

二、年龄差异特征

教研员胜任力有效问卷 1189 份,根据教研员年龄予以区分,在 1189 名教研员中,20—30 岁的教研员有 31 名,31—40 岁的教研员有 256 名,41—50 岁的教研员有 577 名,50 岁以上的教研员有 325 名。

表 4-16　教研员胜任力与年龄的差异分析

维度	类别	均值	标准差	F 值	事后多重比较
专业知识	20—30 岁（1）	3.7226	0.66268	5.306 **	4>3>2>1
	31—40 岁（2）	3.9695	0.62510		
	41—50 岁（3）	4.0905	0.64339		
	50 岁以上（4）	4.1132	0.73668		
课程建设	20—30 岁	3.4000	0.65115	0.102	
	31—40 岁	3.4500	0.62972		
	41—50 岁	3.4565	0.68885		
	50 岁以上	3.4665	0.70449		
教学发展	20—30 岁	3.6935	0.56166	6.480 ***	3>4>2>1
	31—40 岁	4.0195	0.66834		
	41—50 岁	4.1694	0.69473		
	50 岁以上	4.1438	0.77894		
科学研究	20—30 岁	3.4919	0.97571	3.577 *	3>4>2>1
	31—40 岁	3.7744	0.83086		
	41—50 岁	3.9081	0.82746		
	50 岁以上	3.8569	0.81644		
组织领导	20—30 岁	3.7702	0.52251	5.529 ***	3>4>2>1
	31—40 岁	4.0239	0.65340		
	41—50 岁	4.1551	0.63826		
	50 岁以上	4.1546	0.71554		
专业品质	20—30 岁	3.9274	0.54656	1.242	
	31—40 岁	4.1196	0.70409		
	41—50 岁	4.1499	0.63294		
	50 岁以上	4.1127	0.67646		

续表

维度	类别	均值	标准差	F 值	事后多重比较
胜任力	20—30 岁	3.7040	0.49855	4.085**	3>4>2>1
	31—40 岁	3.9242	0.56086		
	41—50 岁	4.0143	0.56239		
	50 岁以上	4.0012	0.59356		

注:* p<0.05,表示显著差异; ** p<0.01,表示非常显著差异; *** p<0.001,表示极其显著差异。

通过对教研员胜任力与年龄的差异分析(见表4-16),发现41—50岁的教研员胜任力优于其他任一年龄段的教研员,几者之间存在非常显著的差异,即41—50岁的教研员胜任力优于50岁以上的,50岁以上的优于31—40岁的,31—40岁的胜任力水平又优于20—30岁的。具体来看,教研员在专业知识、教学发展、科学研究和组织领导上存在显著性差异,其他维度不存在显著差异。其中,在专业知识维度,50岁以上的教研员表现最佳,其次是41—50岁和31—40岁,20—30岁的教研员胜任力最差;在教学发展、科学研究和组织领导三个维度均存在显著性差异,表现最佳的是41—50岁的教研员,其次是50岁以上、31—40岁和20—30岁的教研员。

其在每一水平分布表现如图4-39至图4-41所示:

据图显示,年龄在20—30岁的31名教研员中,9名(29.03%)教研员分布于胜任力的"较好"水平(A水平)(见图4-39),21名(67.74%)教研员分布于胜任力的"一般"水平(B水平)(见图4-40),1名(3.23%)教研员分布于胜任力的"较差"水平(C水平)(见图4-41)。

年龄在31—40岁的256名教研员中,144名(56.25%)教研员分布于胜任力的"较好"水平(A水平)(见图4-39),104名(40.63%)教研员分布于胜任力的"一般"水平(B水平)(见图4-40),8名(3.13%)教研员分布于胜任力的"较差"水平(C水平)(见图4-41)。

年龄在41—50岁的577名教研员中,371名(64.30%)教研员分布于胜任力的"较好"水平(A水平)(见图4-39),189名(32.75%)教研员分布于胜任力的"一般"水平(B水平)(见图4-40),17名(2.95%)教研员分布于胜任力的"较差"水平(C水平)(见图4-41)。

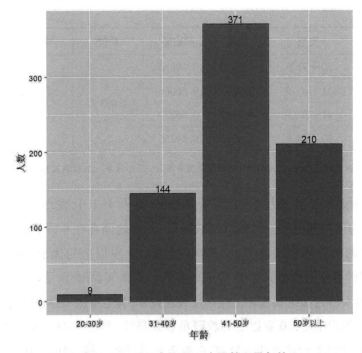

图 4-39   胜任力处于 A 水平教研员年龄

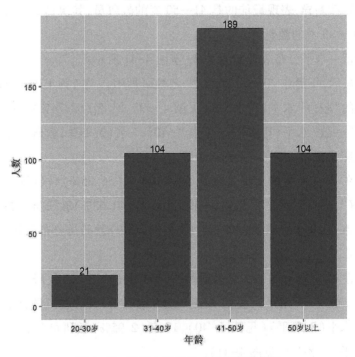

图 4-40   胜任力处于 B 水平教研员年龄

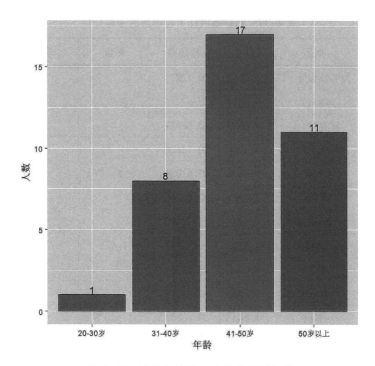

图 4-41　胜任力处于 C 水平教研员年龄

年龄在 50 岁以上的 325 名教研员中，210 名（64.62%）教研员分布于胜任力的"较好"水平（A 水平）（见图 4-39），104 名（32%）教研员分布于胜任力的"一般"水平（B 水平）（见图 4-40），11 名（3.38%）教研员分布于胜任力的"较差"水平（C 水平）（见图 4-41）。

总体而言，在胜任力"较好"水平上，41—50 岁的教研员胜任力表现较好，20—30 岁的教研员胜任力表现较差。在胜任力"较差"水平上，41—50 岁的教研员胜任力表现较好，20—30 岁的教研员胜任力表现较差。一定程度上，教研员胜任力的年龄差异特征较显著，这与当前教研员队伍发展结构和成长机制密切相关，从骨干教师、学科带头人等一线单位单一的选调使教研员队伍年龄结构整体趋于单一。

三、学历差异特征

教研员胜任力有效问卷 1189 份，根据教研员学历予以区分，在 1189 名教研员中，大专及以下学历的教研员有 80 名，本科学历的教研员有 970 名，研究生学历（主要包括硕士和博士）的教研员有 139 名。

表 4-17　教研员胜任力与学历的差异分析

维度	类别	均值	标准差	F 值	事后多重比较
专业知识	大专及以下(1)	4.0150	0.72271	0.417	
	本科(2)	4.0594	0.67215		
	研究生(3)	4.0993	0.62987		
课程建设	大专及以下	3.3000	0.72426	5.601**	3>2>1
	本科	3.4478	0.67984		
	研究生	3.6058	0.62366		
教学发展	大专及以下	4.1344	0.71483	1.425	
	本科	4.1302	0.71878		
	研究生	4.0216	0.68794		
科学研究	大专及以下	3.5531	0.94776	11.520***	3>2>1
	本科	3.8443	0.80863		
	研究生	4.0989	0.86005		
组织领导	大专及以下	3.9484	0.75465	2.832	
	本科	4.1259	0.65942		
	研究生	4.1493	0.63700		
专业品质	大专及以下	4.0344	0.73157	0.864	
	本科	4.1352	0.65476		
	研究生	4.1268	0.64585		
胜任力	大专及以下	3.8585	0.64587	2.512	
	本科	3.9860	0.56723		
	研究生	4.0358	0.54909		

注: * $p<0.05$,表示显著差异; ** $p<0.01$,表示非常显著差异; *** $p<0.001$,表示极其显著差异。

通过对教研员胜任力与学历的差异分析(见表4-17),发现不同学历的教研员胜任力总体水平不存在显著性差异。具体来看,在课程建设上存在非常显著的差异,在科学研究上存在极其显著的差异,而在其他维度不存在显著差异。其中,无论在课程建设还是在科学研究上,均呈现研究生学历的教研员胜任力优于本科学历的教研员,本科学历的教研员又优于大专及以下学历的教研员。

其在每一水平分布表现如图 4-42 至图 4-44 所示:

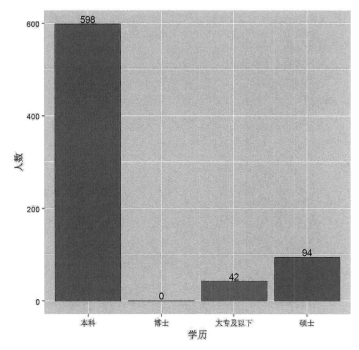

图 4-42 胜任力处于 A 水平教研员学历

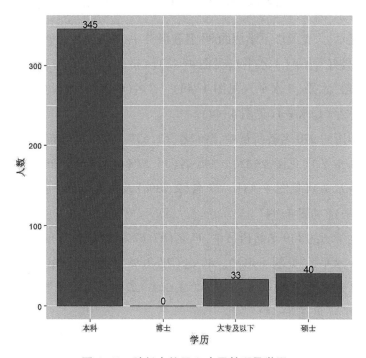

图 4-43 胜任力处于 B 水平教研员学历

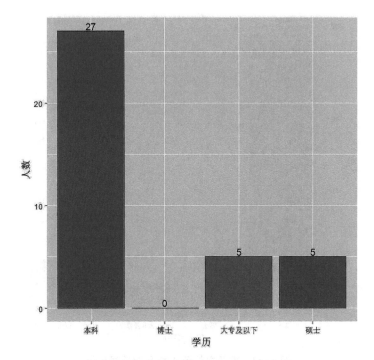

图 4-44　胜任力处于 C 水平教研员学历

据图显示,大专及以下学历的 80 名教研员中,42 名(52.5%)教研员分布于胜任力的"较好"水平(A 水平)(见图 4-42)。33 名(41.25%)教研员分布于胜任力的"一般"水平(B 水平)(见图 4-43)。5 名(6.25%)教研员分布于胜任力的"较差"水平(C 水平)(见图 4-44)。

本科学历的 970 名教研员中,598 名(61.65%)教研员分布于胜任力的"较好"水平(A 水平)(见图 4-42)。345 名(35.57%)教研员分布于胜任力的"一般"水平(B 水平)(见图 4-43)。27 名(2.78%)教研员分布于胜任力的"较差"水平(C 水平)(见图 4-44)。

研究生学历的 139 名教研员中,94 名(67.62%)教研员分布于胜任力的"较好"水平(A 水平)(见图 4-42)。40 名(28.78%)教研员分布于胜任力的"一般"水平(B 水平)(见图 4-43)。5 名(3.60%)教研员分布于胜任力的"较差"水平(C 水平)(见图 4-44)。

总体而言,在胜任力"较好"水平上,研究生学历的教研员胜任力整体表现较好,大专及以下学历的教研员胜任力表现较差;在胜任力"较差"水平上,大专及以下学历的教研员胜任力表现最好,本科学历的教研员胜任力表现较差。一定程度上,教研员胜任力发展显著的学历差异呈现教研队伍的高学历化,这也为教研队伍的合理化建设和专业发展提供了现实条件。

四、职称差异特征

教研员胜任力有效问卷 1189 份,根据教研员职称予以区分,在 1189 名教研员中,正高级的教研员有 12 名,高级的教研员有 694 名,一级的教研员有 383 名,二级的教研员有 87 名,三级的教研员有 13 名。

表 4-18　教研员胜任力与职称的差异分析

维度	类别	均值	标准差	F 值	事后多重比较
专业知识	正高级(1)	3.8667	1.29988	4.188 **	2>3>1>4>5
	高级(2)	4.1176	0.62623		
	一级(3)	4.0172	0.71059		
	二级(4)	3.8621	0.66214		
	三级(5)	3.8462	0.69356		
课程建设	正高级	3.2833	1.03206	2.086	
	高级	3.4974	0.64185		
	一级	3.4183	0.72139		
	二级	3.3609	0.71713		
	三级	3.1846	0.58001		
教学发展	正高级	3.7917	1.34347	6.994 ***	2>3>4>1>5
	高级	4.1974	0.68464		
	一级	4.0463	0.73722		
	二级	3.9080	0.66485		
	三级	3.6731	0.53409		
科学研究	正高级	3.8125	1.42671	11.090 ***	2>1>3>4>5
	高级	3.9712	0.77413		
	一级	3.7480	0.86536		
	二级	3.4713	0.84084		
	三级	3.3654	0.82041		

续表

维度	类别	均值	标准差	F 值	事后多重比较
组织领导	正高级	3.7917	1.38101	8.670 ***	2>3>4>1>5
	高级	4.1979	0.61803		
	一级	4.0460	0.69565		
	二级	3.8951	0.63276		
	三级	3.6442	0.64114		
专业品质	正高级	3.8542	1.32699	2.338	
	高级	4.1592	0.61838		
	一级	4.1185	0.70661		
	二级	3.9828	0.62126		
	三级	3.9135	0.55289		
胜任力	正高级	3.7451	1.26916	7.457 ***	2>3>4>1>5
	高级	4.0473	0.52321		
	一级	3.9315	0.61557		
	二级	3.7840	0.52125		
	三级	3.6403	0.49130		

注：* $p<0.05$，表示显著差异；** $p<0.01$，表示非常显著差异；*** $p<0.001$，表示极其显著差异。

通过对教研员胜任力与职称的差异分析(见表4-18)，发现不同职称的教研员胜任力均存在极其显著的差异，即高级教研员胜任力表现最佳，之后是一级、二级和正高级的教研员，三级教研员胜任力表现最不佳。具体来看，在专业知识、教学发展、科学研究和组织领导四个维度上存在显著性差异，在专业知识维度，高级教研员胜任力表现最佳，之后依次是一级、正高级和二级，三级教研员胜任力表现最不佳。在教学发展和组织领导维度，高级职称的教研员胜任力表现最好，之后是一级、二级、正高级和三级职称的教研员。在科学研究维度，高级职称的教研员胜任力表现最好，之后是正高级、一级和二级，三级职称的教研员胜任力表现最不好。

其在每一水平分布表现如图4-45至图4-47所示：

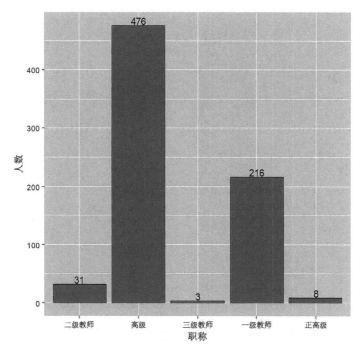

图 4-45　胜任力处于 A 水平教研员职称

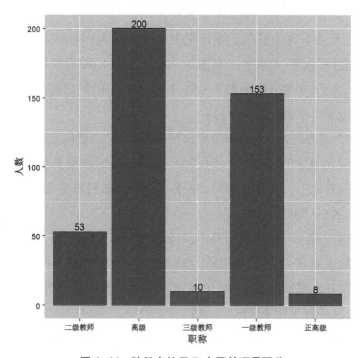

图 4-46　胜任力处于 B 水平教研员职称

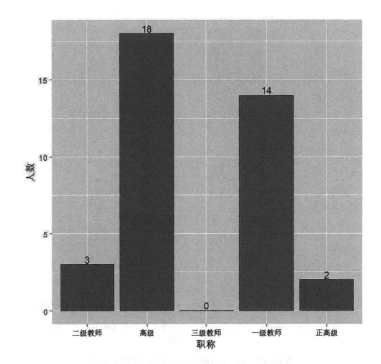

图 4-47　胜任力处于 C 水平教研员职称

　　据图显示,在职称为正高级的 18 名教研员中,8 名(44.44%)教研员分布于胜任力的"较好"水平(A 水平)(见图 4-45),8 名(44.44%)教研员分布于胜任力的"一般"水平(B 水平)(见图 4-46),2 名(11.11%)教研员分布于胜任力的"较差"水平(C 水平)(见图 4-47)。

　　在职称为高级的 694 名教研员中,476 名(68.59%)教研员分布于胜任力的"较好"水平(A 水平)(见图 4-45),200 名(28.82%)教研员分布于胜任力的"一般"水平(B 水平)(见图 4-46),18 名(3.78%)教研员分布于胜任力的"较差"水平(C 水平)(见图 4-47)。

　　在职称为一级的 383 名教研员中,216 名(56.40%)教研员分布于胜任力的"较好"水平(A 水平)(见图 4-45),153 名(39.95%)教研员分布于胜任力的"一般"水平(B 水平)(见图 4-46),14 名(3.65%)教研员分布于胜任力的"较差"水平(C 水平)(见图 4-47)。

　　在职称为二级的 87 名教研员中,31 名(35.63%)教研员分布于胜任力的"较好"水平(A 水平)(见图 4-45),53 名(60.92%)教研员分布于胜任力的"一般"水平(B水平)(见图4-46),3名(3.45%)教研员分布于胜任力的"较差"水平(C水平)(见图4-47)。

在职称为三级的13名教研员中,3名(23.08%)教研员分布于胜任力的"较好"水平(A水平)(见图4-45),10名(76.92%)教研员分布于胜任力的"一般"水平(B水平)(见图4-46)。没有教研员分布于胜任力的"较差"水平上(C水平)(见图4-47)。

总体而言,在胜任力"较好"水平上,高级职称的教研员胜任力整体表现较好,三级职称的教研员胜任力表现较差;在胜任力"较差"水平上,正高级职称的教研员胜任力表现最好,二级职称的教研员胜任力表现较差。教研员胜任力发展的职称差异,间接反映出我国教研员职称评定机制的匮乏与非专业。

五、单位类别差异特征

教研员胜任力有效问卷1189份,根据教研员所在单位类别予以区分,在1189名教研员中,省级的教研员有41名,市级的教研员有193名,区(县)级的教研员有955名。

表4-19 教研员胜任力与单位类别的差异分析

维度	类别	均值	标准差	F值	事后多重比较
专业知识	省(1)	3.8683	0.68060	5.232**	2>3>1
	市(2)	4.1834	0.56765		
	区(县)(3)	4.0446	0.68612		
课程建设	省	3.5122	0.64660	2.412	
	市	3.5492	0.60734		
	区(县)	3.4352	0.69314		
教学发展	省	3.8720	0.72051	5.058**	2>3>1
	市	4.2319	0.58658		
	区(县)	4.1052	0.73530		
科学研究	省	4.0671	0.77263	8.900***	1>2>3
	市	4.0570	0.76631		
	区(县)	3.8045	0.84025		

续表

维度	类别	均值	标准差	F 值	事后多重比较
组织领导	省	4.0091	0.67453	3.906*	2>3>1
	市	4.2332	0.61360		
	区(县)	4.0978	0.67208		
专业品质	省	4.1738	0.51073	2.300	
	市	4.2163	0.58644		
	区(县)	4.1075	0.67724		
胜任力	省	3.9448	0.56157	4.895**	2>3>1
	市	4.1004	0.46450		
	区(县)	3.9612	0.58882		

注: * $p<0.05$,表示显著差异; ** $p<0.01$,表示非常显著差异; *** $p<0.001$,表示极其显著差异。

通过对教研员胜任力与单位类别的差异分析(见表4-19),发现不同单位类别的教研员胜任力存在显著性差异,即市级教研员胜任力表现最好,区(县)级教研员胜任力次之,表现最不佳的是省级教研员。具体来看,专业知识、教学发展、科学研究和组织领导四个维度上存在显著差异,在专业知识、教学发展和组织领导三个维度上,市级教研员胜任力表现最好,区(县)级教研员胜任力次之,表现最不佳的是省级教研员;在科学研究维度,省级教研员胜任力表现最好,市级教研员胜任力次之,表现最不佳的是区(县)级教研员。

其在每一水平分布表现如图4-48至图4-50所示:

据图显示,所在单位为省级的41名教研员中,24名(58.54%)教研员分布于胜任力的"较好"水平(A水平)(见图4-48),16名(39.02%)教研员分布于胜任力的"一般"水平(B水平)(见图4-49),1名(2.44%)教研员分布于胜任力的"较差"水平(C水平)(见图4-50)。

所在单位为市级的193名教研员中,140名(72.54%)教研员分布于胜任力的"较好"水平(A水平)(见图4-48),50名(25.91%)教研员分布于胜任力的"一般"水平(B水平)(见图4-49),3名(1.55%)教研员分布于胜任力的"较差"水平(C水平)(见图4-50)。

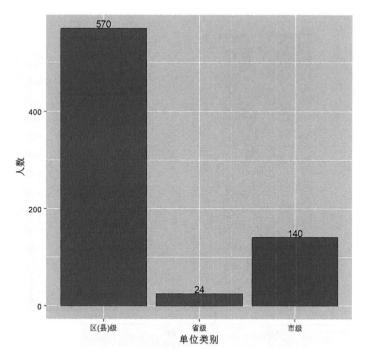

图 4-48　胜任力处于 A 水平教研员所属单位

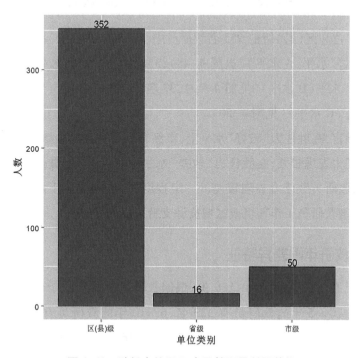

图 4-49　胜任力处于 B 水平教研员所属单位

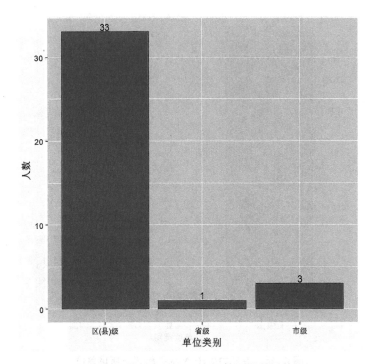

图4-50 胜任力处于C水平教研员所属单位

所在单位为区(县)级的955名教研员中,570名(59.69%)教研员分布于胜任力的"较好"水平(A水平)(见图4-48),352名(36.86%)教研员分布于胜任力的"一般"水平(B水平)(见图4-49),33名(3.45%)教研员分布于胜任力的"较差"水平(C水平)(见图4-50)。

总体而言,在胜任力"较好"水平上,市级教研员胜任力整体表现较好,省级教研员胜任力表现较差;在胜任力"较差"水平上,区(县)级教研员胜任力表现最好,市级教研员胜任力表现较差。一定程度上,教研员胜任力发展的区域差异,表明我国教研员工作环境或区域资源支持力度的差异。

六、教研年限差异特征

教研员胜任力有效问卷1189份,根据教研员教研年限予以区分,在1189名教研员中,0—5年的教研员有333名,6—10年的教研员有276名,11—15年的教研员有210名,16—20年的教研员有164名,20年以上的教研员有206名。

表 4-20　教研员胜任力与教研年限的差异分析

维度	类别	均值	标准差	F 值	事后多重比较
专业知识	0—5 年（1）	3.9952	0.63415	2.644*	4>5>2>3>1
	6—10 年（2）	4.0580	0.60769		
	11—15 年（3）	4.0571	0.68208		
	16—20 年（4）	4.2024	0.61194		
	20 年以上（5）	4.0631	0.81480		
课程建设	0—5 年	3.4216	0.64417	0.956	
	6—10 年	3.4761	0.68257		
	11—15 年	3.4362	0.68464		
	16—20 年	3.5390	0.62597		
	20 年以上	3.4408	0.76067		
教学发展	0—5 年	4.0841	0.69642	1.241	
	6—10 年	4.1005	0.64673		
	11—15 年	4.1714	0.74082		
	16—20 年	4.1997	0.59663		
	20 年以上	4.0752	0.87362		
科学研究	0—5 年	3.8131	0.81989	0.796	
	6—10 年	3.8940	0.80077		
	11—15 年	3.8940	0.84493		
	16—20 年	3.8918	0.74468		
	20 年以上	3.7985	0.93968		
组织领导	0—5 年	4.0950	0.60832	0.858	
	6—10 年	4.0956	0.62485		
	11—15 年	4.1589	0.65070		
	16—20 年	4.1806	0.62266		
	20 年以上	4.0862	0.83054		
专业品质	0—5 年	4.1824	0.61928	0.903	
	6—10 年	4.0987	0.63986		
	11—15 年	4.1107	0.61816		
	16—20 年	4.1311	0.58447		
	20 年以上	4.0910	0.82338		

续表

维度	类别	均值	标准差	F 值	事后多重比较
胜任力	0—5 年	3.9674	0.54379	0.733	
	6—10 年	3.9766	0.53745		
	11—15 年	3.9966	0.55515		
	16—20 年	4.0461	0.48646		
	20 年以上	3.9539	0.72049		

注:* p<0.05,表示显著差异;** p<0.01,表示非常显著差异;*** p<0.001,表示极其显著差异。

通过对教研员胜任力与教研年限的差异分析(见表4-20),发现不同教研年限的教研员胜任力不存在显著性差异。具体来看,专业知识维度的教研员胜任力存在显著差异,16—20 年教研年限的教研员胜任力表现最好,其后依次是 20 年以上、6—10 年的和 11—15 年的教研员,而 0—5 年教研年限的教研员胜任力最差,但在其他具体维度上不存在显著差异。

其在每一水平分布表现如图 4-51 至图 4-53 所示:

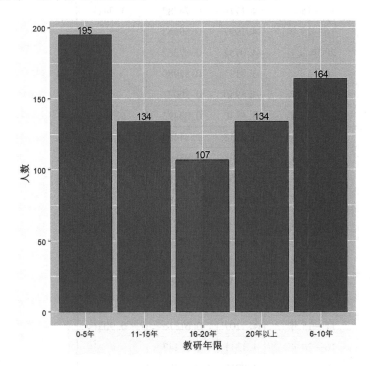

图4-51 胜任力处于 A 水平教研员年限

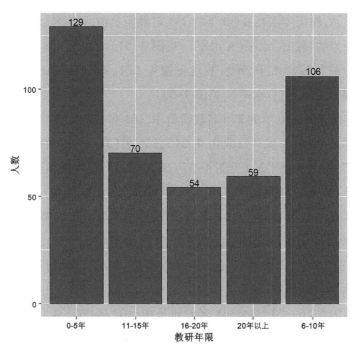

图 4-52　胜任力处于 B 水平教研员年限

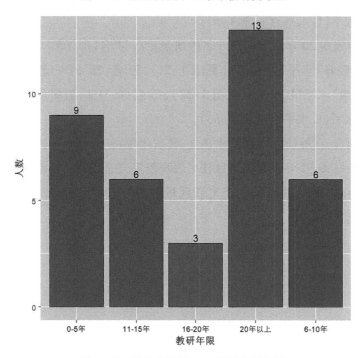

图 4-53　胜任力处于 C 水平教研员年限

据图显示,教研年限在0—5年的333名教研员中,195名(58.56%)教研员分布于胜任力的"较好"水平(A水平)(见图4-51),129名(38.74%)教研员分布于胜任力的"一般"水平(B水平)(见图4-52),9名(2.70%)教研员分布于胜任力的"较差"水平(C水平)(见图4-53)。

教研年限在6—10年的276名教研员中,164名(59.42%)教研员分布于胜任力的"较好"水平(A水平)(见图4-51),106名(38.41%)教研员分布于胜任力的"一般"水平(B水平),(见图4-52),6名(2.17%)教研员分布于胜任力的"较差"水平(C水平)(见图4-53)。

教研年限在11—15年的210名教研员中,134名(63.81%)教研员分布于胜任力的"较好"水平(A水平)(见图4-51),70名(33.33%)教研员分布于胜任力的"一般"水平(B水平)(见图4-52),6名(2.86%)教研员分布于胜任力的"较差"水平(C水平)(见图4-53)。

教研年限在16—20年的164名教研员中,107名(65.24%)教研员分布于胜任力的"较好"水平(A水平)(见图4-51),54名(32.93%)教研员分布于胜任力的"一般"水平(B水平)(见图4-52),3名(1.83%)教研员分布于胜任力的"较差"水平(C水平)(见图4-53)。

教研年限在20年以上的206名教研员中,134名(65.05%)教研员分布于胜任力的"较好"水平(A水平)(见图4-51),59名(28.64%)教研员分布于胜任力的"一般"水平(B水平)(见图4-52),13名(6.31%)教研员分布于胜任力的"较差"水平(C水平)(见图4-53)。

总体而言,在胜任力"较好"水平上,教研年限在16—20年的教研员胜任力整体表现较好,0—5年的教研员胜任力表现较差;在胜任力"较差"水平上,教研年限在20年以上的教研员胜任力表现最好,16—20年的教研员胜任力表现较差。

第五章　教研员的自我效能

自我效能是个体行为动机的关键因素之一,由于职业的特殊性,教研员自我效能在一定程度上影响着教研员行为,进而影响教研工作的效率与进展。因此,对自我效能和胜任力内涵的重新厘定及对自我效能和胜任力各自现实状况的审视是探讨两者关系的基础。近年来关于教师自我效能研究已有很多,然而关于教研员自我效能的研究则相对较少。因此,对教研员的自我效能进行独立探讨,对提高教研员专业素质、增强教研员工作积极性、促进教研事业的健康可持续发展有着重要意义。因此,本章对教研员自我效能的现实状况及水平特征进行了探索,主要包括三个部分。第一部分对自我效能的理论设想和研究设计进行了说明;第二、三部分别考察了教研员自我效能的总体现状、水平特征及其影响因素,尝试回答教研员自我效能如何量化,应该以什么样的标准评价其自我效能的高低,以及不同水平具有怎样的结构特征等一系列问题。

第一节　理论设想与研究设计

自我效能是指个体对自己能否有能力完成某一行为所进行的推测与判断,其作为个体信念的重要构成部分,对个体的行为与行为效果都有着直接的影响。因此教研员自我效能是影响其主体行为与成就的重要指标之一,是推动教研员专业素质发展的核心要素之一。对教研员自我效能的考察需要从概念问题入手,基于当前新形势下教研事业的发展背景和已有关于教研员的研究,为设计出更好的研究教研员自我效能的研究工具,我们需要从主观判断和客观表征两个角度去研究教研员自我效能的依据在何处? 具体的教研员指标体系如何建构?

研究工具如何设计？分析方法如何运用？在本部分内容中，我们将对以上这些问题一一予以回应。

一、教研员自我效能研究理论设想

美国著名心理学家班杜拉（Bandura）认为，效能是一种生成能力，它将认知、社会、行为子技能组合成整合的行动过程，并服务于多种目的。效能感是人们对影响自己的事件的自我控制能力的知觉，而自我效能则是人们对自身完成既定行为目标所需的行动过程的组织和执行能力的判断，它与一个人拥有的技能无关，但与人们对所拥有的能力能够干什么的判断有关系。[①] 从自我效能的定义可以看出：（1）自我效能不是技能，也不是个体的真实能力，而是一个人对完成特定任务所表现出的自信程度。拥有技能与能够整合这些技能从而表现出胜任行为，这两者是有很大区别的。[②] （2）自我效能研究一直存在着关于自我效能的"一般"与"特殊"的争论，就自我效能是不是只能针对特定领域的、有没有一般的自我效能存在等问题，以班杜拉为首的众多学者以实证研究予以证明，一般自我效能与具体领域任务的自我效能相比，比对个体在特定任务领域业绩的预测性差，甚至没有预测性。边玉芳博士也认为一般和特殊是相对的概念，两者之间没有绝对的界线，有一个自我效能的"家族"存在，这些不同的自我效能在概括程度上可以有所差别。[③] 由此可见，自我效能的一般理论对于特殊领域的效能感研究具有一定的指导意义，影响自我效能的理论模型对于教研员自我效能的研究同样具有一定借鉴价值。

自我效能是对自身操作能力的自我知觉，是一种决定人们行为方式、思维方式以及在紧张情境中体验到的情绪反应的最为直接的因素，它以多种方式影响着人们心理机能的发挥。从心理学意义上来看，自我效能是一种个体心理现象，它的发生、发展是在一定客观事物的作用下而产生的一种基本的心理活动过程，并作用于个体行为。人类心理活动通常包括认知、情绪情感和意志三个方面，其

---

① ［美］班杜拉：《思想和行动的社会基础：社会认知论》，林颖等译，华东师范大学出版社2001年版，第522页。

② 张大均、江琦主编：《教师心理素质与专业性发展》，人民教育出版社2005年版，第76页。

③ 梁巧红：《普通高中学生物理学习自我效能感水平调查及其影响因素研究》，华东师范大学2009年硕士学位论文。

中,认知是指人以感知、记忆、思维等形式反映客观事物的性质和联系;情绪情感是人对客观事物的某种态度的体验;意志是人根据自己的主观愿望自觉地调节行动去克服困难以实现预定目的的心理活动。认知、情感与意志分别反映了三种基本的客观事物,即事实关系、价值关系和行为关系。人为了生存和发展就必须首先感知和了解各种事物的事实关系,其次要掌握这些事物对于人的价值关系,最后要掌握每个行为的价值关系并且判断、选择、组织和实施一个最佳的行动方案。而以上过程第一步是由认知活动来完成,第二步是由情感活动来完成,第三步是由意志活动来完成,整体从认知到情感,再从情感到意志,三者有各自发生发展的过程,但并非完全独立,都是统一于心理活动的不同方面,这也是一条基本的、不可分割的人类自控行为的流水线。

综上所述,自我效能作为主体的一种基本心理活动过程,也就必然包括认知过程、情绪情感过程和意志过程三个方面,基于这样的认识,我们以此作为研究教研员自我效能的理论依据,具体将教研员自我效能划分为三个维度,即认知效能、情绪效能和意志效能。

二、教研员自我效能内涵和指标

(一)教研员自我效能的内涵

由于不同研究者对教研员自我效能的结构有不同的见解,因此对教研员自我效能的内涵也有不同的界定与取向。我们可以将其归纳为以下三大类:(1)将教研员自我效能视为整体的概念,即教研员对其组织和实施成功地完成特定情境中某个具体的任务所需行动过程的能力与信念,[①]是一种主观评价;(2)将教研员自我效能视为双向度的观点,即教研员自我效能是教研员在教研活动中对其能有效地完成教研工作,实现教研目标的一种能力的知觉与信念,包括一般教研效能感和个人教研效能感;(3)将教研员自我效能视为多向度的观点,即教研员自我效能是主体对自己能够完成所有教研任务的信心,包括自我一般意识、教研任务理解和个人整合概念等方面。[②]

---

① 周新富:《小学教师专业承诺、教师效能信念与学生成绩关系之研究》,高雄师范大学 1991 年硕士学位论文。
② 杨国英:《农村小学教师自我效能感研究——基于 TS 市农村小学教师的调查》,南京师范大学 2013 年硕士学位论文。

虽然学者对教研员自我效能的定义各有不同，但均认为其是一种主观评价，而评价的内容，主要是针对自身教研活动的评价。因是之故，在现有研究的基础上，我们将教研员自我效能定义为：教研员在特定的教研情景中，通过对其专业知识和教研能力的合理运用，能够有效地对自身教研工作产生积极的影响，并实现自我满足的一种心理活动过程，对提高教研员的专业素质、增强工作积极性、促进教研工作的学习和发展有着重要意义。

（二）教研员自我效能的指标

如前文所述，自我效能分为三个维度，即认知效能、情绪效能和意志效能。根据三个维度的不同指向内容我们进行进一步的划分，认知效能包括：（1）信念，①坚信教研员的工作是一项崇高的事业；②在教研工作中能实现自己的价值。（2）归因，即认为教研员的工作能够推进教育的良性发展。情绪效能包括：（1）情绪表达，即在工作中能够恰当地表达自己的情绪。（2）情绪管理，在工作中能够调整好自己的情绪。意志效能包括：（1）自觉性，在工作中能够自觉地完成既定目标。（2）果断性，能够在工作中迅速做出合理的决定。（3）坚持性，能够以坚强的毅力完成工作任务。（4）自制性，在工作中能够自觉地控制自己的行动。

三、教研员自我效能研究过程和方法

（一）研究工具与对象

1. 信度效度分析

研究采用 Croncach's α 分析方法检验问卷的信度。所谓信度是指问卷的可靠性、稳定性和内部一致性，信度系数越高即表示该问卷的结果越可靠、稳定与一致。通过分析，整个问卷的内部一致性系数为 0.945，各分量表的内部一致性系数均介于 0.911—0.929 之间。其中，认知效能为 0.921，情绪效能为 0.911，意志效能为0.929，表明问卷的内部一致性良好，其结果具有较高的稳定性和可信度。

内容效度的检验常以题目分布的合理性进行判断，属于一种命题的逻辑分析。本问卷是在参考已有自我效能问卷的基础上，结合教研员的职业特殊性特点编制而成。在初步拟定问卷之后邀请教育学专家、心理学专家和资深教研员进行审查，并根据相关专家们提出的修正意见以及问卷的预测结果对问卷进行修订，最终形成了包含 9 道题项的教研员自我效能调查问卷。这在一定程度上保证了问卷工具能够真实地反映出当前我国教研员自我效能的状况和特点，因此具有良好的内容效度。

在结构效度方面,本书运用因素分析的方法对其进行检验。对理论维度的9个题项进行 KMO 和 Bartlett 的检验,分析结果显示,取样足够度的 KMO 值为 0.929>0.7,因子分析效果良好,且 p 值<0.05,表明调查问卷的效度较好,可通过因子分析法进行维度探索。因而随机选取一半数据,采用主成分分析法和正交旋转法抽取公共维度,并参照碎石图确定抽取因子的有效数目。根据探索性分析旋转成分矩阵表和陡阶检验图表的结果显示可知,各项目因子权值在 0.696 至 0.857 之间,题项在因子上载荷分配理想,符合定义公共因子有效指标标准;陡阶检验图表显示在第 3 个因子趋于平缓,累计可解释 84.051% 的方差,说明抽取因子数量合适,理想维度划分合理,保证了筛选题项的科学性。通过结构效度检验可知,该测量工具的 9 个题项,3 个维度均能较好地反映所要测量的内容,具有良好的结构效度。

2. 研究对象

为保证样本的全面性和均衡性,避免方差变异,本书在全国范围内随机选取来自四川、浙江、重庆、云南、安徽等不同省区的 1729 名教研员作为研究对象。共发放调查问卷 1729 份,回收有效问卷 1189 份,问卷的有效回收率为 68.77%。调查对象的背景信息包括年龄、性别、学历、职称、单位类别、教研年限等,研究对象的具体情况如表 5-1 所示。

表 5-1　研究对象基本情况

类别	项目	人数	所占百分比（%）
单位类别	省级单位	41	3.45
	市级单位	193	16.23
	区(县)级单位	955	80.32
性别	男	584	49.12
	女	605	50.89
教研年限	0—5 年	333	28.01
	6—10 年	276	23.21
	11—15 年	210	17.66
	16—20 年	164	13.79
	20 年以上	206	17.33

类别	项目	人数	所占百分比(%)
职称	正高级	12	1.01
	高级	694	58.37
	一级教师	383	32.21
	二级教师	87	7.32
	三级教师	13	1.09
学历	大专及以下	80	6.73
	本科	970	81.58
	硕士	139	11.69
	博士	0	0

(二)研究思路

本书的主要思路可以概括为外部研究和内部研究。教研员自我效能工作情况问卷由 17 个题项组成,分为基本信息和工作列表两部分,其中工作列表部分的 9 个题项分属于认知效能、情绪效能和意志效能三个维度,为便于较为清晰、简洁、有条理地分析教研员不同水平的自我效能表现,我们以各维度为着力点,结合各个维度所涵盖的不同题项来描述该维度上教研员的自我效能状况,分别从内部和外部加以分析。

内部研究主要是对所有教研员的自我效能水平、自我效能结构展开分析。因此,首先对不同簇教研员的自我效能进行整体说明,通过分析各个簇教研员的自我效能平均分和各维度平均分来描述各个簇教研员的自我效能表现,分析不同簇教研员的自我效能整体表现状况。其次对各个簇教研员在具体题项上的选择比例进行系统分析,描述各个簇教研员在不同题项上的表现,以此来揭示该簇教研员在各个维度上的效能表现,为后续深入分析自我效能的不同水平表现提供启示或借鉴。再次,通过计算每簇教研员在自我效能各维度上的得分,并将其与总体教研员的自我效能得分情况进行比较,以此来对教研员的自我效能水平进行刻画和分析。

所谓外部主要以教研员自我效能在性别、单位类别、年龄段、教研年限、学段、指导或研究学科、职称和学历等不同背景中的表现,以此分析该背景因素下教研员自我效能的表现状况，以便于整体了解教研员在不同区域、不同性别、不同年龄、不同学段、不同研究学科、不同职称及不同学历等背景下的自我效能状况。

（三）数据处理

本书在数据处理上主要采用两种方法，即聚类运算和 SPSS19.0 数据处理，共获得有效问卷 1271 份，采用聚簇分类方法对 1271 份数据进行了处理，经过聚类分析，数据再次得以清洗，最终形成 1189 份有效样本的聚类结果。

聚类运算。聚簇分类的目的聚类分析是一种数据规约技术，旨在把大量观测值规约为若干个类。这里的类被定义为若干个观测值组成的群组，群组内的数值相似度较群组外数值相似度高。作为数据挖掘十大经典算法，它被广泛应用于生物和行为科学，市场以及医学研究中。最常用的两种聚类算法是层次聚类以及划分聚类。层次聚类中，每一个类，每次两两合并，直到所有的类最后都被聚成一个类为止，多用于观测值较少的情况下。在划分聚类中，首先指定类的个数 k，然后观测值被随机分成 k 类，再根据一定规则来重新聚合。

本次水平划分采用 k-means 算法，k-means 以空间中的 k 个点为中心点，对最靠近他们的对象归类。通过迭代的方法，逐次更新各聚类中心的值，直至得到最好的聚类结果。特点是各聚类本身尽可能地紧凑，而各聚类之间尽可能地分开。流程如下：

（1）首先从 n 个数据对象任意选择 K 个对象作为初始聚类中心；

（2）对于所剩下其他对象，则根据它们与这些聚类中心的相似度（距离），分别将它们分配给与其最相似的（聚类中心所代表的）聚类；

（3）再计算每个所获新聚类的聚类中心（该聚类中所有对象的均值）；

（4）不断重复这一过程直到标准测度函数开始收敛为止。

k-means 聚类可以处理比层次聚类更大的数据集，同时，样本值不会永远被分到一类中，当提高整体解决方案时，聚类方案也会被改动，因而使用 k-means 方法，选择适当的 k 值是关键（即事先规定要将数据划分成几类）。可喜的是，R 软件提供了很多可用于聚类 k 值选择的函数，本文使用 NbClust 包中的 NbClust（）函数以及 k-means 的参数 nstart（采用类中总的平方值辅助 k 值选择）来确定聚类数。

依据自我效能 NbClust 聚类个数的图表可以看出推荐聚类个数为三个。

表 5-2 NbClust 聚类个数表

聚类数	0	1	2	3	4	7	9	10	13	15
标准数	2	1	2	11	2	3	2	1	1	1

由表 5-2 可知,自我效能 NbClust 聚类个数为 3 时得到的赞同标准最多,为 11 个标准,其次为聚类个数为 7 时,得到 3 个赞同标准,因而,此时选择聚成三类是优化选择,为帮助选择 K 值,接下来应用 nstart 计算 K 值。

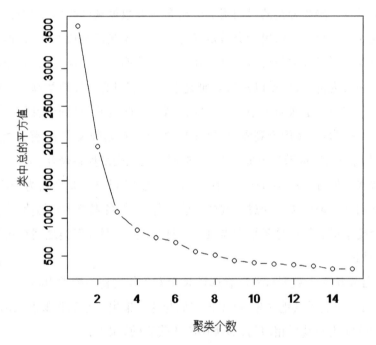

图 5-1 类中总的平方值辅助确定聚类个数图

由图 5-1 可知,从一类到三类下降得很快,之后下降得较慢,故建议选用聚类个数为 3 的解决方案。至此,我们令 k = 3,即选择把自我效能水平划分为 3 类。基于此,教研员自我效能所得三簇数据可被理解为他们自我效能的三种不同表现类型。

SPSS19.0 数据处理。通过 SPSS19.0 统计软件,计算各簇教研员自我效能的总体均分和各维度平均分来确定效能水平的高低,确定水平高低的依据在于效能量表是教研员对自身教研工作效能的自主判断,其从完全不符合到完全符合的选择是教研员自我效能的客观表现,因此,通过测算各簇教研员自我效能数据的平均分及总分,辅之以各维度平均分表现可以作为判定教研员自我效能水平高低较为可靠的依据。因此,本书中参照聚簇分析的处理结果,教研员自我效能 A 水平的教研员代表自我效能水平最高,自我效能 B 水平次之,以此类推;最终,通过对教研员所处自我效能水平的分析,探索处于该自我效能水平教研员的自我效能表现特征,并分析了影响教研员自我效能表现的相关突出因素。

第二节　教研员自我效能水平与特征

本书以问卷调查方式在全国范围内对教研员自我效能展开调查,在回收的有效数据的基础上,运用大数据和 SPSS 相结合的数据处理方法,通过实证方式对教研员自我效能水平进行详细分析和刻画,以期能够有效提升教研员自我效能,从而为教研员的专业发展和胜任力建构提供思考和建议。

分析教研员自我效能水平是本书的重点之一,本书以聚类运算分析结果为参照,通过计算各簇教研员自我效能的总体均分和各维度均分来确定教研员自我效能的不同水平,由分析可得,教研员自我效能呈现出三种不同水平,因而需要对各水平的表现状况进行相应的分析说明。

一、教研员自我效能的水平划分

教研员自我效能的有效样本为 1189 分,通过聚类的方法,我们将教研员自我效能数据分为三簇:原始簇 1、原始簇 2 和原始簇 3,并对着三个簇按其中心点值大小由低到高依次排列出三个等级水平。

自我效能 A 水平(最高水平),对应原始簇 1(中心点均值为 4.32);自我效能 B 水平(中等水平),对应原始簇 2(中心点均值为 3.82);自我效能 C 水平(最低水平),对应原始簇 3(中心点均值为 1.82)。

自我效能 A 水平共 648 个样本,占样本总数的 54.49%,其中心点均值为 4.32,为其中最高水平;自我效能 B 水平共 508 个样本,占样本总数的 42.72%,其中心点均值为 3.82,为其中中等水平;自我效能 C 水平共 33 个样本,占样本总数的 2.78%,其中心点均值为 1.82,为其中最低水平。

二、教研员自我效能的总体描述

对教研员自我效能进行总体描述是对全面把握教研员自我效能的必要分析，是进一步深入分析的前提。因而，本书以认知效能、情绪效能和意志效能三个维度为着力点，由此展开对教研员自我效能整体状况的分析。

表 5-3　教研员自我效能各维度整体情况分析

	总分	均值	标准差
自我效能总体	5162.78	4.3421	0.67659
认知效能	5236	4.4037	0.78126
情绪效能	5086	4.2775	0.76536
意志效能	3848	4.3282	0.52931

由表 5-3 可知，教研员自我效能三维度的强弱顺序为认知效能>意志效能>情绪效能。首先，这表明教研员对于个人所从事的教研活动，无论是在工作信念还是在工作价值上都有着极高的认同度；其次，意志作为一种能动的、创造性的心理状态，分为感性意志和理性意志，教研员在意志效能上同样表现出较高效能，这说明了教研员在教研实践中能够克服一定的客观困难和主观压力；此外，相对于认知效能和意志效能，情绪效能作为完成从事实关系到行为关系发展的重要调节因素，教研员情绪效能越低，越会影响教研员的整体自我效能，究其原因，这可能与其所处的场合和环境相关，教研员不仅是教师，更是研究者，也是领导者，多重身份的冲突极易使其处于焦虑状态，而在充满紧张的场合或负荷较大的环境下，多样的情绪更易唤起，且高度的情绪唤起会妨碍行为操作，从而造成恶性循环，影响教研员整体自我效能。

三、教研员自我效能的水平表征

等级结构性是所有系统共同的基本特征，而自我效能作为一个系统，对其三要素(认知效能、情绪效能和意志效能)及其三个等级结构性进行分析研究，有利于从局部到整体全面把握教研员的自我效能。

（一）教研员自我效能 A 水平的结构表征

1. 认知效能

在认知效能这一维度，主要体现在"我坚信教研员的工作是一项崇高的事业"，即对教研员工作的社会价值认知；"在教研工作中能实现自己的价值"，即对教研员工作的自我价值认知；"我认为教研员的工作能够推进教育的良性发展"，即对教研员工作的教育价值认知。

认知效能维度（见图 5-2），就教研员对教研工作的社会价值认知而言，仅有 10.8%的教研员选择"一般"及以下，27.2的教研员选择"比较符合"，62%的教研员选择"完全符合"，说明约 89.2%的教研员较认同"我坚信教研员的工作是一项崇高的事业"这一教研工作社会价值。就教研员对教研工作的自我实现价值认知而言，50.4%的教研员选择"完全符合"，35.6%的教研员选择"比较符合"，说明此水平中约有 86%的教研员较认同"在教研工作中能实现自己的价值"，即教研工作对自我价值实现的作用。就教研员对教研工作的教育价值认知而言，仅有 9.3%的教研员选择"一般"及以下，这说明超过 90%的教研员均认同教研工作对教育发展的作用。概言之，在教研员自我效能 A 水平上，教研员的认知效能呈现整体很高的状况。

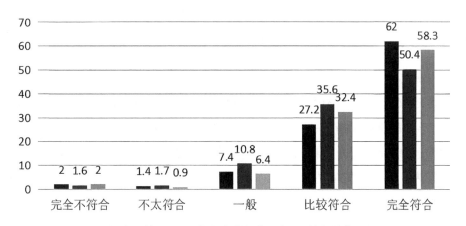

图 5-2 教研员认知效能各题项选择百分比柱状图

2. 情绪效能

情绪效能维度(见图5-3),就教研员在教研工作中能够恰当表达情绪而言,仅有12.7%的教研员选择"一般"及以下,46.4%的教研员选择"比较符合",40.9%的教研员选择"完全符合",说明约87.3%的教研员在情绪表达上效能感较高。就教研员在教研工作中能够做好情绪调整而言,46.7%的教研员选择"完全符合",42.9%的教研员选择"比较符合",说明此水平中约有89.6%的教研员在情绪调节上效能感较高。概而言之,在教研员自我效能A水平,教研员的情绪效能呈现整体很高的状况。

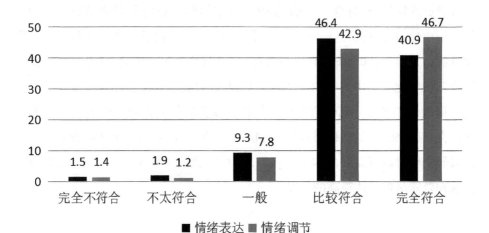

图5-3 教研员情绪效能各题项选择百分比柱状图

3. 意志效能

意志效能维度(见图5-4),就教研员对"能够自觉完成既定目标"而言,仅有7.2%的教研员选择"一般"及以下,44.8%的教研员选择"比较符合",48%的教研员选择"完全符合",说明约92.8%的教研员在"自觉完成目标"行为意志上效能较高。就教研员对"能够在工作中迅速做出合理决定"而言,35.7%的教研员选择"完全符合",53.2%的教研员选择"比较符合",说明此水平中约有88.9%的教研员在"做出合理决定"这一行为意志上效能感较高。就教研员在"能够以坚强的毅力完成工作任务"而言,仅有9.9%的教研员选择"一般"及以下,这说明超过90%的教研员在"完成工作任务"这一行为意志上效能感较高。就教研员对"在工作中能够自觉控制自己的行动"而言,40.5%的教研员选择

"比较符合",51.6%的教研员选择"完全符合",说明此水平中约有92.1%的教研员在"自觉控制行动"这一行为意志上效能感较高。概而言之,在教研员自我效能A水平,教研员的意志效能呈现整体很高的状况。

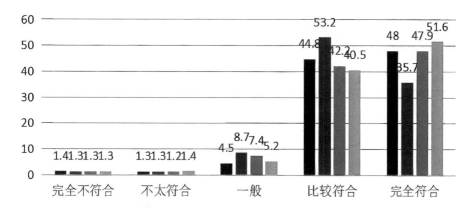

图5-4　教研员意志效能各题项选择百分比柱状图

4. 教研员自我效能 A 水平整体说明

表 5-4　教研员自我效能 A 水平整体状况

变量	教研员自我效能 A 水平状况		排序
	平均分	标准差	
认知效能	4.8493	0.28965	1
情绪效能	4.7662	0.37261	2
意志效能	4.7461	0.31326	3
自我效能 A 水平整体	4.785	0.20964	

　　教研员自我效能 A 水平是教研员整体自我效能中的最高水平,教研员在各个维度上的表现相对均衡,其中认知效能最高,情绪效能居中,意志效能最低;此外教研员效能 A 水平整体均值低于认知效能,但高于情绪效能和意志效能。

　　就教研员自我效能 A 水平与教研员自我效能总体水平相比较,具体如表5-5 所示:

表 5-5 教研员自我效能总体水平与自我效能 A 水平的比较表

变量	教研员自我效能 A 水平状况		教研员自我效能 总体水平状况		平均分差值
	平均分	标准差	平均分	标准差	
认知效能	4.8493	0.28965	4.4037	0.78126	0.4456
情绪效能	4.7662	0.37261	4.2775	0.76536	0.4887
意志效能	4.7461	0.31326	4.3282	0.69205	0.4179
自我效能整体	4.785	0.20964	4.3421	0.67659	0.4429

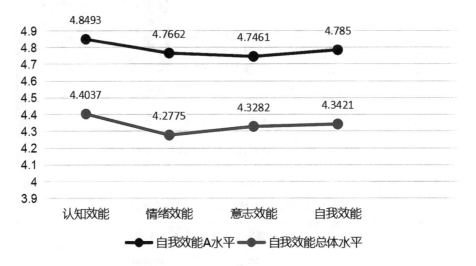

图 5-5 教研员自我效能总体水平与自我效能 A 水平的比较图

从表 5-5 和图 5-5 中可看出,相对于教研员自我效能的总体水平,教研员自我效能 A 水平均处于自我效能总体水平的上方,说明此水平教研员的自我效能比总体水平自我效能表现好,尤其是情绪效能方面。同时,二者得分基本趋势相同,但在意志效能上有所波动,A 水平教研员的意志效能相比于认知效能和情绪效能有下降趋势,说明该水平教研员在工作行动中的自觉性、果断性、坚持性和自制性有待加强。

(二)教研员自我效能 B 水平的结构表征

1.认知效能

认知效能维度(见图 5-6),就教研员对教研工作的社会价值的认知而言,18.3%的教研员选择"一般"及以下,51%的教研员选择"比较符合",30.7%的教研员选择"完全符合",说明约81.7%的教研员较认同"我坚信教研员的工作是一项崇高的事业"这一教研工作的社会价值。就教研员对教研工作的自我实现价值认知而言,60.4%的教研员选择"比较符合",15.6%的教研员选择"完全符合",说明此水平中约有76%的教研员较认同"在教研工作中能实现自己的价值",即教研工作对自我价值实现的作用。就教研员对教研工作的教育价值认知而言,14.6%的教研员选择"一般"及以下,61.2%的教研员选择"比较符合",24.2%的教研员选择"完全符合",这说明85.4%的教研员均认同教研工作对教育发展的作用。概而言之,在教研员自我效能B水平,教研员的认知效能呈现整体较高的状况,且选项高度集中于"比较符合"的层面。

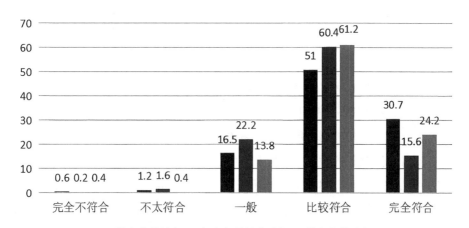

图5-6　教研员认知效能各题项选择百分比柱状图

2. 情绪效能

情绪效能维度(见图5-7),就教研员在教研工作中能够恰当表达情绪而言,22.7%的教研员选择"一般"及以下,75.4%即超过四分之三的教研员选择"比较符合",2%的教研员选择"完全符合",说明约77.4%的教研员在情绪表达上效能感较高。就教研员在教研工作中能够做好情绪调整而言,75.4%即超过四分之三的教研员选择"比较符合",6.5%的教研员选择"完全符合",说明此水平中约有81.9%的教研员在情绪调节上效能感较高。此外,在情绪效能维度,没有教研员选择"完全不符合"。概而言之,在教研员自我效能B水平,教研员的情绪效能呈现整体较高的状况,且选项高度集中在"比较符合"这一层面。

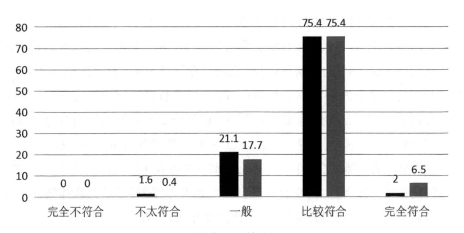

图 5-7　教研员情绪效能各题项选择百分比柱状图

3. 意志效能

意志效能维度(见图 5-8),就教研员对"能够自觉完成既定目标"而言,10.4%的教研员选择"一般"及以下,78.1%的教研员选择"比较符合",11.4%的教研员选择"完全符合",说明约 89.5%的教研员在"自觉完成目标"行为意志上效能感较高。就教研员对"能够在工作中迅速做出合理决定"而言,8.1%的教研员选择"完全符合",73.2%的教研员选择"比较符合",说明此水平中约有81.3%的教研员在"做出合理决定"这一行为意志上效能感较高。就教研员在"能够以坚强的毅力完成工作任务"而言,仅有 16.1%的教研员选择"一般"及以下,72.8%的教研员选择"比较符合",11%的教研员选择"完全符合",这说明教研员在"完成工作任务"这一行为意志上效能感较高。就教研员对"在工作中能够自觉控制自己的行动"而言,15%的教研员选择"完全符合",73.2%的教研员选择"比较符合",说明此水平中约有 88.2%的教研员在"自觉控制行动"这一行为意志上效能感较高。此外,在意志效能维度,没有教研员选择"完全不符合"。概而言之,在教研员自我效能 B 水平,教研员的认知效能呈现整体较高的状况,且选项高度集中在"比较符合"层面。

4. 教研员自我效能 B 水平整体说明

教研员自我效能 B 水平是教研员自我效能的中等水平,教研员在各个维度的表现相对均衡,其中认知效能最高,意志效能居中,情绪效能最低;此外教研员效能 B 水平整体均值低于认知效能和意志效能,但高于情绪效能。

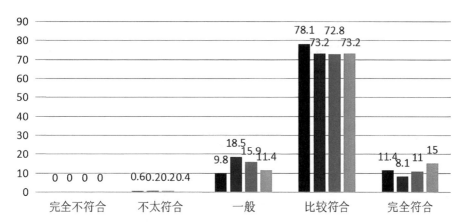

图 5-8　教研员意志效能各题项选择百分比柱状图

表 5-6　教研员自我效能 B 水平整体状况

变量	教研员自我效能 B 水平状况		排序
	平均分	标准差	
认知效能	4.0269	0.58315	1
情绪效能	3.8287	0.43763	3
意志效能	3.9675	0.38803	2
自我效能 B 水平整体	3.9565	0.31524	

就教研员自我效能 B 水平与教研员自我效能总体水平相比较,具体如下:

表 5-7　教研员自我效能总体水平与自我效能 B 水平的比较表

变量	教研员自我效能 B 水平状况		教研员自我效能 总体水平状况		平均分差值
	平均分	标准差	平均分	标准差	
认知效能	4.0269	0.58315	4.4037	0.78126	−0.3768
情绪效能	3.8287	0.43763	4.2775	0.76536	−0.4488
意志效能	3.9675	0.38803	4.3282	0.69205	−0.3607
自我效能整体	3.9565	0.31524	4.3421	0.67659	−0.3856

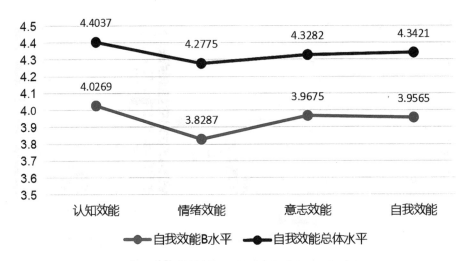

图5-9 教研员自我效能总体水平与自我效能 B 水平的比较图

从表5-7和图5-9中可以看出,相对于教研员自我效能总体水平,教研员自我效能 B 水平整体均处于自我效能总体水平的下方,说明此水平教研员的自我效能比总体水平自我效能差,整体需要提高。其中,突出表现在情绪效能这一维度,该水平教研员在情绪表达和情绪管理等方面尤其需要加强。

(三)教研员自我效能 C 水平的结构表征

1. 认知效能

认知效能维度(见图5-10),就教研员对教研工作的社会价值的认知而言,93.9%的教研员选择"一般"及以下,仅有6.1%的教研员选择"比较符合",此外,没有教研员选择"完全不符合"和"完全符合",说明此水平超过十分之九的教研员在"我坚信教研员的工作是一项崇高的事业"这一教研工作的社会价值上认同度较低。就教研员对教研工作的自我实现价值认知而言,9.1%的教研员选择"比较符合",没有人选择"完全符合",说明此水平中仅有9.1%的教研员较认同"在教研工作中能实现自己的价值",即教研工作对自我价值实现的作用。就教研员对教研工作的教育价值认知而言,66.7%的教研员选择"不太符合",27.3%的教研员选择"一般",仅有6.1%的教研员选择"比较符合",这说明94%的教研员对教研工作对教育发展的作用的认知度较低,效能表现较差。概而言之,在教研员自我效能 C 水平,教研员的认知效能呈现整体很低的状况,此外在认知维度有一个突出特征,即没有教研员选择"完全不符合"和"完全符合"。

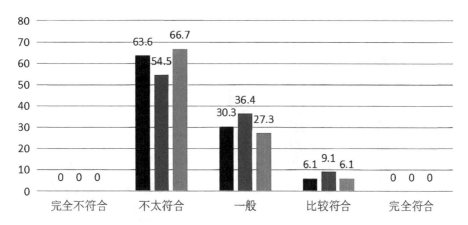

图5-10 教研员认知效能各题项选择百分比柱状图

2. 情绪效能

情绪效能维度(见图5-11),就教研员在教研工作中能够恰当表达情绪而言,51.5%的教研员选择"不太符合",42.4%的教研员选择"一般",仅有6.1%的教研员选择"比较符合",且没有教研员选择"完全符合"这一选项,这说明此水平中约93.9%的教研员在情绪表达上效能感极低。就教研员在教研工作中能够做好情绪调整而言,51.5%即超过二分之一的教研员选择"完全不符合",36.4%的教研员选择"不太符合",仅有3%的教研员表示在教研工作中能够做好情绪调整。概而言之,在教研员自我效能C水平,教研员的情绪效能呈现整体很低的状况。

3. 意志效能

意志效能维度(见图5-12),就教研员对"能够自觉完成既定目标"而言,51.5%的教研员选择"完全不符合",36.4%的教研员选择"不太符合",6.1%的教研员选择"一般",仅有6%的教研员选择符合项,这说明超过90%的教研员在"自觉完成目标"行为意志上效能感较低。就教研员对"能够在工作中迅速做出合理决定"而言,45.5%的教研员选择"完全不符合",42.4%的教研员选择"不太符合",9.1%的教研员选择"一般",仅有3%的教研员选择符合项,这说明此水平中的教研员在"做出合理决定"这一行为意志上效能感较低。就教研员在"能够以坚强的毅力完成工作任务"而言,仅有3%的教研员选择符合项,48.5%

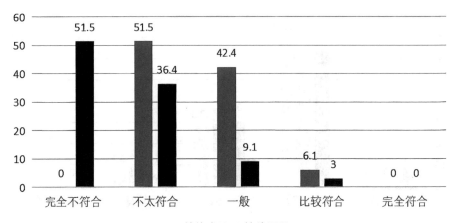

图 5-11　教研员情绪效能各题项选择百分比柱状图

的教研员选择"完全不符合",39.4%的教研员选择"不太符合",9.1%的教研员选择"一般",共有97%的教研员选择了"一般"及以下,这说明教研员在"完成工作任务"这一行为意志上效能感极低。就教研员对"在工作中能够自觉控制自己的行动"而言,没有教研员选择"完全符合"和"比较符合",仅有9.1%的教研员选择"一般",超过90%的教研员选择"完全不符合"和"不太符合",说明此水平中教研员在"自觉控制行动"这一行为意志上效能感很低。概而言之,在教研员自我效能C水平,教研员的意志效能呈现整体很低的状况。

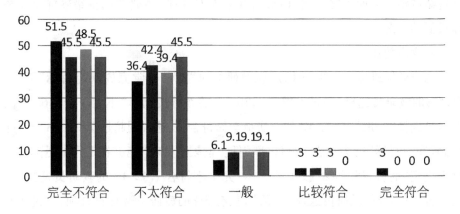

图 5-12　教研员意志效能各题项选择百分比柱状图

4. 教研员自我效能 C 水平整体说明

教研员自我效能 C 水平是教研员自我效能的最低水平,教研员在各个维度的表现相对均衡,其中意志效能最高,情绪效能居中,认知效能最低;此外教研员效能 C 水平整体均值低于意志效能和情绪效能,但高于认知效能。

表 5-8　教研员自我效能 C 水平整体状况

变量	教研员自我效能 C 水平状况		排序
	平均分	标准差	
认知效能	1.4545	0.57626	3
情绪效能	1.5909	0.65496	2
意志效能	1.6742	0.73815	1
自我效能 C 水平整体	1.5825	0.58796	

就教研员自我效能 C 水平与教研员自我效能总体水平相比较,具体如下:

表 5-9　教研员自我效能总体水平与自我效能 C 水平的比较表

变量	教研员自我效能 C 水平状况		教研员自我效能 总体水平状况		平均分差值
	平均分	标准差	平均分	标准差	
认知效能	1.4545	0.57626	4.4037	0.78126	−2.9492
情绪效能	1.5909	0.65496	4.2775	0.76536	−2.6866
意志效能	1.6742	0.73815	4.3282	0.69205	−2.6540
自我效能整体	1.5825	0.58796	4.3421	0.67659	−2.7596

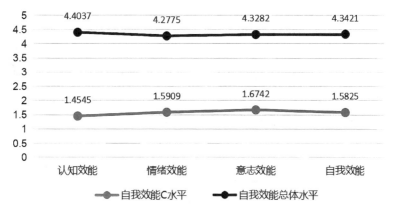

图 5-13　教研员自我效能总体水平与自我效能 C 水平的比较图

从表5-9和图5-13中可以看出,相对于教研员自我效能总体水平,教研员自我效能 C 水平在认知效能、情绪效能、意志效能三维度及自我效能均处于自我效能总体水平的下方,说明此水平教研员的自我效能较之总体水平的自我效能相差较多,突出表现在认知效能和情绪效能这两个维度上。就 C 水平教研员而言,认知、情绪和意志三方面效能水平都亟待提高,尤其是认知效能和情绪效能方面,需要教研员全面提高自身工作信念、归因能力、情绪表达能力和情绪管理能力等,以此提升自我效能整体水平。

四、教研员自我效能的突出特征

聚类分析划分水平的目的是深入探究教研员自我效能的内在特征,这既是研究探索的重点,也是难点所在。所谓突出特征,即抓住事物独具的个性,将其与众不同的地方鲜明地表现出来。在本书中,教研员自我效能在每个个体上均有所体现,且是由认知效能、情绪效能和意志效能三个维度所决定的,因而需要以这三个维度为依据来分析不同水平教研员的突出特征。

(一)教研员自我效能的水平内差异分析

在集合中,各部分总是以一定的结构或顺序构成整体,从而使事物整体具有某种属性特征或特定规律。有鉴于此,要准确把握教研员自我效能内在结构,理清教研员自我效能水平特征,就必须对教研员自我效能整体进行"解剖",进而对其各水平内的差异展开分析。由此,本书以各水平为单位,对教研员自我效能在单位类别、性别、教研年限、职称和学历五个观测点上的差异展开探究。

1. 水平内教研员自我效能的单位类别差异

不同的单位类别对教研员自我效能有着一定影响,为此,本书分别对不同水平内省级单位、市级单位和区(县)级单位的教研员数据进行单因素方差分析,并在此基础上对结果进行 LSD 多重比较(见表5-10)。

表 5-10　三水平内教研员自我效能的单位类别差异

单位	维度	省级 （M/SD）a	市级 （M/SD）b	区（县）级 （M/SD）c	F
A 水平	认知效能	4.90/0.19	4.83/0.31	4.85/0.29	0.740
	情绪效能	4.83/0.36	4.74/0.42	4.77/0.36	0.745
	意志效能	4.84/0.21	4.79/0.31	4.73/0.32	2.520
	自我效能总体	4.86/0.18	4.79/0.22	4.78/0.21	1.404
B 水平	认知效能	4.07/0.54	4.10/0.51	4.01/0.60	0.663
	情绪效能	3.83/0.44	3.81/0.45	3.83/0.44	0.061
	意志效能	3.90/0.27	3.97/0.44	3.97/0.39	0.265
	自我效能总体	3.95/0.30	3.98/0.29	3.95/0.32	0.211
C 水平	认知效能	/	1.00/0.00	1.50/0.59	2.215
	情绪效能	/	1.33/0.58	1.62/0.67	0.502
	意志效能	/	1.25/0.43	1.71/0.75	1.093
	自我效能总体	/	1.19/0.32	1.62/0.60	1.532

表 5-10 的数据表明,在教研员自我效能三个水平内,教研员自我效能在不同单位类别的差异未达显著。具体而言,在三水平内部,不同单位类别的教研员的自我效能总体、认知效能、情绪效能和意志效能没有显著差异。这表明在同一个水平内,来自不同单位类别的教研员在认知效能、情绪效能和意志效能上具有一定的共同特征,且表现出相似的结构水平。

2. 水平内教研员自我效能的性别差异

以往研究表明,自我效能与个性特征有关。有鉴于此,对各水平内性别对教研员自我效能的影响进行考量是适切的,本书分别对男性教研员和女性教研员的效能指标进行独立样本 T 检验(见表 5-11)。

表 5-11　三水平内教研员自我效能的性别差异

单位	维度	男（M/SD）a	女（M/SD）b	t
A 水平	认知效能	4.86/0.28	4.84/0.30	0.925
	情绪效能	4.76/0.38	4.78/0.36	-0.972
	意志效能	4.72/0.31	4.77/0.31	-1.662
	自我效能总体	4.77/0.21	4.79/0.21	-1.060
B 水平	认知效能	3.97/0.65	4.09/0.50	-2.364**
	情绪效能	3.83/0.48	3.83/0.39	0.41
	意志效能	3.97/0.38	3.96/0.40	0.223
	自我效能总体	3.94/0.33	3.98/0.30	-1.307
C 水平	认知效能	1.32/0.46	1.81/0.73	-2.350**
	情绪效能	1.50/0.64	1.83/0.66	-1.317
	意志效能	1.50/0.68	2.10/0.73	-2.369**
	自我效能总体	1.44/0.54	1.96/0.56	-2.447**

注：* $p<0.05$，表示显著差异；** $p<0.01$，表示非常显著差异；*** $p<0.001$，表示极其显著差异；下同。

表 5-11 的数据表明，在教研员自我效能 A 水平内，教研员自我效能在性别上不存在显著差异，这说明在高自我效能 A 水平，教研员自我效能不受性别因素影响。在教研员自我效能 B 水平内，只有教研员认知效能在不同性别存在显著差异，结合均值看，该显著差异具体表现为：女性教研员的认知效能显著高于男性教研员。在教研员自我效能 C 水平内，除情绪效能在不同性别上不存在显著差异之外，教研员认知效能、意志效能和自我效能总体在不同性别上均存在显著性差异，结合均值来看，该显著差异具体表现为：女性教研员的认知效能、意志效能和自我效能总体均显著高于男性教研员。

3. 水平内教研员自我效能的教研年限差异

过往经验是影响自我效能的重要影响因素。为此，本书分别对各水平内不同教研年限的教研员数据进行单因素方差分析，并在此基础上对结果进行 LSD 多重比较（见表 5-12）。

表 5-12　三水平内教研员自我效能的教研年限差异

单位	维度	0—5 年（M/SD）a	6—10 年（M/SD）b	11—15 年（M/SD）c	16—20 年（M/SD）d	20 年以上（M/SD）e	F	Post Hoc
A 水平	认知效能	4.87/0.30	4.83/0.30	4.82/0.31	4.85/0.29	4.88/0.25	0.805	
	情绪效能	4.82/0.37	4.74/0.39	4.76/0.37	4.74/0.41	4.74/0.38	1.528	
	意志效能	4.74/0.33	4.75/0.29	4.74/0.33	4.74/0.34	4.78/0.29	0.417	
	自我效能总体	4.80/0.21	4.78/0.21	4.77/0.20	4.78/0.23	4.80/0.20	0.618	
B 水平	认知效能	4.04/0.57	4.04/0.56	4.03/0.65	4.07/0.61	3.96/0.54	0.436	
	情绪效能	3.82/0.44	3.75/0.48	3.86/0.44	4.86/0.44	4.91/0.34	2.204	e>b
	意志效能	3.97/0.43	3.94/0.40	3.96/0.35	3.95/0.35	4.04/0.38	0.881	
	自我效能总体	3.96/0.32	3.93/0.34	3.96/0.30	3.97/0.33	3.98/0.26	0.456	
C 水平	认知效能	1.38/0.68	1.47/0.87	1.47/0.45	2.11/0.19	1.33/0.45	1.172	d>e
	情绪效能	1.36/0.63	1.50/0.71	2.00/0.71	2.17/0.76	1.46/0.56	1.538	
	意志效能	1.79/0.98	1.70/0.67	2.10/0.91	2.17/0.14	1.33/0.51	1.629	d>e
	自我效能总体	1.56/0.66	1.58/0.69	1.87/0.65	2.14/0.17	1.36/0.48	1.562	d>e

注：* 均值差的显著性水平为 0.05。

由上表数据可知，在教研员自我效能各水平内，教研员自我效能在教研年限上差异未达显著。具体而言，在 A 水平、B 水平和 C 水平内部，不同教研年限的教研员自我效能总体及三个维度（认知效能、情绪效能和意志效能）差异不显著。这表明在同一水平内，不同教研年限的教研员具有相似的内部结构，且结构存在共同的特征。根据样本信息可知，教研年限样本结构在各水平中均相对均衡，因而可以认为，在同一水平内，教研年限不是教研员自我效能水平的显著影响因子。

4. 水平内教研员自我效能的职称差异

职称作为工作成就的体现可能会影响教研员自我效能水平，因此，本书分别对三个水平内不同职称的教研员数据进行单因素方差分析，并在此基础上对结果进行 LSD 多重比较（见表 5-13）。

表5-13　三水平内教研员自我效能的职称差异

单位	维度	正高级（M/SD）a	高级（M/SD）b	一级教师（M/SD）c	二级教师（M/SD）d	三级教师（M/SD）e	F
A水平	认知效能	4.78/0.24	4.83/0.31	4.88/0.26	4.86/0.28	5.00/0.00	1.295
	情绪效能	4.89/0.22	4.73/0.40	4.80/0.35	4.81/0.29	4.90/0.22	1.932
	意志效能	4.89/0.13	4.76/0.30	4.73/0.33	4.70/0.37	4.85/0.22	1.051
	自我效能总体	4.85/0.16	4.78/0.21	4.79/0.22	4.78/0.22	4.91/0.14	0.962
B水平	认知效能	4.00/	4.09/0.56	3.97/0.62	3.76/0.56	4.10/0.25	3.312*
	情绪效能	4.00/	3.85/0.43	3.81/0.46	3.79/0.43	3.64/0.63	0.612
	意志效能	4.00/	3.99/0.39	3.96/0.38	3.82/0.43	3.93/0.19	1.787
	自我效能总体	4.00/	3.99/0.30	3.93/0.33	3.80/0.35	3.92/0.25	3.964*
C水平	认知效能	1.38/0.68	1.47/0.87	1.47/0.45	2.11/0.19	1.33/0.45	1.172
	情绪效能	1.36/0.63	1.50/0.71	2.00/0.71	2.17/0.76	1.46/0.56	1.538
	意志效能	1.79/0.98	1.70/0.67	2.10/0.91	2.17/0.14	1.33/0.51	1.629
	自我效能总体	1.56/0.66	1.58/0.69	1.87/0.65	2.14/0.17	1.36/0.48	1.562

注：* 均值差的显著性水平为0.05。此外，由于 B 水平中至少一个组中的案例少于两个，因此未对认知效能和自我效能总体执行"在此之后"检验。

表5-13 的数据表明，在教研员自我效能 A 水平和 C 水平内，不同职称的教研员自我效能不存在显著差异，在教研员自我效能 B 水平内，不同职称的教研员在认知效能和自我效能总体上存在显著的差异。由样本信息可知，较之 A 水平和 C 水平的职称构成，B 水平教研员的职称构成呈现出两个特点，其一，仅有 1 名正高级职称教研员；其二，三级教研员数量最多，这极有可能是造成差异的原因所在。

5. 水平内教研员自我效能的学历差异

学历作为教研员受教育过程的证明，其可能对教研员自我效能水平产生影响。为此，本书分别对三个水平内不同学历的教研员数据进行单因素方差分析，并在此基础上对结果进行 LSD 多重比较（见表5-14）。

表5-14　三水平内教研员自我效能的学历差异

单位	维度	大专及以下 （M/SD）a	本科 （M/SD）b	硕士 （M/SD）c	F	Post Hoc
A 水 平	认知效能	4.86/0.25	4.85/0.29	4.83/0.32	0.224	
	情绪效能	4.74/0.40	4.78/0.36	4.69/0.42	1.983	
	意志效能	4.73/0.36	4.74/0.31	4.77/0.30	0.277	
	自我效能总体	4.78/0.21	4.79/0.21	4.77/0.22	0.206	
B 水 平	认知效能	3.86/0.60	4.03/0.58	4.09/0.56	1.929	
	情绪效能	3.86/0.54	3.81/0.43	3.89/0.41	0.931	
	意志效能	3.83/0.47	3.98/0.37	3.99/0.42	2.375	
	自我效能总体	3.85/0.38	3.96/0.30	4.00/0.33	2.869	b>a,c>a
C 水 平	认知效能	1.67/	1.40/0.59	1.67/0.56	0.586	
	情绪效能	1.50/	1.54/0.63	1.83/0.82	0.619	
	意志效能	1.00/	1.60/0.70	2.12/0.80	0.189	
	自我效能总体	1.33/	1.51/0.58	1.91/0.61	0.321	

注：* 均值差的显著性水平为0.05。此外，由于B水平中至少一个组中的案例少于两个，因此未对认知效能和自我效能总体执行"在此之后"检验。

表5-14的数据表明，在教研员自我效能的各水平内，不同学历的教研员自我效能不存在显著差异。具体而言，在各水平内部，不同学历的教研员自我效能总体及三个分维度（认知效能、情绪效能和意志效能）之间不存在显著差异。这表明在同一个教研员自我效能水平内，学历不同的教研员内部结构存在共同特征。结合样本信息表可知，硕士学历的教研员在A水平、B水平和C水平样本学历构成中均占较大比例，其比例分别为82.25%、80.91%和70.79%，这有可能是造成差异不显著的原因之一。

（二）教研员自我效能的水平间差异分析

自我效能作为系统，其整体效能发挥不仅受到各水平内部结构特征影响，更取决于各水平间的关系互动与作用机制。有鉴于此，对教研员自我效能的水平间差异进行分析，有利于从关系层面把握教研员自我效能。基于此，本书主要以水平分析为基线,以此刻画各维度得分表现,结果如图 5-14 所示。

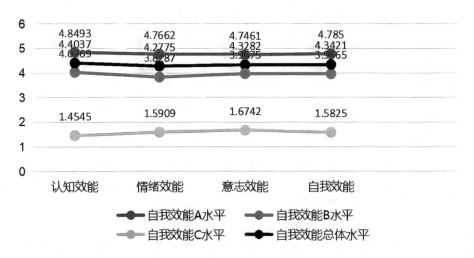

图 5-14 教研员自我效能总体水平与自我效能三水平的比较图

根据已有论述和图 5-14 可知,A 水平的教研员自我效能良好,均高于整体水平,尤其在情绪维度方面显著高于整体水平,反映出该水平教研员的情绪表达和情绪管理能力较好,但相对于认知和情绪两维度而言,意志方面需要加强;B 水平的教研员自我效能均低于总体水平,尤其表现在情绪效能方面;C 水平的教研员自我效能显著低于总体水平,反映出该水平教研员自我效能较差,在认知效能、情绪效能和意志效能三个维度上均需要提高,尤其是认知效能方面。据此,我们形成教研员自我效能三个等级水平相互区别的突出结构特征表,如表 5-15 所示:

表 5-15 教研员自我效能三个等级水平相互区别的突出特征

	认知效能	情绪效能	意志效能
A 水平		情绪表达和情绪管理能力较强	行为意志相对欠佳
B 水平		情绪表达和情绪调节不理想	
C 水平	对教研工作价值认知不足,认同度有待提高	情绪表达和情绪调节效果较差	行动力和坚持性不足

第一,处于自我效能 A 水平的教研员在认知效能、情绪效能和意志效能三

个维度上均高于总体水平,属于"高自我效能教研员"。其突出特征是情绪效能强,这就说明此水平上的教研员在工作中能更好地管理自己的情绪,适时恰当地实现情绪表达,但相对而言,意志效能仍需要加强。

第二,处于自我效能 B 水平的教研员在认知效能、情绪效能和意志效能三个维度上均低于总体水平,属于"中等偏下自我效能教研员"。其突出特征是情绪效能较低,情绪表达和情绪调节欠佳,在自我情绪上可能存在某些问题,影响了正常需要的情绪表达和调节,需进一步加强各方面能力培养,尤其是情绪效能的提升。

第三,处于自我效能 C 水平的教研员在认知效能、情绪效能和意志效能三个维度上显著低于总体水平,属于"低自我效能教研员"。突出特征是在认知效能维度上,对教研工作价值的认知不足,对教研工作的认同度有待提高;在情绪效能维度上,情绪表达和情绪调节效果不理想,整体较差;在意志效能维度上,行动力和坚持性不足,极需要加强各方面能力培养,尤其是认知效能和情绪效能方面,需要提高自身工作信念、归因能力、情绪表达能力和情绪管理能力,以提升该水平教研员的自我效能。

第三节　教研员自我效能的影响因素

教研员自我效能的影响因素指的是对教研员自我效能产生影响的教研员背景变量或人口变量。本部分探讨了性别、单位类型、年龄段、教研年限、职称和学历六个背景变量对教研员自我效能的影响。

对教研员自我效能影响因素予以客观分析,结合簇类中心点均值,将自我效能水平由低到高予以排列,具体排列为:自我效能 A 水平——原始第 1 簇(中心点均值为 4.32);自我效能 B 水平——原始第 2 簇(中心点均值为 3.82);自我效能 C 水平——原始第 3 簇(中心点均值为 1.82)。

一、单位类别因素

教研员自我效能有效问卷为 1189 份。依据单位类别划分,在 1189 名教研员中,41 名教研员来自省级单位,193 名教研员来自市级单位,955 名教研员来自区(县)级。

表 5-16　教研员自我效能与单位类别的差异分析

	学校类别	均值	标准差	F 值	事后多重比较
认知效能	省级单位	4.5366	0.56213	2.802*	
	市级单位	4.506	0.68389		
	区(县)级单位	4.3773	0.80568		
情绪效能	省级单位	4.3902	0.6375	1.692	
	市级单位	4.3523	0.72544		
	区(县)级单位	4.2576	0.77746		
意志效能	省级单位	4.4268	0.52513	3.765*	2>3
	市级单位	4.4417	0.665		
	区(县)级单位	4.301	0.70149		
自我效能	省级单位	4.4553	0.51388	3.413*	2>3
	市级单位	4.4433	0.61656		
	区(县)级单位	4.3168	0.69225		

注：* 表示 $P<0.05$，表示差异显著；** 表示 $P<0.01$，表示差异非常显著；*** 表示 $P<0.001$，表示差异极其显著。

据表 5-16 可知，省级单位教研员的自我效能最高，市级单位教研员的自我效能次之，区(县)级单位教研员的自我效能较低。具体而言，不同单位类别的教研员在意志效能和自我效能总体上存在显著差异，但在认知效能和情绪效能上并不存在显著差异。其中，在意志效能上，市级单位的教研员自我效能显著高于区(县)级单位教研员的自我效能，因而，这使得区(县)级单位的教研员自我效能总体水平不及省级单位和市级单位的教研员。其在每个水平上的分布如图 5-15 至图 5-17 所示。

据图 5-15 所示，单位类别为省级单位的 41 名教研员中，56.09% 的教研员分布于 A 水平，43.9% 的教研员分布于 B 水平，在 C 水平上没有分布。

据图 5-16 所示，单位类别为市级单位的 193 名教研员中，62.69% 的教研员分布于 A 水平，35.75% 的教研员分布于 B 水平，仅有 1.55% 的教研员分布于 C 水平。

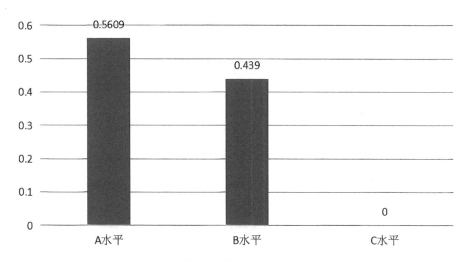

图5-15　省级单位教研员占各水平的百分比

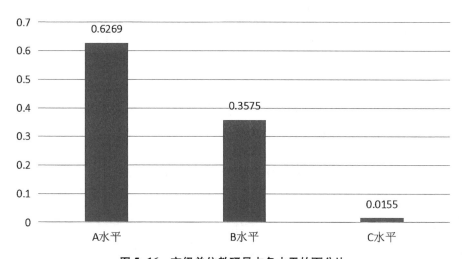

图5-16　市级单位教研员占各水平的百分比

据图5-17所示,单位类别为区(县)级单位的955名教研员,52.77%的教研员分布于A水平,44.08%的教研员分布于B水平,仅有3.14%的教研员分布于C水平。

总体而言,省级单位的教研员主要分布于A水平和B水平,C水平上没有分布,这说明省级单位的教研员整体自我效能表现良好;市级单位的教研员在A水平上分布最多,在C水平上有分布但不足2%,这说明市级单位的教研员自我效能整体情况较好,但也存在一小部分教研员自我效能有待提高;区(县)级单

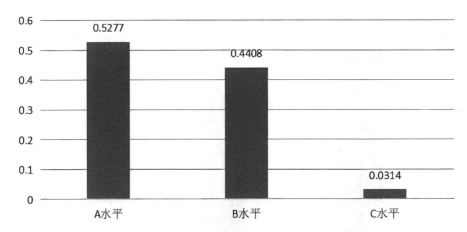

图 5-17　区（县）级单位教研员占各水平的百分比

位教研员大部分也主要分布在 A 水平和 B 水平,但较之省级单位和市级单位教研员来说,其在 C 水平上的分布比例明显上升,这说明区(县)级单位的教研员自我效能整体表现较好,但是存在较多的教研员自我效能表现仍较差。

二、性别因素

教研员自我效能有效问卷为 1189 份。依据性别划分,在 1189 名教研员中,有 584 名男性教研员和 605 名女性教研员。

表 5-17　教研员自我效能在性别上的差异分析

	性别	均值	标准差	T 值
认知效能	男	4.3162	0.89983	-3.891***
	女	4.4882	0.63595	
情绪效能	男	4.2055	0.84253	-3.793***
	女	4.3471	0.67612	
意志效能	男	4.2551	0.76966	-3.190***
	女	4.3988	0.60006	
自我效能	男	4.2645	0.76897	-3.595***
	女	4.4171	0.56407	

注: * 表示 P<0.05,表示差异显著; ** 表示 P<0.01,表示差异非常显著; *** 表示 P<0.001,表示差异极其显著。

据表 5-17 可知,从性别差异来看,女性教研员自我效能整体优于男性教研员自我效能,且女性教研员在认知效能、情绪效能、意志效能和自我效能整体上均与男性教研员存在极其显著差异。

不同性别教研员在各个水平上的分布如图 5-18 和图 5-19 所示。

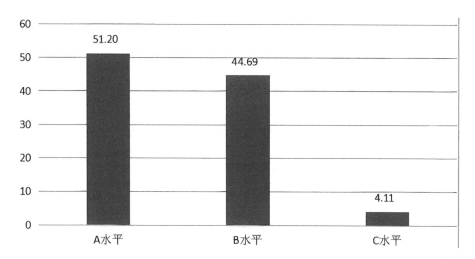

图 5-18　男性教研员在各水平所占百分比

据图 5-18 所示,584 名男性教研员中,51.20% 的男性教研员分布于 A 水平,44.69% 的男性教研员分布于 B 水平,还有 4.11% 的男性教研员分布于 C 水平。

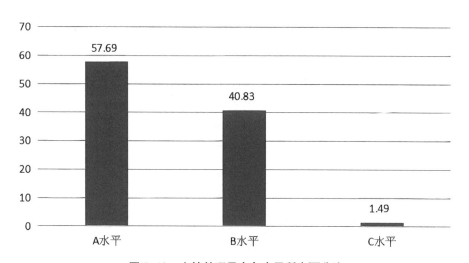

图 5-19　女性教研员在各水平所占百分比

据图5-19所示,605名女性教研员中,57.69%的女性教研员分布于A水平,40.83%的女性教研员分布于B水平,还有1.49%的女性教研员分布于C水平。

总体而言,在自我效能最高和中等水平上,女性教研员的分布多于男性教研员,而在自我效能最低水平上,男性教研员的分布比例约是女性教研员分布比例的3倍。由此可知,女性教研员的自我效能整体优于男性教研员。

三、年龄段因素

教研员自我效能有效问卷为1189份。依据年龄段划分,在1189名教研员中,31名教研员处于20—30岁年龄段,256名教研员处于31—40岁年龄段,577名教研员处于41—50岁年龄段,325名教研员处于50岁以上年龄段。

表5-18 教研员自我效能在不同年龄段的差异分析

	年龄段	均值	标准差	F 值	事后多重比较
认知效能	20—30 岁	4.1398	0.73924	0.96	
	31—40 岁	4.4479	0.77761		
	41—50 岁	4.4339	0.75609		
	50 岁以上	4.3405	0.82545		
情绪效能	20—30 岁	4.1452	0.81847	2.457	
	31—40 岁	4.2969	0.78074		
	41—50 岁	4.2981	0.75026		
	50 岁以上	4.2385	0.77533		
意志效能	20—30 岁	4.2419	0.51024	0.784	
	31—40 岁	4.3086	0.70118		
	41—50 岁	4.3419	0.67525		
	50 岁以上	4.3277	0.73014		
自我效能	20—30 岁	4.1864	0.54538	0.303	
	31—40 岁	4.3524	0.68862		
	41—50 岁	4.3628	0.66141		
	50 岁以上	4.3121	0.70425		

注: * 表示 $P<0.05$,表示差异显著; ** 表示 $P<0.01$,表示差异非常显著; *** 表示 $P<0.001$,表示差异极其显著。

　　依据教研员年龄分段对样本进行单因素方差分析,发现不同年龄段的教研员之间不存在显著差异,其在每个水平上的分布如图 5-20 至图 5-23 所示。

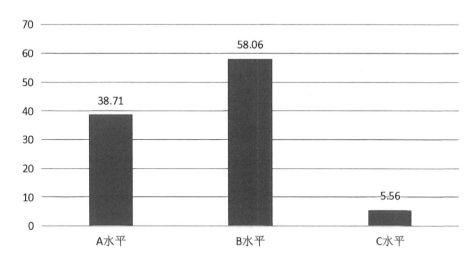

图 5-20　20—30 岁教研员在各水平所占百分比

　　据图 5-20 所示,31 名 20—30 岁年龄段的教研员中,38.71%的教研员分布于 A 水平,58.06%的教研员分布于 B 水平,还有 5.56%的教研员分布于 C水平。

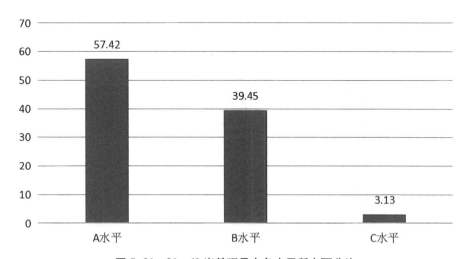

图 5-21　31—40 岁教研员在各水平所占百分比

　　据图 5-21 所示,256 名 31—40 岁年龄段的教研员中,57.42%的教研员分布于 A 水平,39.45%的教研员分布于 B 水平,还有 3.13%的教研员分布于 C 水平。

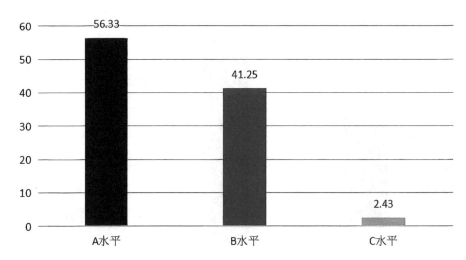

图 5-22　41—50 岁教研员在各水平所占百分比

据图 5-22 所示,577 名 41—50 岁年龄段的教研员中,56.33%的教研员分布于 A 水平,41.25%的教研员分布于 B 水平,还有 2.43%的教研员分布于 C 水平。

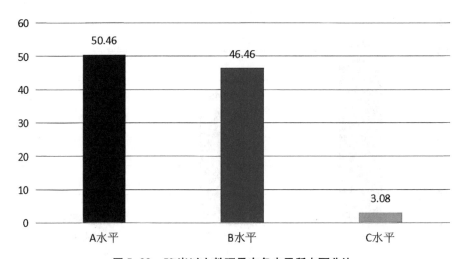

图 5-23　50 岁以上教研员在各水平所占百分比

据图 5-23 所示,325 名 50 岁以上年龄段的教研员中,50.46%的教研员分布于 A 水平,46.46% 的教研员分布于 B 水平,还有 3.08% 的教研员分布于 C 水平。

　　具体而言,在自我效能最高水平和中等水平上,不同年龄段的教研员水平分布比例十分接近;在自我效能最低水平,各年龄段的教研员的分布比例差异亦不大,基本上处于 2—3.5 的百分数范围内,说明不同年龄段的教研员其自我效能差异并不明显。

四、教研年限因素

　　教研员自我效能有效问卷为 1189 份。依据教研年限划分,在 1189 名教研员中,333 名教研员教研年限为 0—5 年,276 名教研员教研年限为 6—10 年,210 名教研员教研年限为 11—15 年,164 名教研员教研年限为 16—20 年,206 名教研员教研年限为 20 年以上。

表 5-19　教研员自我效能与教研年限的差异分析

	教研年限	均值	标准差	F 值	事后多重比较
认知效能	0—5 年	4.4815	0.73909	2.288	1>5
	6—10 年	4.3901	0.71999		
	11—15 年	4.3921	0.77798		
	16—20 年	4.4411	0.68077		
	20 年以上	4.2783	0.97179		
情绪效能	0—5 年	4.3694	0.75961	2.549	
	6—10 年	4.2047	0.75482		
	11—15 年	4.3024	0.70047		
	16—20 年	4.2896	0.67602		
	20 年以上	4.1917	0.89627		
意志效能	0—5 年	4.3844	0.65727	1.161	
	6—10 年	4.3043	0.64013		
	11—15 年	4.3333	0.62939		
	16—20 年	4.3354	0.59808		
	20 年以上	4.2585	0.90943		

续表

	教研年限	均值	标准差	F 值	事后多重比较
自我效能	0—5 年	4.4134	0.64255	2.061	
	6—10 年	4.3108	0.63049		
	11—15 年	4.346	0.61674		
	16—20 年	4.3604	0.57309		
	20 年以上	4.2503	0.88525		

注:* 表示 P<0.05,表示差异显著;** 表示 P<0.01,表示差异非常显著;*** 表示 P<0.001,表示差异极其显著。

依据教研员教研年限对样本进行单因素方差分析,发现不同教研年限的教研员之间不存在显著性差异,其在每个水平上的分布如图 5-24 至图 5-28 所示。

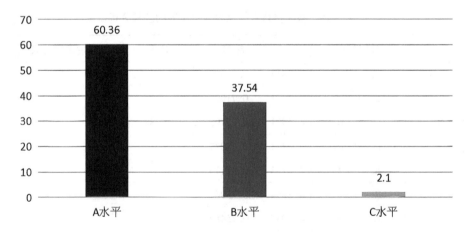

图 5-24　0—5 年教研年限教研员在各水平所占百分比

依据图 5-24 所示,333 名教研年限为 0—5 年的教研员,其中 60.36% 的教研员分布于 A 水平,37.54% 的教研员分布于 B 水平,还有 2.1% 的教研员分布于 C 水平。

依据图 5-25 所示,276 名教研年限为 6—10 年的教研员,其中 50.36% 的教研员分布于 A 水平,47.83% 的教研员分布于 B 水平,此外 1.51% 的教研员分布于 C 水平。

依据图 5-26 所示,210 名教研年限为 11—15 年的教研员,其中 53.81% 的

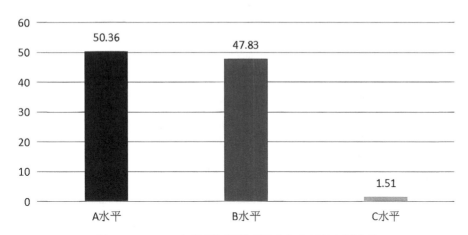

图 5-25　6—10 年教研年限教研员在各水平所占百分比

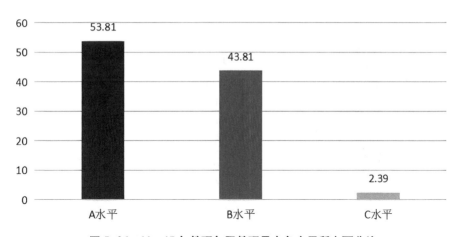

图 5-26　11—15 年教研年限教研员在各水平所占百分比

教研员分布于 A 水平,43.81% 的教研员分布于 B 水平,此外 2.39% 的教研员分布于 C 水平。

依据图 5-27 所示,164 名教研年限为 16—20 年的教研员,其中 52.44% 的教研员分布于 A 水平,45.73% 的教研员分布于 B 水平,此外 1.83% 的教研员分布于 C 水平。

依据图 5-28 所示,206 名教研年限为 20 年以上的教研员,其中 52.91% 的教研员分布于 A 水平,40.78% 的教研员分布于 B 水平,此外 6.31% 的教研员分布于 C 水平。

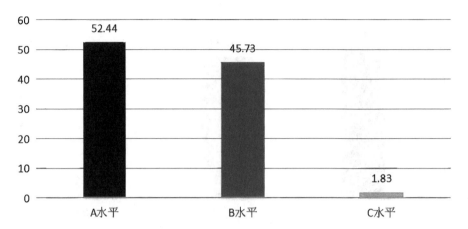

图 5-27　16—20 年教研年限教研员在各水平所占百分比

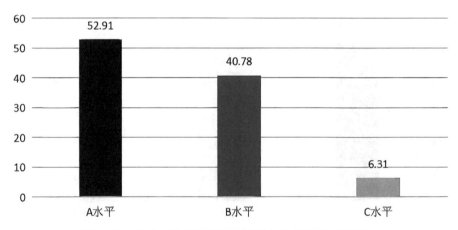

图 5-28　20 年以上教研年限教研员在各水平所占百分比

　　具体而言,教研年限为 0—5 年的教研员较之其他教研年限,其在 A 水平的分布比例最高,而教研年限为 20 年以上的教研员较之其他教研年限,其在 C 水平的分布比例最高。此外,教研年限为 6—10 年、11—15 年和 16—20 年的教研员在三个水平的分布比例十分接近。总体来说,不同教研年限的教研员其自我效能差异并不明显。

五、职称因素

　　教研员自我效能有效问卷为 1189 份。依据职称划分,在 1189 名教研员中,正高级教研员 12 名,高级教研员 694 名,一级教师 383 名,二级教师 87 名,三级教师 13 名。

表 5-20　教研员自我效能与职称的差异分析

	职称	均值	标准差	F 值	事后多重比较
认知效能	正高级	4.0833	1.4711	1.179	
	高级	4.4284	0.73676		
	一级教师	4.3969	0.83744		
	二级教师	4.2874	0.75939		
	三级教师	4.359	0.63043		
情绪效能	正高级	4.25	1.33995	0.414	
	高级	4.2731	0.73267		
	一级教师	4.299	0.79925		
	二级教师	4.2586	0.75814		
	三级教师	4.0385	0.9005		
意志效能	正高级	4.1667	1.50504	0.901	
	高级	4.353	0.65315		
	一级教师	4.312	0.73339		
	二级教师	4.2471	0.64078		
	三级教师	4.1731	0.70256		
自我效能	正高级	4.1574	1.45061	0.784	
	高级	4.3604	0.6317		
	一级教师	4.3374	0.72673		
	二级教师	4.2631	0.63876		
	三级教师	4.2051	0.69957		

注: * 表示 $P<0.05$,表示差异显著; ** 表示 $P<0.01$,表示差异非常显著; *** 表示 $P<0.001$,表示差异极其显著。

依据教研员职称对样本进行单因素方差分析,发现不同职称的教研员之间不存在显著差异,其在每个水平上的分布如图 5-29 至图 5-33 所示。

依据图 5-29 所示,12 名正高级教研员中 75% 的教研员分布于 A 水平,

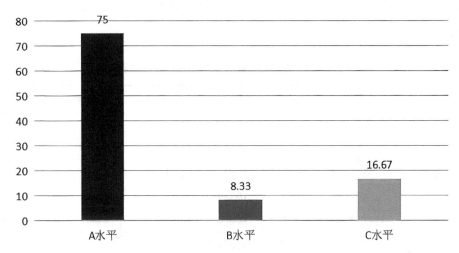

图5-29 正高级教研员在各水平所占百分比

8.33%的教研员分布于B水平,此外16.67%的教研员分布于C水平。

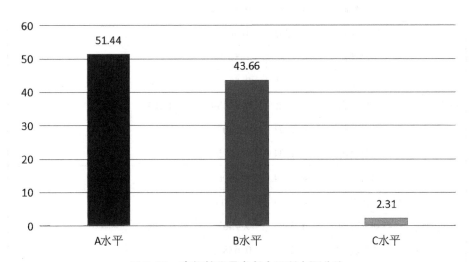

图5-30 高级教研员在各水平所占百分比

依据图5-30所示,694名高级教研员中51.44%的教研员分布于A水平,43.66%的教研员分布于B水平,此外2.31%的教研员分布于C水平。

依据图5-31所示,383名一级教师教研员中56.14%的教研员分布于A水平,40.73%的教研员分布于B水平,此外3.13%的教研员分布于C水平。

依据图5-32所示,87名二级教师教研员中50.57%的教研员分布于A水

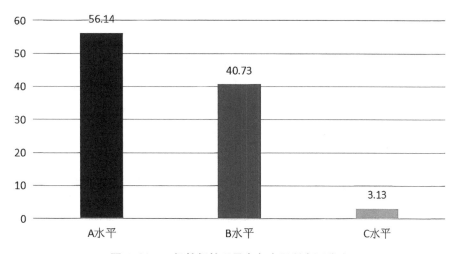

图5-31 一级教师教研员在各水平所占百分比

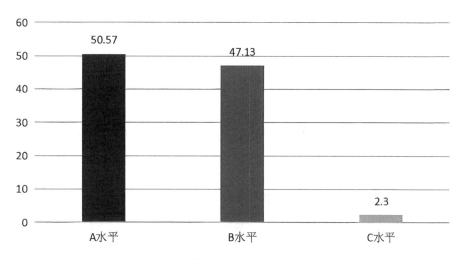

图5-32 二级教师教研员在各水平所占百分比

平,47.13%的教研员分布于B水平,此外2.3%的教研员分布于C水平。

依据图5-33所示,13名三级教师教研员中38.46%的教研员分布于A水平,53.85%的教研员分布于B水平,此外7.69%的教研员分布于C水平。

具体而言,高级教研员、一级教师教研员和二级教师教研员在三个不同水平上的分布比例十分接近;值得注意的是,四分之三的正高级教研员处于自我效能A水平,但是其在B水平上的分布比例明显低于其他职称在B水平上的分布比

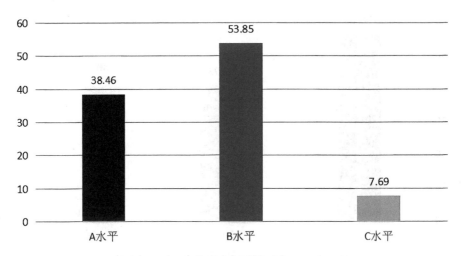

图 5-33　三级教师教研员在各水平所占百分比

例;三级教师教研员较之其他职称的教研员,其在自我效能 A 水平的分布比例明显降低,但在 B 水平上分布比例最高。

六、学历因素

教研员自我效能有效问卷为 1189 份。依据学历划分,在 1189 名教研员中,拥有大专及以下学历的教研员为 80 名,拥有本科学历的教研员为 970 名,拥有硕士学历的教研员为 139 名,随机抽样的样本中没有博士学历的教研员。

表 5-21　教研员自我效能与学历的差异分析

	学历	均值	标准差	F 值	事后多重比较
认知效能	大专及以下	4.3708	0.73105	0.229	
	本科	4.411	0.78128		
	硕士	4.3717	0.81262		
	博士	0	0		
情绪效能	大专及以下	4.3063	0.71376	0.542	
	本科	4.284	0.76865		
	硕士	4.2158	0.77331		
	博士	0	0		

续表

	学历	均值	标准差	F 值	事后多重比较
意志效能	大专及以下	4.2813	0.70976	0.244	
	本科	4.334	0.68817		
	硕士	4.3147	0.71243		
	博士	0	0		
自我效能	大专及以下	4.3167	0.64622	0.240	
	本科	4.3486	0.67624		
	硕士	4.3118	0.69939		
	博士	0	0		

注: * 表示 P<0.05,表示差异显著; ** 表示 P<0.01,表示差异非常显著; *** 表示 P<0.001,表示差异极其显著。

依据教研员学历对样本进行单因素方差分析,发现不同学历的教研员之间不存在显著性差异,其在每个水平上的分布如图 5-34 至图 5-36 所示。

据图 5-34 所示,80 名大专及以下学历的教研员中,53.75%的教研员分布于 A 水平,45%的教研员分布于 B 水平,还有 1.25%的教研员分布于 C 水平。

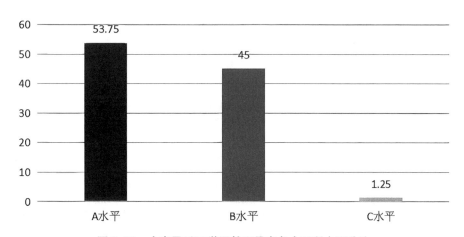

图 5-34　大专及以下学历教研员在各水平所占百分比

据图 5-35 所示,970 名本科学历的教研员中,54.95%教研员分布于 A 水平,42.37%的教研员分布于 B 水平,还有 2.68%的教研员分布于 C 水平。

据图 5-36 所示,139 名硕士学历的教研员中,51.80%的教研员分布于 A 水

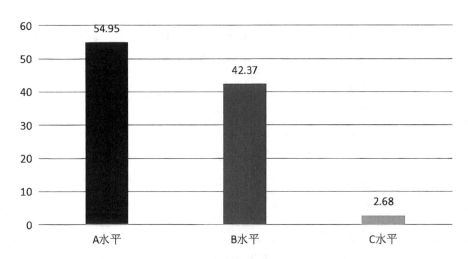

图 5-35 本科学历教研员在各水平所占百分比

平,43.88%的教研员分布于 B 水平,还有 4.32%的教研员分布于 C 水平。

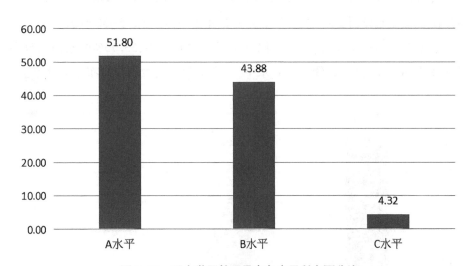

图 5-36 硕士学历教研员在各水平所占百分比

具体而言,根据随机抽样结果显示,样本中没有博士学历的教研员,从大专及以下学历、本科学历和硕士学历来看,不同学历的教研员在自我效能三水平上的比例分布十分相似,即最高水平分布比例超过一半,中等水平分布比例在40%—45%之间,最低水平的分布比例低于5%。因而不同学历的教研员的自我效能并不存在明显差异。

第六章　教研员的组织氛围

"日常生活中的对象绝不是简单'给出'感觉材料或单纯的知觉,而是被从格式塔动力学和学习过程到语言和文化等一系列'心理'因素所翻译,这些因素实际上很大程度上决定着我们实际上'看到'或察觉的东西。"①组织氛围即扮演着影响和氤氲教研员胜任力的文化和心理因素。教研员并非是孑然个体,而是教研机构中的"教研员",这从内在规定了教研员作为个体存在和组织存在的双重属性。教研员的组织身份昭示其教研员胜任力的水平和程度是人和组织相互作用的累积效果。组织氛围作为影响组织绩效的重要变量是在与组织行为的相关研究中影响组织绩效的重要预测变量和解释变量。组织氛围是林林总总、形式多样的组织所具有的"共相",而教研员的组织氛围尚存有独具一格、殊于他者的"殊相","所组织具共相,各组织美丑具殊相,共相中有殊相,殊相中有共相",由此之故,本章在探析组织氛围的概念、维度等相关理论成果的基础上,结合对教研员组织氛围的实践调查,剖解教研员组织氛围和教研员胜任力的关系。

第一节　教研员组织氛围的理论表达

组织氛围是西方组织研究的热点,它是组织成员以当事者和旁观者身份感知和获得的有关组织理念、制度、关系等的整体知觉。已有研究揭示了组织氛围、组织绩效和个体行为间具有相关关系。实证论断的前提是理论澄明和指引,

---

① [美]冯·贝塔朗菲:《一般系统论基础发展和应用》,林康义、魏宏森等译,清华大学出版社 1987 年版,第 5 页。

研究梳理了组织氛围、教研员组织氛围、教研员组织氛围和教研员胜任力关系的理论逻辑,以明晰教研员组织氛围和教研员胜任力的内在关系缘由。

一、组织氛围

(一)组织氛围的概念

"组织氛围(organizational climate)一词源于 Tomas 在 1926 年提出的'认知地图'概念"[①],认知地图意指个体对周围环境认知基础上而形成的内部图示。它强调个体对组织的心理感知。1930 年 Lewin 提出团体氛围的概念,相较于认知地图的个体属性,团体氛围强调组织内部个体的共同知觉或个体所形成的"认知地图"之间相同或者相似的部分。[②] 20 世纪 50 年代"组织氛围"一词被正式提出,关于组织氛围的概念莫衷一是,主要可以分为以下三种:[③]第一,以组织整体作为视角,认为组织氛围是组织所具有的有别于其他组织的独特风格。亦有研究者将组织所具有的整体属性称为组织文化。[④] 如 Ostroff 认为组织氛围是组织的理念、实践以及对组织成员的奖励或者期望的行为认知。Schneider 等人提出组织氛围是组织成员所共享的信念和价值观。[⑤] 第二,以组织成员的感受为视角,认为组织氛围是组织成员对组织环境的知觉和感受。如 Denison 将组织氛围定义为"在某种环境中员工对一些事件、活动和程序以及那些可能会受到奖励、支持和期望的行为的认知,这种认知与员工的思想、情感和行为密切相关"[⑥]。第三,从组织整体和组织成员的双重感受视角出发,认为组织氛围是能够为组织成员所知觉的组织整体所具有的固有属性。综合不同组织氛围的定义,组织本身所具有的属性是根本,个体感知亦是对组织所具有属性的感知,而

① 段锦云、王娟娟、朱月龙:《组织氛围研究:概念测量、理论基础及评价展望》,《心理科学进展》2014 年第 12 期。

② 段锦云、王娟娟、朱月龙:《组织氛围研究:概念测量、理论基础及评价展望》,《心理科学进展》2014 年第 12 期。

③ 陈维政、李金平:《组织气候研究回顾及展望》,《外国经济与管理》2005 年第 8 期。

④ Benjamin Schneider, Mark G.Ehrhart, William H.Macey, "Organizational Climate and Culture", *The Annual Review of Psychology*, No. 6, June 2013, pp. 361–387.

⑤ Benjamin Schneider, Mark G.Ehrhart, William H.Macey, "Organizational Climate and Culture", *The Annual Review of Psychology*, No. 6, June 2013, pp. 361–387.

⑥ 王端旭、洪雁:《组织氛围影响员工创造力的中介机制研究》,《浙江大学学报(人文社会科学版)》2011 年第 2 期。

非其他。①

（二）组织氛围的价值

组织氛围对组织成员个体行为的影响可以从诸多理论中寻求证实。乔治·霍曼斯（George C.Homans）的社会交换理论认为人们在提供商品和劳务的同时以期获得同等的商品和劳务。亦即个体的行为具有有偿性，而希冀的回馈不仅仅体现于物质层面，尚包含对精神层面的冀求。② 积极心理学认为个体的意识和经验可以通过环境得以体现，而外部环境又是个体意识和经验的重要影响源。勒温的场动力理论认为个人的心理活动发生在生活空间或者心理场内，个人的行为取决于生活空间的性质，而生活空间是个人和环境构成的函数，将主体与客体融合为一体。生活空间最终决定了个人行为。以上理论均从不同切入点提出了个人行为受到所在的外部环境影响的论断，这亦是组织氛围得以提出的重要理论渊源。此外，研究者们通过诸多研究论证了组织氛围的价值。

组织氛围作为中间变量，协调组织成员的个体行为和组织目标之间的关系，即通过建立适切的组织氛围以调试组织成员的个体行为，进而实现预期的组织目标的达成和促进组织整体绩效的提升。Schneider 等人提出当工作人员在组织中感受到组织关心员工的切身利益，创造公平、多元、信任的环境之时，组织成员也会为组织发展出谋献策。美国 15 所高校图书馆的组织氛围与多样性评估（OCDA）测量结果表明图书馆组织氛围与读者服务质量为正相关。③ Schulte 等人通过研究顾客满意度、组织经济效益与组织服务质量之间的关系也证明了组织目标的达成需要过程性的组织氛围变量。C.lowry 和 P.Hanges 的研究表明组织氛围和员工的工作效率具有正相关关系，而员工工作效率又直接影响组织内用户的服务水平，进而最终影响组织运行的整体绩效，因此提出组织氛围是健康型组织的重要决定因素。④

---

① 朱锁玲、包平：《美国图书馆组织氛围测评的发展脉络及其启示》，《图书情报工作》2016 年第 6 期。

② 黄晓京：《霍曼斯及其行为交换理论》，《国外社会科学》1983 年第 5 期。

③ 朱锁玲、包平：《美国图书馆组织氛围测评的发展脉络及其启示》，《图书情报工作》2016 年第 6 期。

④ 朱锁玲、包平：《美国图书馆组织氛围测评的发展脉络及其启示》，《图书情报工作》2016 年第 6 期。

(三)组织氛围测评

伴随组织氛围研究日益受到不同领域研究者的关注,组织氛围测评工具的发展也日臻成熟,中国台湾学者邱皓政等人总结出三种具有代表性的组织氛围测评工具。第一,工作环境量表(Work Environment Inventory,WEI),由 Amabile 和 Gryskiewicz 在对以往工作氛围量表的分析基础上编制而成,认为组织氛围[①]维度主要包括组织整体因素、组织管理控制的特性以及工作团队的运作等三大维度。此组织氛围测量问卷的特点是加入了负向因素的测量。第二,KEYS 量表,在 WEI 量表的基础上发展而成,亦由 Amabile 提出,包括八大维度,分别是组织的激励、管理者的鼓舞、工作团队的支持、充足的资源、挑战性的工作、自主性、组织的障碍、工作的压力。第三,Van de Ven 与 Ferry 在 1980 年发展了组织测评工具(Organizational Assessment Instrument,OAI),包括组织设计、组织结构以及组织功能三大维度。这一量表主要考察组织氛围与组织创新之间的关系。在诸多组织氛围测量表中,WEI 以及由其发展的 KEYS 量表被认为是当前西方测量组织氛围最为完善的工具,原因在于该量表不仅建立在完备的理论基础上,而且通过对 12000 多研究对象的测量获得了较高的信效度。我国诸多学者基于研究问题的具体实践情境,对 WEI 量表以及 KEYS 量表进行了翻译以及调试。[②]

二、教研员组织氛围

教研员集多种职能于一身,包括"课程领导者""学科建设者""教师专业发展的引领者"等等。[③] 不同角色的价值实现要求与之相匹配的能力。不必多言,教师自身主体性的发挥是实现其工作胜任的关键。但是,根据帕森斯(Talcott Parsons)的系统论,"行为者自己必须以系统的方式构建自己或者构建成'相互作用中的一个系统'。个体不是基本的动因,而是由社会相互作用'构成'的'可能行为者',即作为置身于通过选择而进行的复杂性还原中的一个系统"[④]。由

[①] 在邱皓政、陈燕祯、林碧芳的研究论文《组织创新气氛量表的发展与信效度衡鉴》中将 Amabile 的量表称为工作环境量表。

[②] 邱皓政、陈燕祯、林碧芳:《组织创新气氛量表的发展与信效度衡鉴》,《测验学刊》2009 年第 56 期。

[③] 宋萑:《论中国教研员作为专业领导者的新角色理论建构》,《教师教育研究》2012 年第 1 期。

[④] [美]弗莱德·R.多尔迈:《主体性的黄昏》,万俊人等译,上海人民出版社 1992 年版,第 31 页。

此,我们可以认为教师个体主体性的发挥并非完全取决于教师自身,而是由教师与所在的系统相互作用而构成。教师所在的系统即教研系统,具有多重复合的性质。教研员是嵌入复合社会系统之中的行动者,其在互动网络和关系结构之中居于一定的位置,扮演一定的角色,而其角色行为来源于社会大系统的期待。教师所在的社会大系统包括不同的层级,教育部、地方教育行政部门以及地方教研室的理念、制度和关系均会作用于作为政策执行者和解读者的教研员。

三、教研员组织氛围和胜任力的关系解析

我国已有教研员组织氛围的相关研究聚焦于教研员角色、职责、素养等,未探究组织氛围因素对教研员专业素养和发展的作用机理。这可能受我国传统"恃人不如自恃""人之为己者,不如己之自为也"的文化所氤氲而成,从而使教研员职业带有"个人色彩"。然而,"社会事件似乎不只是个人的决断和行为,而应更多的看成是由社会文化'系统'所决定"[1]。教研员胜任力既需要个体的"一夫之勇",也需要组织的同力协契。

(一)异质组织氛围影响胜任力水平差异

组织规范、制度和价值观潜在决定和限制组织成员的行为方向,影响和浸染组织成员的内在信念和价值观,有意无意地决定组织成员的行为表达。[2] Hunter等人的研究表明组织氛围能够有效预测组织投资回收、企业家精神、创新与创新适应、自我评价等组织绩效表现。[3] 不同组织之间由于其意识形态、价值信念、奖惩标准的不同,致使组织成员获得差异化的组织认知。Annelore等人探究了大学组织氛围对科研人员参与商业活动行为的影响,发现大学对科研人员参与组织行为的信念、态度和支持度决定了科研人员参与商业活动的意愿、动机以及程度。[4] 由此,不同大学的科研人员因大学组织氛围的差异而对商业活动行为

---

① ［美］冯·贝塔朗菲:《一般系统论基础发展和应用》,林康义、魏宏森等译,清华大学出版社1987年版,第6页。

② Annelore Huyghe, Mirjam Knockaert, "The Influence of Organizational Culture and Climateon Entrepreneurial Intentions among Research Scientists", *J Technol Transf*, 2015, pp. 138–160.

③ 邱皓政、陈燕祯、林碧芳:《组织创新气氛量表的发展与信效度衡鉴》,《测验学刊》2009年第56期。

④ Annelore Huyghe, Mirjam Knockaert, "The Influence of Organizational Culture and Climate on Entrepreneurial Intentions among Research Scientists", *J Technol Transf*, 2015, pp. 138–160.

展现差异化的动机诉求和行为方式。

（二）组织氛围潜在影响教研员的组织承诺

组织成员安其所习于组织的规范、信念、价值体系中,有意为之或者潜移默化地将组织的价值系统和规范体系内化为自我的价值标准和行为参照,从而组织氛围成为组织成员"近在咫尺的凛然微光"。大量研究表明,组织成员的工作满意度、成就感、归属感以及权力关系均受到组织氛围的影响。特别是已有研究发现在组织承诺、组织氛围和组织成员行为表现之间存在显著相关关系。[1] 组织承诺由美国社会学家 Beckerret 提出,"组织承诺是一种基于经济交换基础上的契约关系,承诺的产生是基于经济理性的假设"。加拿大学者 Meyer 和 Alen 提出由情感承诺、持续承诺、规范承诺所构成的组织承诺三因素理论。情感承诺是指个人认同和参与组织的强度,对组织目标及其价值的信念与接受,以及为组织努力和继续留在组织的意愿;持续承诺指的是个人认知到一旦离开组织将失去现有价值的附属利益,因而不得不继续留在组织中;规范承诺指个人受社会责任感和社会规范约束而形成的对组织的留职意愿。[2] 组织承诺直接关系到组织成员的个人行为表现和工作绩效。教研员胜任力的本质是教研员绩效水平的个人特征。[3] 已有研究表明组织承诺是组织氛围影响工作绩效的中介变量,教研员胜任力作为教研员个人绩效,必然受其组织承诺影响。

（三）组织氛围影响教研员的组织认同

依存于同一组织的成员共同面向组织的价值观、工作内容、程序以及赏罚系统,获知普遍性的组织感知和共享信念。组织氛围是组织成员个体觉知和解释的信息。"社会交换理论学者 Blau 和 Homan 等认为,由于个体感觉组织对自己有价值,往往会加入社会交换关系中来。如果这种关系证明双方都能获取需求的满足,各自都会期望对方扩大交往的范围和频率。当一方感到自己对共同关系的投入获得了相应的回报时,其信任就加深。双方会按着对等惯例追求各自

---

[1] Aysen Berberoglu, "Impact of Organizational Climate on Organizational Commitment and Perceived Organizational Performance: Empirical Evidence from Public Hospitals", *BMC Health Services Research*, Vol. 18, No. 1, 2018, p. 399.

[2] 张玮、刘延平:《组织文化对组织承诺的影响研究——职业成长的中介作用检验》,《管理评论》2015 年第 8 期。

[3] 这一论断是依据 McClelland 对胜任力的定义,其认为胜任力是能够区分在特定的工作岗位和组织环境中绩效水平的个人特征。

贡献的平衡。如果一方在交往中超越了角色要求而为对方做出了有形或无形的额外贡献，就会产生一种需要对方回报的期望，这种交换机制称为互惠惯例。"①根据互惠惯例理论，当教研员的个体投入能够获得组织的积极回馈和支持时，其会孕育和产生教研员对教研员组织的内在信任感和归属感，增强组织认同。组织认同是教研员对教研员身份、教研员组织价值观、组织文化的情感联结。"Dukerich 的研究表明，组织认同对组织公民行为产生显著影响，强烈的组织认同能够保证组织成员在没有外部监督的情况下，依然做出符合组织利益的决策。"②因此，积极的组织氛围能孕育教研员对所在组织的较高认同，进而改善和提升教研员胜任力。

第二节　教研员组织氛围指标构建

艾尔·巴比（Earl Babble）认为概念不是现实，只是人们在对现实世界进行观察的基础上所形成的观念的集合。之所以以概念的方式将大千世界中的各种现象抽象为不同的概念，是便于人们之间的交流和意义共享。但是由于每个个体所观察、感知与经历的现象具有极强的个体性，所以同一概念在不同个体的观念中具有差异化的表现，恰如"一千个读者就有一千个哈姆雷特"。③ 在艾尔·巴比对普遍概念与特殊情境的辩证关系中亦展现了另外一个横切面，即具有相同性质的可被抽象为同一概念的具体现象和经验之间必然存在着内在一致性，只是这种内在一致性在具体情境中具有多样化的表现。虽然有关组织氛围的概念内涵以及测量维度已被诸多学者所探讨，并且有较为权威的和信效度较高的测量工具，但是由于组织氛围的"组织"一词是类概念，指称多种存在形态的组织，这就决定了不同形态的组织在影响组织成员行为的组织氛围上必然存在差异性，因此，不能将已有有关组织氛围的测评工具直接用作本书，而是需要构建

---

① 张若勇、刘新梅、沈力、王海珍：《服务氛围与一线员工服务绩效：工作压力和组织认同的调节效应研究》，《南开管理评论》2009 年第 3 期。
② 魏钧、陈中原、张勉：《组织认同的基础理论、测量及相关变量》，《心理科学进展》2007 年第 6 期。
③ ［美］艾尔·巴比：《社会研究方法》，邱泽奇译，华夏出版社 2009 年版，第 122—124 页。

切实能够反映教研员组织特点和准确测量教研员组织氛围的测评工具。

一、教研员组织氛围的概念化

教研员组织氛围的概念化所遵循的内在逻辑是将实践中教研员组织氛围所蕴含的复杂现象以归纳思维抽象概括的过程。若已有研究明确界定了这一概念,那么可以在借鉴其概念界定的基础上结合实践的样态予以补充、完善和修改。若已有研究尚未对概念进行界定,则需要调查、分析概念所指称的实践对象,进而以其为依据概括化地厘定概念内涵。教研员作为我国教育领域的特有群体,通过查阅我国书籍、期刊等多种文献,发现尚未有对教研员组织氛围的明确界定,亦没有学者提及教研员组织氛围的概念。但是,组织氛围的概念却屡见不鲜,关键在于能否把组织氛围的概念套用于教研员组织氛围。纵观已有研究,发现研究者在确定具体组织氛围定义时均亦步亦趋于组织氛围的概念内涵。Huyghe 在研究大学组织氛围对研究人员参与企业活动意图的影响一文中,对大学组织氛围的概念阐释是搬用 Schneider 的组织氛围的内涵来界定。[①] 图书馆组织氛围的相关研究中亦径直采用组织氛围的概念内涵。如在朱锁玲、包平的《美国图书馆组织氛围测评的发展脉络及其启示》中提出图书馆组织氛围是"组织内部环境相对持久的特性,是一系列可测量的工作环境属性的集合"。鉴往知来,本书中教研员组织氛围的内涵亦借鉴和采用组织氛围的一般化概念,认为教研员组织氛围是组织成员对组织的持久特性,如对组织信念、价值观、规范制度等的个体认知和感受。

二、教研员组织氛围的维度

教研员组织氛围的维度分析应该遵循两个原则:第一是全面性,即教研员组织氛围的维度应该含括教研员组织氛围的所有范围,由此才能够全面分析影响教研员胜任力的氛围因素;第二是简洁性,即教研员组织氛围的维度应该是对现实世界复杂现象的抽象本质概括,因此,应该化繁为简。[②] 本书确立组织氛围维

---

① Annelore Huyghe, Mirjam Knockaert, "The Influence of Organizational Culture and Climate on Entrepreneurial Intentions among Research Scientists", *J Technol Transf*, Vol. 40, 2015, pp. 138–160.

② 悦中山:《农民工的社会融合研究:现状、影响因素与后果》,西安交通大学 2011 年博士学位论文。

度的逻辑思路是首先综合分析与评判不同学者对组织氛围维度的划分,构建组织氛围的"维度群"。① 在此基础上结合教研员组织氛围的特有样态,最终确定教研员组织氛围的维度。其中教研员组织氛围的实践样态通过 35 位教研员的访谈资料综合分析。综合以上,最终确定教研员组织氛围的维度。

（一）确定教研员组织氛围的维度群

组织氛围是个体对组织整体属性的感知,而组织的整体属性不一而足。不同学者根据自身的立足视阈确定了多样化的组织氛围维度,如表 6-1 所示。我国学者陈维政、李金平等在总结和归纳了 29 位研究者对组织氛围维度界定的基础上,运用内容研究法分析了不同维度的出现频率以及中西文化背景下组织氛围维度的差异,发现"组织科层性(76.19%)、人际与沟通(76.19%)、领导与支持(76.19%)和组织认同(57.14%)得到了绝大多数研究者的认可。同时,激励与报酬(38.10%)、工作自主与挑战(33.33%)、个性与能力(28.57%)也被很多学者作为测量组织气候的维度"②。与此同时,中外学者所界定的组织氛围维度存在差距,比如组织认同被大多数西方学者列入组织氛围维度,而较少被我国学者含括在组织氛围维度之中。

表 6-1　组织氛围维度划分

研究者	结构划分
Litwin 和 Stringer	结构、责任、奖酬、风险、人情、支持、标准、冲突和认同
Schneider 和 Bartlett	管理层支持、对新员工的关怀、内部冲突、工作独立性、普遍满足和管理结构
Tagiuri 和 Litwin	生态学、背景环境、社会系统和文化
Campbell	个体的自主性、奖励指向、赋予职位的结构程度、关怀、支持和体谅
Kopelan、Brief 和 Guzzo	组织目标导向、工作手段导向、奖励导向、领导任务支持和社会情绪支持五个维度
Ostroff	情感层面(参与、合作、温暖和社会报酬)、认知层面(成长、创新、自主、内在报酬)、工具性层面(成就、等级、结构和外在报酬)
Zammuo 和 Krackover	信任、冲突、士气、报酬的公平性、维持稳定的偏好、领导的可信度、推卸的责任

① 维度群的概念受启发于项目池,项目池是指量表编写中的一大批项目,从中筛选出量表项目。这里的维度群则是指可供选择的大量组织氛围维度。

② 陈维政、李金平:《组织气候研究回顾及展望》,《外国经济与管理》2005 年第 8 期。

续表

研究者	结构划分
Moos	关系维度、个人发展与目标定向维度、系统维度和改变维度
Stockard	社会秩序和社会行为
罗启峰	支持认同、和谐、结构、人情、薪酬、积极冒险、自律、责任心和开放竞争
任金刚	领导、薪资、规章、省钱、发展、考绩、福利和沟通
张震	组织结构科层性、创新性和对员工的支持性
刘荣钦	管理形态、人际关系、官僚文化以及相互信任
朱瑜	工作结构、奖励取向、工作自主、管理效率、工作目标、质量取向、人际取向、温暖支持
张亮	组织鼓励、团队支持、资源充分、工作自主和工作挑战
谢荷锋、马庆国	创新、公平、支持、人际关系、员工身份认同
李建华、沈海燕	工作特点、人际与沟通、领导与支持、个人特征、激励与报酬、工作目标、组织特点、服务对象、社会情绪支持
颐远东和彭纪生	环境自由、组织支持、团队合作、学习成长、能力发挥
赵鑫	组织支持、领导支持、团队支持、工作支持

在综合分析已有对组织氛围维度划分的研究基础上,确定组织氛围的维度群。单个维度确定的直接依据是出现频率,如组织科层性的出现频率是76.19%,表明在各个维度中其出现频率较高,进而将其囊括在教研员组织氛围维度群之中。维度群的维度数目依赖于总体完备性,即维度群中的维度能够穷尽组织氛围的不同侧面。基于以上原则,初步确立领导支持、团队合作、工作自主性、工作满意度、心理安全感、情感关怀、资源支持、奖励制度、职能机构、自由氛围、公正氛围等11个维度。

(二)教研员组织氛围维度的确立

多样化组织氛围在具有一般化共同要素的同时,亦因社会文化和个体经验的霄壤之别而产生全然不同的表现形式,因此,需要透过实地调研分析发现教研员这一特定组织所呈现的氛围特质。研究运用行为事件访谈法,从关键事件中提取教研员从事教研工作应具备的胜任特质。教研员在陈述教研工作的关键事件中,必然会涉及影响关键事件的氛围因素,如成都一小学语文教研员谈道:"因为学校那边是直接责任,什么事情直接负责,和结果挂钩。我们教研员这块,教育局对我们的考核也要和结果挂钩,但我们和中间教师结合出成绩,因为中间有教师这块,所以不能说我们就起决定作用了,就这一点。"①从该访谈资料可以析精剖微出教研员对组织管理结构的个体认知以及对教研员工作的潜在影响。"我们很多时候面对的是极其普通的常规工作,我们做的工作有时候挺普通的,不是天天都是美味佳肴。"②"教研员的工作和这个基本差不多,它是幕后工作,是服务工作,推出的是教师,服务的是学校,牺牲的是教研员。"③这两段访谈资料映射出教研员对教研员组织的工作特性认知。闻一知十,依照此逻辑分析35位教研员的访谈资料,最后综合确定教研员组织氛围的维度,并将访谈资料中分析的维度与已有研究中组织氛围的维度划分连类比物,以侧面验证分析的科学性和可信性。

经过对访谈资料的分析,归纳和总结出影响教研员组织氛围的三维度和七因素。三个维度分别是组织价值、组织结构、组织支持,七因素分别是组织理念、组织认知、领导方式、管理方式、制度支持、资源支持和关系支持。具体维度结构和指标含义见表6-2。

表6-2　访谈分析结果摘要

一级维度	二级维度	具体内容
组织价值	组织理念	重视教研员工作,鼓励教研员专业发展
	组织认知	教研员工作特性和方式的认知,如工作挑战、工作压力、工作自主等
组织结构	领导方式	领导的工作能力、设定适当的工作目标、支持教研员工作
	管理方式	组织的行政结构、管理风格
组织支持	制度支持	工资、绩效奖励、荣誉奖励等多种制度
	资源支持	教研工作顺利展开所需要的信息资源、经费资源和其他设施设备资源等
	关系支持	教研员同事之间的相互支持与配合、沟通顺畅、良性竞争、情感关怀

（三）预测研究与分析

在阐释和梳理教研员组织氛围的相关理论,确定教研员组织氛围的结构维

---

① 访谈资料来源于成都龙泉驿区初中语文教研员。
② 访谈资料来源于成都武侯区高中物理教研员。
③ 访谈资料来源于成都锦江区小学科学教研员。

度之后,接踵而至的就是量表编制。

1. 建立项目池

项目是量表中能够反映所要测量构念的题项,量表的全体项目决定量表的质量和属性,若量表项目不能够准确反映所要测量的组织氛围的构念,则量表的科学性有待商榷。为保证项目对构念预测的信度和效度,增加项目的数量以尽量搜括反映预测构念的项目和维度是提高量表信效度的有效路径。然而,量表的编制亦需要考虑宏观研究设计和研究目的。本书教研员组织氛围是作为教研员胜任力的因变量,在施测过程之中与教研员胜任力量表共同要求被试作答,由于教研员胜任力量表已有 34 个题项,为避免作答时间过长,课题组成员研商之后决定组织氛围量表的题项数量限制在 7 项之内,每一个二级维度之下确立一个题项。为降低因题项数量因素对量表信效度的影响,尽力增加项目表述的准确度。为此,课题组成员编制高于最终项目 3 倍的项目池,从中挑选能够反映预测构念的最佳项目表述。

题目编写过程中主要凭借三个向度的信息,其一,依据前期研究所建构的教研员组织氛围的七个维度以及每一维度的概念信息和内容信息;其二,研精致思以 KEYS 量表、我国台湾"中央"大学邱皓政等编制的组织创新氛围量表中的项目表述;其三,审酌教研员访谈资料,以使量表项目的表述能够符合教研员群体的文化体系和话语结构。依照每一维度三个项目的标准,在确定项目池后由三位教育心理博士和六位教育心理专家对题项的语句表达、字词结构、概念意涵等进行深研,最终经过甄选确定七个项目作为量表项目。

2. 项目分析

研究运用临界比、同质性检验等多种方式对问卷各项目的适切性进行了检验。在预测试的 107 个样本中,剔除 5 个无效样本,在剩余的 102 个有效预测样本之中,分别提取 27% 的高分组和低分组(分别为 28 人和 29 人),进行显著性 T 检验,考察各个题项在高分组和低分组的显著性差异水平,若某一题项不存在显著性差异,则表明该题项缺乏区分度,信度不高。结果表明,组织氛围问卷的 7 个题项的高分组和低分组的 T 检验值均差异显著(见表 6-3)。此外,运用同质性检验的方式获得量表的克隆巴赫 a 系数值为 0.877,具有较高信度,且进一步的检验表明,删除任何题项之后并未提高量表的信度值,表明量表中的所有题项均具有有效性(见表 6-4)。

表6-3　临界值检验结果

题项	高(M)	低(M)	t	D	p
第一题	4.93	3.41	8.30	32.43	0.00***
第二题	4.93	3.21	8.09	31.20	0.00***
第三题	4.86	3.34	9.58	39.80	0.00***
第四题	4.89	3.31	9.82	36.60	0.00***
第五题	4.93	3.31	9.37	32.98	0.00***
第六题	4.79	3.28	8.63	41.35	0.00***
第七题	4.96	3.72	11.89	35.29	0.00***

表6-4　项目整体统计量

题项	项目删除时的 Cronbach's Alpha 值
第一题	0.867
第二题	0.861
第三题	0.855
第四题	0.851
第五题	0.853
第六题	0.870
第七题	0.860

3. 因素结构的探索性分析

运用探索性因素分析方法进一步检验组织氛围问卷各个题项的适切度。以主轴因素抽取方法检视题项背后的潜在结构与因素负荷量的适切度。检验结果表明,量表的取样适当性量数 KMO 值为 0.865,表明问卷题项之间的共同因素多,量表适合进行因素分析。以 SMC 法所进行的共同性估计各个题项变量的共同性值均高于 0.200,表明七个题项都可以进行因素分析。研究进行主轴因素抽取中,根据问卷维度将因子个数确定为 3 个,从结构矩阵所呈现的因素负荷量值发现题项与共同因素的关系符合预定的问卷结构(见表6-5)。

综合信效度分析的结果表明教研员组织氛围问卷的信效度良好,未存在需要删除的题项,究其原因主要在于问卷编制过程中多次咨询专家意见,从而使问卷获得了良好的专家效度,保证了问卷的可信性和有效性。综合以上检测结果,最终保留教研员组织氛围量表中的七个题项。

表 6-5　结构矩阵

题项	1	2	3
第四题	0.849	0.443	0.510
第三题	0.763	0.471	0.496
第五题	0.748	0.530	0.472
第六题	0.645	0.341	0.566
第一题	0.524	0.899	0.370
第二题	0.651	0.749	0.299
第七题	0.690	0.476	0.853

注:提取方法,主轴因;旋转法,具有 Kaiser 标准化的斜交旋转法。

三、教研员组织氛围的统计分析

研究运用 IBM SPSS Statistics 18.0 分析软件,首先对教研员组织氛围的整体概貌予以描述性统计分析,进而采用积差相关和单因素方差分析方法等了解性别、单位类别、教研年限等与教研员组织氛围的相关性,最后运用多元线性回归分析方法了解组织氛围和教研员胜任力的相关关系。

(一)教研员组织氛围的整体状况

教研员组织氛围在各个题项变量测量值方面的差异表明教研员对反映该变量的组织氛围认同度的不同。从描述统计分析结果可以发现(见表6-6),组织氛围问卷中的第七个题项得分最高,该题项所代表的变量是组织支持中的关系支持,即教研员同事之间能够相互支持、配合且沟通顺畅。且该变量的标准差值最小,表明教研员之间对该变量观念的一致性最高,差异性最小。组织氛围第六个题项得分最低,且标准差值最高,该题项所反映的变量是组织支持中的资源支持,包括学习机会、信息资源、经费资源等,数据分析结果显示,相较于其他组织氛围,教研员对资源支持的认同度最低且存在较大差异,表明教研员之间所获得的组织资源支持具有差异性。

表6-6 教研员组织氛围的题项统计量

	N	极小值	极大值	均值	标准差
组织氛围7	1189	1	5	4.15	0.871
组织氛围1	1189	1	5	3.96	0.898
组织氛围4	1189	1	5	3.94	0.946
组织氛围5	1189	1	5	3.93	0.952
组织氛围2	1189	1	5	3.88	0.980
组织氛围3	1189	1	5	3.86	0.977
组织氛围6	1189	1	5	3.77	1.058
有效的N	1189				

(二)不同单位类别教研员组织氛围无明显差异

影响教研员组织氛围的直接因素是组织类别的不同,因此研究运用单因素方差分析对不同单位类别教研员组织氛围状况予以检验,检验结果如表6-7所示。单因素方差分析检验结果表明教研员组织理念、组织结构以及组织支持在省级、市级以及区县级等不同单位类别间的显著性水平均大于0.05,未存在显著性差异。这与人们的经验认知存在违拗。概而论之,人们的习惯经验是教研员组织氛围必然因单位类别不同而存在差异,且省级、市级以及区县级的教研员组织因其地域因素势必会导致教研员工作氛围和工作状态的不同。推测产生认知悖论的可能原因在于伴随我国三级课程管理运作系统的推行和实现,课程运作系统的转变引动教研员角色、功能定位、专业认知的全景转换,教研室在参与课程决策、专业引领、课程评估和监测等维度发挥中流砥柱的作用。[①] 由此,各个地区不分伯仲地重视教研员组织的建设和发展,由此导致组织氛围在单位类别上不存在显著差异。

---

① 崔允漷:《论教研室的定位与教研员的专业发展》,《上海教育科研》2009年第8期。

表6-7 不同单位类别单因素方差分析结果

		平方和	df	均方	F	显著性
组织理念	组间	1.512	2	0.756	1.004	0.367
	组内	893.541	1186	0.753		
	总数	895.054	1188			
组织结构	组间	0.407	2	0.203	0.267	0.766
	组内	903.972	1186	0.762		
	总数	904.379	1188			
组织支持	组间	0.372	2	0.186	0.251	0.778
	组内	880.499	1186	0.742		
	总数	880.872	1188			

(三)不同性别教研员感知组织氛围差异明显

已有研究表明不同性别对组织氛围感知的状况差异明显,如 Manish Kumar 等人分别考察了印度政府组织和私营企业中不同性别对组织氛围的感知状况,结果显示,不同性别的组织氛围感知状况具有明显差异。[①] 本书对组织氛围的性别差异进行了独立样本 T 检验,结果表明,男性教研员和女性教研员在组织氛围的三个维度,即组织理念、组织结构和组织支持等均存在显著差异(见表6-8),且从均值比较结果可以发现女性比男性对组织氛围的满意度和认同度要高。

已有研究认为男女性别对组织氛围认同度高低存在迥异差别。Horton 等人提出在组织中的积极能动者对组织氛围的认同度更高,究其原因在于积极能动者可获得更多的组织奖励、资源和支持,这一马太效应促使积极能动者更为认同所在组织的结构和氛围。然而在传统社会中,较男性而言,组织中的女性被赋予更多的家庭责任,限制了其在工作组织中积极性、主动性和能动性的发

---

① Manish Kumar, Hemang Jauhari, Rani S. Ladha, Niti Shekhar, " Gender and Organizational Climate:A Study of Two Structurally Different Large Organizations in India", *An International Journal*, No. 3,2018,pp. 216-233.

挥,从而导致组织中的大多数女性成为组织中的"落后"分子,进而获得较少的组织支持和资源,对组织氛围的认同度也低于男性。Sandström 等人则提出男性和女性在组织中的绩效成绩受制于组织性质。女性在工作中偏重情感和竞争,而男性注重效率、功用和结果。因此,组织氛围性别差异拘囿于组织性质的不同,服务性组织中,女性表现优于男性,进而具有高于男性的组织认同度。① 这恰恰解释了本书中男女性别组织氛围差异的原因。教研员工作的本质是服务于教师的需要,需要情感参与、策略灵活,更符合女性的智能结构,女性教研员在教研员工作中获得较高成就感的同时,亦提升了对其依存的教研员组织的认同。

表 6-8　不同性别积差相关分析结果

组织氛围	男（M）	女（M）	t	p
组织理念	3.83	4.01	-3.66	0.00 ***
组织结构	3.84	3.98	-2.67	0.008 ***
组织支持	3.91	4.01	-2.08	0.038 *

（四）教研年限是影响组织氛围感知的重要因素

工作经验是影响教研员组织氛围感知差异的另一重要因素,Seth 和 Simo 等人探讨了组织安全氛围和工作经验的关系,结果表明,不同工作年限的个体对组织满意度大相径庭。经验丰富的组织成员对组织的认同度显著高于新入职组织成员。② 研究运用单因素方差分析的方法对不同教研年限教研员组织氛围的感知差异进行了检验,如表6-9所示,发现不同教研年限的教研员在组织理念、组织结构和组织支持等组织氛围上均差异显著,与 Seth 等人研究不同的是,教研员对组织氛围的认同度并非教研年限越长,认同度越高。与之相反,在组织理念、组织结构和组织支持三个维度上,教研年限在0—5年内的教研员对组织氛

① Manish Kumar, Hemang Jauhari, Rani S. Ladha, Niti Shekhar, "Gender and Organizational Climate: A Study of Two Structurally Different Large Organizations in India", *An International Journal*, No 3, 2018, pp. 216–233.

② Seth Ayim Gyekye, Simo Salminen, "Organizational Safety Climate and Work Experience", *International Journal of Occupational Safety and Ergonomics*, No. 16, 2010, pp. 431–443.

围的认同度均显著高于 5—10 年、10—15 年、15—20 年以及 20 年以上的教研员（见图 6-1、图 6-2 和图 6-3）。分析其可能原因在于以下两个维度。其一，职业转换的即时效应。"教研员作为教师之师，多是从一线教师蜕变而来，其对于基础教育质量提升发挥关键作用"[1]，专业课程领导者、教育质量监测者和保障者等重任均付托于教研员。[2] 概而论之，人们一般认为"教研员是比教师更为重要、地位更高的职业"，由此，从一线教师转岗为教研员的初期，职业满意度作为中介变量，影响和提升了教研员对组织氛围的认同度。其二，职业倦怠的中介影响。最先提出职业倦怠概念的纽约临床心理学家 Freudenberger 在对职业倦怠概念内涵的阐释中所蕴含的产生倦怠的原因之一在于工作时间过长。[3] 由此，伴随教研年限的增加，教研员职业倦怠的发生率显著提高，进而对组织氛围的认同度也偏低。

表 6-9　不同教研年限单因素方差分析

		平方和	df	均方	F	显著性
组织理念	组间	14.010	4	3.503	4.707	0.001
	组内	881.044	1184	0.744		
	总数	895.054	1188			
组织结构	组间	20.392	4	5.098	6.828	0.000
	组内	883.987	1184	0.747		
	总数	904.379	1188			
组织支持	组间	22.224	4	5.556	7.661	0.000
	组内	858.648	1184	0.725		
	总数	880.872	1188			

---

[1]　卢立涛、沈茜、梁威：《职业生命的"美丽蜕变"：从一线教师到优秀教研员——兼论教研员实践性知识的生成过程》，《教师教育研究》2016 年第 3 期。

[2]　卢乃桂、沈伟：《中国教研员职能的历史演变》，《全球教育展望》2010 年第 7 期。

[3]　赵崇莲、苏铭鑫：《职业倦怠研究综述》，《宁波大学学报（教育科学版）》2009 年第 4 期。

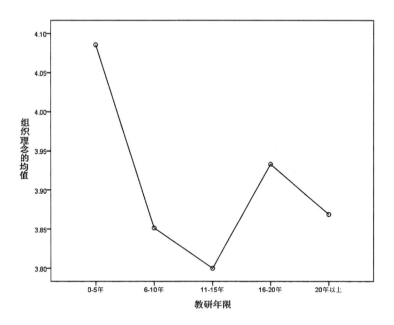

图 6-1 组织理念均值图

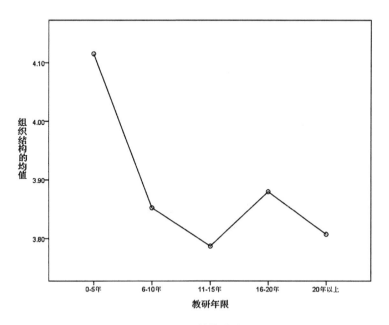

图 6-2 组织结构均值图

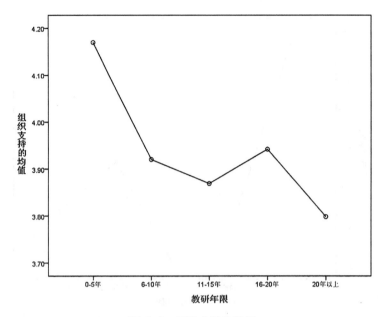

图 6-3　组织支持均值图

第七章 教研员胜任力、自我效能与组织氛围关系研究

第一节 教研员胜任力与自我效能的关系

在本书中我们提出了这样的假设:教研员自我效能是教研员胜任力的表征。在前面的章节中我们通过数据分别对教研员胜任力和教研员自我效能进行了分析。那么,在教研员胜任力与教研员自我效能之间是否存在关联关系? 如果这种关联关系成立的话,教研员胜任力和教研员自我效能各要素之间存在着什么样的关系? 为了解决这些问题,在本章中我们试图通过数据来验证教研员胜任力与自我效能的关系,并借此完善两者之间的关系认知。

一、研究思路与方法

(一)研究思路

关于教研员胜任力和自我效能之间关系的理论构想,在本书成题之初既已判定,即在工作场域中,教研员胜任力水平深受教研员自我效能水平的影响。为验证此理论构想合理与否,此部分将运用调查所得数据进行分析,以寻求教研员胜任力与自我效能之间的现实逻辑关系。

为保证问卷调查结果的准确性和有效性,确保调查结果的可解读性,本书在设计问卷之初将教研员胜任力调查问卷与教研员自我效能调查问卷进行合并设计,因此,可以直接对教研员胜任力与其自我效能的关系进行统计学分析,并设想从个体层面出发考察教研员胜任力与教研员自我效能之间的数理逻辑关系。此外,在问卷发放过程中按照严格的分层抽样和随机抽样相结合的方式进行,以

保证整个研究的严谨性与合理性。

因而,在此部分本书借助数学统计方法致力于两个问题的解决:其一,教研员自我效能与教研员胜任力两者之间是否存在关联关系? 如果存在,那么存在什么样的关联关系? 教研员自我效能三个分维度与教研员胜任力六个分维度之间又存在什么样的关联关系? 其二,不同水平的教研员自我效能与其对应的教研员胜任力之间存在什么样的关联关系? 为了回答这两个问题,本书具体操作过程分为两个步骤。首先,第一个问题探究的是教研员在两个变量上的关系,包括教研员自我效能与教研员胜任力两者的关联关系和对应这两个变量的分变量关联关系。通过数据分析,教研员自我效能和教研员胜任力这两个变量属于连续变量,因而采用积差相关,其中,相关系数值为正表示两个变量间为正相关,相关系数值为负表示两个变量间为负相关,而相关系数的绝对值则表示系数大小或强弱,相关系数的绝对值愈大,表示两者变量间的关联性愈强,反之,则表示两者变量间的关联性愈弱。其次,根据前文对教研员自我效能的水平划分可知,在探究“不同水平的教研员自我效能与其对应的教研员胜任力之间存在什么样的关联关系”的问题中,自变量“水平”为三分类别变量,依变量为连续变量,因而采用单因素方差分析,在方差分析中,若方差分析摘要表呈现的整体检验的 F 值达到显著($P<0.05$),表示至少有两个组别平均数间的差异达到显著水平,要想知道哪几对配对组平均数的差异达到显著,则必须进一步进行比较。

(二)研究方法

本书采用问卷调查法,调查工具为《教研员胜任力调查问卷》和《教研员自我效能调查问卷》,该调查工具均属于参照已有相关研究,并结合现实反馈修正形成的自编问卷。在问卷发放过程中,按照分层随机抽样的方式选取我国不同地区的 1729 名教研员作为研究对象,共发放问卷 1729 份,回收有效问卷 1189份,问卷有效回收率为 68.77%。本书主要运用积差相关和单因素方差分析对教研员胜任力与教研员自我效能之间的数理关系展开探索。

二、教研员胜任力与自我效能关系的实证分析

(一)教研员自我效能与胜任力关系分析

教研员自我效能与教研员胜任力到底存在什么样的关联关系? 为验证这一研究假设,我们通过积差相关法寻求教研员胜任力与教研员自我效能之间的

关联关系,并列出了两者的描述性统计表和两者之间的积差相关表(见表7-1、表7-2)。

表7-1　教研员自我效能与教研员胜任力两者描述统计表

	N	均值	标准差	标准误	均值的95%置信区间	
					下限	上限
教研员自我效能总体	1189	4.3421	0.67659	0.0202	4.3002	4.3809
教研员胜任力总体	1189	3.9832	0.57147	0.02597	3.9481	4.0146

表7-1为教研员自我效能与教研员胜任力两者的描述统计表。具体可知,全部有效的观察值为1189位,自我效能总体均值为4.3421,标准差为0.67659,平均数的估计标准误为0.0202,均值的95%置信区间为(4.3002,4.3809);胜任力总体均值为3.9832,标准差为0.57147,平均数的估计标准误为0.02597,均值的95%置信区间为(3.9481,4.0146)。

表7-2　教研员自我效能与教研员胜任力积差相关表

教研员自我效能总体	教研员胜任力总体						
	N	Person 相关性	R^2	显著性	标准误	均值的95%置信区间	
						下限	上限
	1189	0.754**	0.5685	0.000	0.028	0.688	0.802

注:** 表示在0.01水平(双侧)上显著相关。

表7-2教研员自我效能与教研员胜任力积差相关结果表明,教研员自我效能与教研员胜任力两个变量呈现显著正相关,相关系数为0.754($P=0.01<0.05$),说明教研员自我效能与教研员胜任力之间存在关联关系,且该关联关系为高度正相关,即教研员自我效能愈高,则其胜任力愈强,相对的,教研员自我效能愈低,其工作胜任力也愈弱;决定系数R^2为0.5685,表示教研员自我效能变量可以解释教研员胜任力变量总变异的56.85%,或教研员胜任力变量可以解释教研员自我效能变量总变异的56.85%。

(二)教研员自我效能与胜任力各维度关系分析

通过上述分析可知,教研员自我效能与教研员胜任力两者之间存在显著关联,且为高度正相关。由前文研究可知,教研员自我效能包含三个维度,即认知效能、情绪效能和意志效能;教研员胜任力包含六个维度,即专业知识、课程建设、教学发展、科学研究、组织领导和专业品质,两者分析架构如图7-1所示。

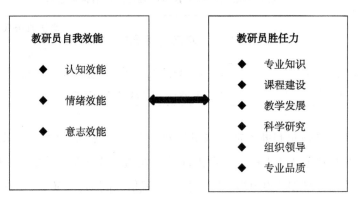

图7-1 教研员自我效能与教研员胜任力各维度架构图

为进一步明晰教研员自我效能与教研员胜任力两个变量间的关联关系,本书继续对各维度的相关关系进行数理分析,并列出各维度之间的描述统计表和相关系数表(见表7-3、表7-4)。

表7-3 教研员自我效能与教研员胜任力各维度描述统计表

	N	均值	标准差	标准误	均值的95%置信区间	
					下限	上限
专业知识	1189	3.9941	0.65128	0.0185	4.3002	4.3809
课程建设	1189	3.4056	0.68463	0.0204	3.3659	3.4438
教学发展	1189	4.1177	0.71525	0.0201	4.0780	4.1568
科学研究	1189	3.8545	0.83198	0.0248	3.8053	3.9005
组织领导	1189	4.1167	0.66467	0.0193	4.0793	4.1533
专业品质	1189	4.1274	0.65905	0.0187	4.0876	4.1620
认知效能	1189	4.4037	0.78126	0.0229	4.3549	4.4443
情绪效能	1189	4.2275	0.76536	0.0223	4.2317	4.3200
意志效能	1189	4.3282	0.69205	0.0204	4.2849	4.3663

表7-3为教研员自我效能与教研员胜任力各维度的描述统计表。具体可知，全部有效的观察值为1189位，教研员胜任力六个维度：专业知识、课程建设、教学发展、科学研究、组织领导和专业品质的均值分别是3.9941、3.4056、4.1177、3.8545、4.1167和4.1274；教研员自我效能三个维度：认知效能、情绪效能和意志效能的均值分别是4.4037、4.2275和4.3282。

表7-4　教研员自我效能与教研员胜任力各维度相关系数表

胜任力自我效能	专业知识	课程建设	教学发展	科学研究	组织领导	专业品质
认知效能	0.506**	0.333**	0.532**	0.433**	0.606**	0.715**
情绪效能	0.486**	0.352**	0.522**	0.434**	0.603**	0.703**
意志效能	0.574**	0.383**	0.591**	0.492**	0.694**	0.763**

注：** 在显著水平为0.01时（双尾），相关显著。

表7-4教研员自我效能与教研员胜任力各维度相关系数表显示，教研员自我效能三个维度与教研员胜任力六个维度之间均存在显著相关性，相关性系数显著性检验 P 值等于0.000<0.01，达到0.01显著水平。且由表7-4可以发现教研员自我效能与教研员胜任力各维度相关系数在0.333—0.763之间，根据相关系数绝对值大小判别两个变量的关联程度，并对照积差相关关联程度判别表[1]（见表7-5）进行判别发现，教研员胜任力中课程建设维度与自我效能的三个维度（认知效能、情绪效能和意志效能）的相关系数均小于0.40，因而教研员胜任力中课程建设维度与自我效能的三个维度均呈现显著低度相关；教研员胜任力中专业知识、教学发展、科学研究和组织领导四个维度与自我效能三个维度（认知效能、情绪效能和意志效能）的相关系数均处于0.40—0.70之间，因而教研员胜任力中专业知识、教学发展、科学研究和组织领导四个维度与自我效能三个维度均呈现显著中度相关。教研员胜任力中专业品质维度与自我效能的三个维度（认知效能、情绪效能和意志效能）的相关系数均大于0.70，因而教研员胜任力中专业品质维度与自我效能的三个维度均呈现显著高度相关。

---

[1]　吴明隆：《问卷统计分析实务——SPSS 操作与应用》，重庆大学出版社2010年版，第5页。

表 7-5　积差相关关联程度判别表

相关系数绝对值	关联程度	决定系数
r<0.40	低度相关	$R^2<0.16$
0.40≤r≤0.70	中度相关	$0.16≤R^2≤0.49$
r>0.70	高度相关	$R^2≥0.49$

（三）不同水平教研员自我效能与胜任力关系分析

由前文可知,研究运用 K-means 聚类分析法和 R 算法将教研员自我效能划分为 3 个水平:高自我效能、中等自我效能和低自我效能。基于此,本书对 1189 名教研员自我效能所对应的胜任力水平进行了单因素方差分析,分别进行了描述统计、方差齐性检验、方差分析、事后多重比较,并列出了不同层次教研员自我效能水平所对应的胜任力水平的均数分布图,见表 7-6、表 7-7、表 7-8、表 7-9。

表 7-6　不同水平教研员自我效能对应教研员胜任力的描述统计表

	N	均值	标准差	标准误	均值的95%置信区间		极小值	极大值
					下限	上限		
高自我效能	648	4.2209	0.34646	0.01361	4.1922	4.2456	1.47	4.71
中等自我效能	508	3.8188	0.42624	0.01891	3.7823	3.8523	2.09	4.59
低自我效能	33	1.8467	0.73352	0.12769	1.6205	2.1185	1.00	3.91
总体	1189	3.9832	0.57147	0.01657	3.9481	4.0146	1.00	4.71

表 7-6 为不同水平教研员自我效能对应教研员胜任力的描述统计表。具体可知,全部有效的观察值为 1189,均值为 3.9832,标准差为 0.57147,平均数的估计标准误为 0.01657,均值的 95% 置信区间为(3.9481,4.0146)。在 1189 名教研员中,高自我效能水平的教研员人数最多,为 648 人;中等自我效能水平的教研员人数次之,为 508 人;低自我效能水平的教研员人数最少,为 33 人。

表 7-7　不同水平教研员自我效能对应教研员胜任力的方差齐性检验

Levene 统计量	组间自由度	组内自由度	显著性
28.870	2	1186	0.000

表 7-7 不同水平教研员自我效能对应教研员胜任力的方差齐性检验结果

表明,Levene 方差齐性检验结果为 28.870,组间自由度为 2,组内自由度为 1186,显著性概率 Sig.值为 0.000,P<0.001,应拒绝虚无假设,这表明不同水平教研员自我效能对应教研员胜任力的方差在 0.001 的显著性水平上差异显著,即各组方差为不齐。

表 7-8　不同水平教研员自我效能对应教研员胜任力的方差分析表

	平方和	自由度	均方	F	显著性
组间	200.980	2	100.490	637.356	0.000
组内	186.993	1186	158		
总数	387.973	1188			

表 7-8 不同水平教研员自我效能对应教研员胜任力的方差分析说明,组间平方和为 200.980,自由度为 2,均方为 100.490,F 值为 637.356,P<0.001。这表明不同水平的教研员自我效能对应的教研员胜任力的组间差异在 0.001 的显著性水平上差异显著。

表 7-9　不同水平教研员自我效能对应教研员胜任力的事后多重比较

	(I)自我效能组	(J)自我效能组	均值差(I-J)	标准误	显著性	95%的置信区间 下限	95%的置信区间 上限
LSD	高自我效能	中等自我效能	0.40212*	0.02353	0.000	0.3560	0.4483
		低自我效能	2.37420*	0.07086	0.000	2.2352	2.5132
	中等自我效能	高自我效能	−0.40212*	0.02353	0.000	−0.4483	−0.3560
		低自我效能	1.97208*	0.07133	0.000	1.8321	2.1120
	低自我效能	高自我效能	−2.37420*	0.07086	0.000	−2.5132	−2.2352
		中等自我效能	−1.97208*	0.07133	0.000	−2.1120	−1.8321
Tamhane	高自我效能	中等自我效能	0.40212*	0.02330	0.000	0.3464	0.4579
		低自我效能	2.37420*	0.12841	0.000	2.0511	2.6973
	中等自我效能	高自我效能	−0.40212*	0.02330	0.000	−0.4579	−0.3464
		低自我效能	1.97208*	0.12908	0.000	1.6476	2.2965
	低自我效能	高自我效能	−2.37420*	0.12841	0.000	−2.6973	−2.0511
		中等自我效能	−1.97208*	0.12908	0.000	−2.2965	−1.6476

注:* 表示均值差的显著性水平为 0.05。

由于表 7-7 不同水平教研员自我效能对应教研员胜任力的方差齐性检验结果表明方差不齐,本书选用 Tamhane 法进行各组均值之间的多重比较。表 7-9 为不同水平教研员自我效能对应教研员胜任力水平的事后多重比较。结果表明,三个不同水平的教研员自我效能对应的教研员胜任力水平与其他各组水平的显著性值均小于 0.001。这表明,三个不同水平的教研员自我效能对应的教研员胜任力水平与其他各组教研员在 0.001 显著性水平上差异显著。

根据均值比较结果来看,高自我效能水平教研员的胜任力均值显著高于中等自我效能水平教研员的胜任力均值,中等自我效能水平教研员的胜任力均值显著高于低自我效能水平教研员的胜任力均值。因此,可以推断出,教研员自我效能水平越高,其对应的胜任力也越高。

图 7-2 不同水平教研员自我效能对应教研员胜任力的均数分布图表明,高自我效能水平教研员的胜任力均值最高,中等自我效能水平教研员的胜任力均值次之,低自我效能水平教研员的胜任力均值最低,这与事后多重比较的结果相吻合。这在很大程度上表明,高自我效能水平教研员的胜任力水平高于中等自我效能水平教研员的胜任力水平,中等自我效能水平教研员的胜任力水平又高于低自我效能水平教研员的胜任力水平。

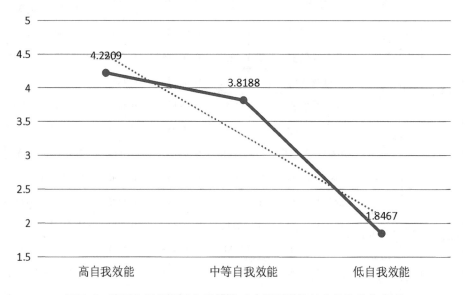

图 7-2 不同水平教研员自我效能对应教研员胜任力的均数分布图

综上所述,无论是从教研员自我效能与教研员胜任力各维度关系分析,还是从不同水平教研员自我效能对应的教研员胜任力关系探索,教研员自我效能与教研员胜任力之间存在着现实关联,教研员自我效能水平愈高,教研员胜任力水平愈强,反之,教研员自我效能水平愈低,教研员胜任力水平愈弱。

三、教研员胜任力与自我效能关系的学理确证

通过对教研员自我效能和教研员胜任力的数据分析发现,教研员自我效能与教研员胜任力两者关系密切,教研员自我效能与教研员胜任力相互促进,共同发展。这进一步验证了从教研员自我效能与教研员胜任力关系寻求基于教研员自我效能的教研员专业发展向度的必要性和可行性。在学理探讨和数理分析的基础上,以教研员自我效能和教研员胜任力的关系思维为纽带找寻教研员专业发展的生长点与突破口,需要对两者之间的关系进行进一步的逻辑确证。具体而言,可分为三个向度:首先,要对教研员自我效能作为影响教研员胜任力水平变化的重要变量进行认知确信;其次,要在实践层面确认教研员自我效能作为内在动力推动教研员胜任力主动建构的过程;最后,需要把教研员自我效能作为促进教研员专业发展的学理支点进行阐述,从而不断优化教研员自我效能与教研员胜任力之间的关系,进而充分发挥教研员自我效能在教研员胜任力提升与专业发展进程中的作用。

基于过程思维,教研活动是一种过程性存在,教研员自我效能正是在这一过程中形成并发挥作用的。这表明,教研员自我效能与教研员胜任力的动态共进关系存在于教研活动的过程中,基于对过程三要素即输入、转化活动和输出的认识,结合教研活动的现实情境可以发现,在教研过程中,教研员对教研过程各种信息输入的认知,对真实情景中外界信息的内化以及在评估外来信息与自身内化结果的基础上做出的行为意向等构成了认知效能、情绪效能和意志效能的主要内容,而教师胜任力正是在这一过程中逐渐形成并不断提升的,因而在教研过程中对教研员自我效能进行审视,是研判教研员自我效能和胜任力关系的应然之举。

(一)认知确信:自我效能是教研员胜任力的重要影响因素

从教研员自我效能与教研员胜任力关系生成的学理逻辑审视,发现教研员自我效能是影响教研员胜任力的重要因素。通过对实证调查结果分析,教研员

自我效能与教研员胜任力存在正相关关系,即教研员胜任力水平随着其自我效能感的提升而提升。这种基于数据分析所得的教研员自我效能与教研员胜任力的关系,正是两者关系的数理逻辑。实际上,教研活动是教研员在扮演自身角色时与教研情景中各个角色交往互动的过程,在这个活动中,教研员对教研工作的理解、对自身角色的定位以及交往时的状态等都直接影响着教研员胜任力的提升。总的来说,教研员自我效能与教研员胜任力的关系表征为三个方面:一是从数理分析看,教研员自我效能与教研员胜任力在动态关系上实现耦合;二是从宏观情境看,教研员自我效能与教研员胜任力在"交往场域"中存在双向互动;三是从微观个体看,教研员自我效能与教研员胜任力在个体体认上对立统一。据此而论,理论支撑下的学理逻辑与现实反馈中的数理逻辑的统一表明教研员自我效能与教研员胜任力之间的关系自然存在,两者共生共长,相互影响。进而言之,教研员自我效能的水平会在教研活动场域中通过多种形式的"交往",如指导、合作、检查等作用于教研员教研经验,从而影响教研员胜任力的提升,影响教研员专业发展。

(二)实践确认:自我效能是教研员胜任力水平提升的内在驱动

在教研过程中,教研员胜任力的发展与教研员自我效能有着密不可分的关系。因而,教研员如何认知教研工作、教研员如何定位自身角色及教研员如何展开行动都是影响教研员胜任力的重要因素。基于此,从认知效能、情绪效能和意志效能三个向度出发,探讨教研员自我效能与教研员胜任力之间的关系是促进教研员专业发展的重要理路。由前文常理和数理分析可知,整体言之,教研员自我效能和教研员胜任力之间存在显著正向相关,分而化之,教研员自我效能与胜任力各维度之间均存在不同程度的显著相关,且不同水平教研员自我效能对应的胜任力水平也存在显著差异,具体而言,教研员自我效能水平越高,其对应胜任力水平也相对较高。这表明,教研员胜任力水平处于动态发展过程中,其与教研员所处的教研场域、应对的交往对象以及教研员自身身心状态等要素有密切关系。有鉴于此,要探索教研员胜任力的有效提升之道就必须抓住教研员自我效能作为教研员胜任力发展的内在驱动力这一关键点。这就需要以教研员自我效能作为切入点,通过深入剖析自我效能的形成基点、作用机制和影响因素,并结合对实际场域中自我效能与胜任力两者的互动模式的分析,从而在其中发现提升教研员胜任力的重要节点。因此,基于学理推演和数理支撑,在教研过程中,重视教研员自我效能对提升教研员胜任力的内在驱动力是十分重要的。

（三）理论确保：自我效能是教研员专业发展的学理支点

教研员自我效能是影响教研员胜任力发展的重要因素和内在驱动,因而在原有的认知确信和实践确认的基础上,重新构建教研员自我效能的理论模型,是教研员自我效能及其胜任力关系深化的必行之路。在教研员自我效能的理论模型构建中,对认知效能、情绪效能和意志效能三个相互关联的维度进行进一步的澄明是理论确保的关键。首先,在认知效能维度,要进一步探寻教研员如何理解教研,在教研工作中确立了怎样的工作信念等认知逻辑,在此基础上,帮助教研员形成正确的教研工作体认,树立正确的教研工作信念,生成自觉的工作哲学,为教研员自我效能与胜任力关系的深化确立观念导向。其次,在情绪效能维度,要特别注意教研员的个体身心状态,教研员在教研工作中遭遇的冲突情景以及不同情景下教研员的情绪变化,并对教研员的常态和非常态做出分析,对教研员的应激反应做出分析,在此基础上,引导教研员做好情绪管理,为教研员自我效能与其胜任力关系的深化寻求新突破。最后,在意志效能维度,要对教研员在教研过程中的各种行为做出解读,这种解读不仅仅局限于行为引发的结果,更需要对行为产生前的行为意向、行为进行中的意志参与展开讨论,从而基于此,改善教研员的行动机制,为教研员自我效能与教研员胜任力的关系深化找到行为路向。只有这样,重构教研员自我效能的理论模型,对具有路径引导的理论进行再次确认,才能在教研员自我效能与教研员胜任力关系深化的过程中立足学理支点,确保正确方向。

第二节　教研员胜任力与组织氛围的关系

在本节中我们提出了这样的假设:组织氛围是影响教研员胜任力的因素之一。在前面的章节中我们通过数据分别对教研员胜任力和教研组织氛围进行了具体分析。为进一步完善和促进教研员胜任力发展,对教研员胜任力与教研组织氛围之间关系的探查是必要之举。由此,在本节中我们试图通过数据来验证教研员胜任力与教研组织氛围的关系,借此完善两者之间的关系认知。

一、教研员胜任力与组织氛围关系的实证分析

研究的目的在于探讨组织氛围与教研员胜任力的关系,即组织氛围是否是影响教研员胜任力不同水平的预测变量。基于研究目的和数据类型,运用多元线性回归分析方法,验证和阐明教研员组织氛围和教研员胜任力的关系。

(一)分析策略

组织氛围是影响组织成员行为的重要变量,为探究教研员组织氛围与教研员胜任力的关系、组织氛围变量间的线性组合与效标变量间关系强度的大小以及组织氛围对教研员胜任力的整体解释变异量,研究运用多元线性回归分析,考察作为预测变量的组织氛围以及效标变量的教研员胜任力之间的关系。由于研究的主要目的在于描述和解释组织氛围中所有自变量与教研员胜任力的关系,且学者 Hower 认为"研究者应该优先使用强迫进入法或者逐步多元回归分析法,若是预测变量不多,则应该优先使用强迫进入法"[1]。因此,本书选取强迫进入法的多元回归分析方法。

强迫进入法的回归分析是将所有自变量均投入到回归模型之中,需要避免的问题是由于预测变量彼此之间的高度相关而导致的多元共线性问题。判定自变量间是否具有共线性问题可以通过容忍度、VIF、CI 等指标值。通过检验发现,预测变量组织氛围的以上三个指标值均表明预测变量之间没有共线性问题,表明可以对其进行多元线性回归分析,见图 7-3。

(二)模型整体情况

由表 7-10 可知,组织氛围的组织价值、组织结构和组织支持的三个预测变量与教研员胜任力的多元相关系数为 0.491,决定系数 R^2 为 0.241,调整后的 R^2 为 0.241,由于分析所采用的是强迫进入变量法,只有一个回归模型,因此 R^2 改变量等于 R^2 统计量。表示组织氛围的三个预测变量共可解释效标变量教研员胜任力 24% 的变异量。回归模型方差分析表(见表 7-11)呈现变异量显著性检验的 F 值为 125.180,显著性检验的 P 值是 0.000,小于 0.05 的显著性水平,说明回归模型整体解释变异量达到显著水平。

---

[1] 吴明隆:《问卷统计分析实务——SPSS 操作与应用》,重庆大学出版社 2010 年版,第 378 页。

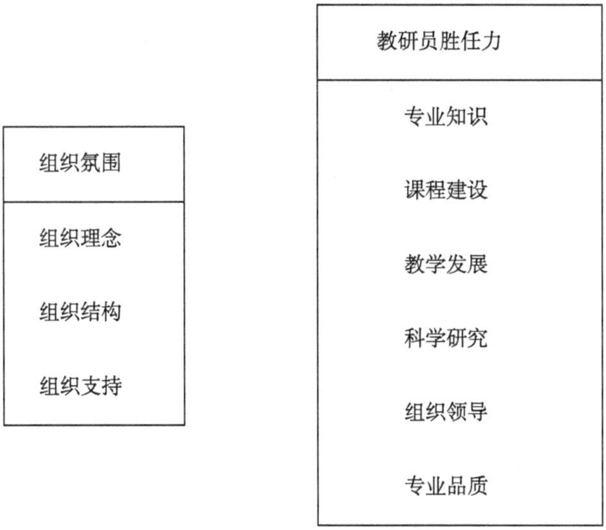

图 7-3 回归分析结构图

表 7-10 模型汇总

判定系数 R	决定系数 R^2	调整后的 R^2	估计标准误差
0.491[a]	0.241	0.241	0.50201

表 7-11 方差分析

模型		平方和	df	均方	F	Sig.
1	回归	94.641	3	31.547	125.180	0.000[a]
	残差	298.636	1185	0.252		
	总计	393.277	1188			

注:a.预测变量:(常量)、组织支持、组织理念、组织结构。

通过进一步对回归模型的回归系数以及回归系数的显著性检验可以得到如下的多元线性回归模型。

Y 教研员胜任力 = 2.565+0.203×组织理念+0.073×组织结构+ 0.078×组织价值

由于回归方程整体的 P 检验值为 0,表明该回归方程模型通过检验。教研员胜任力与组织理念、组织结构和组织支持等三个预测变量的非标准化相关系数依次为 0.203、0.073 和 0.078(见表 7-12)。组织理念是影响教研员胜任力最重要的组织氛围因素,组织结构和组织支持的影响效果基本持平。

表 7-12　系数

模型		非标准化系数		t	Sig.
		B	标准误		
1	(常量)	2.565	0.075	34.383	0.000
	组织理念	0.203	0.028	7.136	0.000
	组织结构	0.073	0.032	2.267	0.024
	组织支持	0.078	0.026	3.000	0.003

(三)组织理念和教研员胜任力

回归分析结果显示组织氛围中组织理念这一预测变量对教研员胜任力的影响最为显著,分析其原因需要从组织理念对教研员的影响机制和逻辑中予以阐释,从而透析出组织氛围对教研员发挥重中之重影响的内在原因。组织理念对组织成员效能具有显著影响已被多领域研究所证实。如 Bidyut 等人认为企业精神是企业刃迎缕解当前复杂化的企业生存环境的关键因素。[1]

在组织氛围问卷中,以"我们单位有一套科学而有效的教研工作理念"和"我们单位的职能定位是研究型机构"两个项目反映和测评了教研员组织理念状况。这两个题项共同映射的是组织的核心价值观,其直接关切到组织成员职业生命的价值定位和现实诉求。

组织理念显著影响教研员胜任力的表现水平可以从以下两个维度阐释,其一,组织成员行动有赖于科学组织理念。理念是柏拉图语境中的"共相","'共相'与'一般'与可感事物的'殊相'与'个别'是有距离的,它从一个超越的位置上把价值之光投向可感事物,引导可感事物一种趋好或者向善的努力"[2]。组织理念作为引领教研员个体的"共相",其在特定向度上的价值变大,引领教研员向

① Bidyut Baruah, Anthony Ward, "Metamorphosis of Intrapreneurship as an Effective Organizational Strategy", *International Entrepreneurship and Management Journal*, No.11(2015), pp.811-822.
② 黄克剑:《柏拉图"理念论"辨正——再论哲学的价值课题》,《哲学研究》1995 年第 5 期。

着规定的向度不懈趋近。其二,组织理念和行为表现关系逻辑的生成依赖于中介变量。情绪情感作为由组织理念所激发进而影响组织成员行为效能的调节变量,其水平和性质作用于组织成员的行为表现。大量理论和研究证实了情绪和行为之间辅车相依,如 A.Mark 等人的研究表明积极情绪有助于提升组织成员的创新能力。①

(四)组织结构和教研员胜任力

回归分析结果显示组织结构对教研员胜任力的回归系数显著性检验的 T 值为 2.267,显著性水平为 0.024,未达到显著水平 0.05。"回归分析未达到显著水平的预测变量不一定与效标变量没有关系"②。组织结构和教研员胜任力的积差相关系数为 0.444(p=0.000),达到显著的正相关,且相关程度为中度相关。预测变量和因变量的相关关系未能够在回归模型中得以体现的原因可能在于该预测变量与其他预测变量具有某种程度的关系。组织结构与组织理念和组织支持的积差相关系数分别为 0.803(P=0.000)和 0.751(p=0.000),其相关程度明显高于组织理念和组织支持相关系数 0.660。产生这一现象的原因在于组织结构含括领导方式、管理方式和制度支持三个维度,而领导方式和管理方式与组织理念中的"科学而有效的管理理念"以及"组织的职能定位"具有语境一致性。而制度支持与组织支持存在话语相关,由此导致了组织结构与其他两个预测变量的相关性。依照多元线性回归原则,预测变量之间具有相关,会导致共线性问题,需要剔除与依变量具有显著关系的预测变量。但是就容忍度、VIF 值以及 CI 值的检验表明组织氛围的预测变量之间不存在多元共线性问题,加之,在访谈中教育学者一致认为组织结构是教研员组织氛围中的重要变量。由此,研究保留在回归分析中未剔除组织结构这一预测变量。

组织结构在一些组织氛围量表中被称为工作特性,如在邱皓政等人编制的组织创新气氛量表中,工作特性主要包括工作难度、工作挑战、工作时间、工作负荷、独立工作的可能性、自主工作的空间等等。本书组织结构中的三个题项分别为"我们领导能够调动每个人的工作积极性""组织以弹性的方式保证教研工作

---

① M.D. Cooper, R. A. Phillips, "Exploratory Analysis of the Safety Climate and Safety Behavior Relationship", *Journal of Safety Research*, No. 35, May 2004, pp. 497−512.

② 吴明隆:《问卷统计分析实务——SPSS 操作与应用》,重庆大学出版社 2010 年版,第378 页。

顺利开展""我们单位有一套完善的制度体系",其中工作积极性是个体的工作态度,而影响工作态度的因素是工作情境中的工作满意度和组织承诺。[①] 弹性的工作方式以及完善的制度体系都是工作的制度属性。工作的制度属性中内蕴和映射个人和组织之间的权力和利益关系网络。"单位组织将国家命令性权力和资源交换性权力集于一身,即使在中国社会向市场经济逐步转型的过程中,单位组织仍然可以主要依靠自己在资源上占有的优势地位,通过资源交换性权力,对个人形成一种支配性关系。个人利益和需求很大程度上依赖于这种支配性关系。"[②]组织结构影响教研员胜任力的内在逻辑即在于由其所构建的权力关系和利益关系直接关涉教研员个体的切身利益和自我感知,进而影响和调教自身的行为方式。

(五)组织支持和教研员胜任力

回归分析结果显示组织支持对教研员胜任力的回归系数显著性检验的 T 值为 3.000,显著性水平为 0.003,回归分析达到显著水平。这表明组织支持是影响教研员胜任力水平的重要维度之一。组织支持有助于提升教研员的心理投入水平,组织支持的实质是教研组织对教研员专业发展的价值承认与资源承诺,教研员感知到组织的价值期望,进而增加心理投入以反哺组织贡献。而心理投入是"沉浸于工作中、尽可能不分心、专注于解决手头问题"的心理状态。[③] 心理投入的增加势必提升组织绩效和效能。

组织支持包括资源支持和关系支持两个维度。组织资源的维度类别数目繁多。"资源基础理论认为组织资源是资产、信息、能力特性和组织程序的集合体,包括物力资源、财力资源和无形资源三类,信息、能力等隶属于无形资源。"[④]研究中资源支持的关注焦点定位于学习资源归因于教研员的角色特质。"教研员作为'教学研究、指导和服务'的主体,则必然成为研究的领军者,他们既要通过研究来帮助教师解决实践问题,更要在研究过程中培养教师

① 姚若松、陈怀锦、苗群鹰:《公交行业一线员工人格特质对工作绩效影响的实证分析——以工作态度作为调节变量》,《心理学报》2013 年第 10 期。

② 李汉林、李路路:《单位成员的满意度和相对剥夺感——单位组织中依赖结构的主观层面》,《社会学研究》2000 年第 2 期。

③ 王端旭、洪雁:《组织氛围影响员工创造力的中介机制研究》,《浙江大学学报(人文社会科学版)》2011 年第 2 期。

④ 张康之、李东:《组织资源及任务型组织的资源获取》,《中国行政管理》2007 年第 2 期。

的研究能力。"①作为"专业引领者"的教研员的专业能力是评判其教研胜任力的关键,而影响专业能力的重要组织氛围因素必是组织所能够提供的专业发展机会,学习资源支持是教研员获取外源性专业发展资源的重要路径。虽然现在的研究对工作中的专业学习的内涵界定已经超越传统专业培训的范畴,而趋向专业活动中组织成员的主体学习,但是专业培训是教研机构为教研员所提供的最为显性和外化的学习机会。专业学习对个体工作能力以及组织绩效提升的促进作用已是不证自明的定论。

关系支持的本质是教研员同事之间相互支持、合作,同休共戚致力于教研工作和组织发展。已有研究显示团队运作是预测和影响组织行为的重要因素。邱皓政等人的研究发现,团队运作能够有效预测组织创新行为并且以不同于其他变量的逻辑方式影响组织行为。②结构主义视域下社会网络观认为社会系统是相互依赖的社会网络,社会成员差异化地占有社会资源并且依据连系点结构性地分配社会资源。③每个教研员在知识、观点、价值观等方面存有独特且异于他者的个体资源和社会网络资源,教研员之间的关系合作是结构性的统合和再分配个体资源的过程,从而提升和扩大教研员个体所能获得的资源量,进而促进教研员胜任力的提升。

二、教研员胜任力与组织氛围关系的学理确证

我国已有教研员组织氛围的相关研究聚焦于教研员角色、职责、素养等,未探究组织氛围因素对教研员专业素养和发展的作用机理。这可能受我国传统"恃人不如自恃""人之为己者,不如己之自为也"的文化所影响,从而使教研员职业带有"个人色彩"。然而,"社会事件似乎不只是个人的决断和行为,而应更多的看成是由社会文化'系统'所决定"④。教研员胜任力既需要个体的"一夫

---

① 宋萑:《论中国教研员作为专业领导者的新角色理论建构》,《教师教育研究》2012年第1期。

② 邱皓政、陈燕祯、林碧芳:《组织创新气氛量表的发展与信效度衡鉴》,《测验学刊》2009年第56期。

③ 刘艳:《高校社会资本对组织创新、办学绩效的影响——基于社会网络结构视角的实证分析》,《第四届中国科学学与科技政策研究会学术年会论文集(Ⅰ)》,2008年。

④ [美]冯·贝塔朗菲:《一般系统论基础发展和应用》,林康义、魏宏森等译,清华大学出版社1987年版,第6页。

之勇",也需要组织的同力协契。

(一)异质组织氛围影响胜任力水平差异

组织规范、制度和价值观潜在地决定和限制了组织成员的行为方向,影响和浸染着组织成员的内在信念和价值观,有意无意地决定了组织成员的行为表达。[①] Hunter 等人的研究表明组织氛围能够有效预测组织投资回收、企业家精神、创新与创新适应、自我评价等组织绩效表现。[②] 不同组织之间由于意识形态、价值信念、奖惩标准的不同,致使组织成员获得差异化的组织认知。Annelore 等人探究了大学组织氛围对科研人员参与商业活动行为的影响,发现大学对科研人员参与组织行为的信念、态度和支持度决定了科研人员参与商业活动的意愿、动机以及程度。[③] 由此,不同大学的科研人员因大学组织氛围的差异而对商业活动行为展现差异化的动机诉求和行为方式。

(二)组织氛围潜在影响教研员的组织承诺

组织成员安其所习于组织的规范、信念、价值体系中,有意为之或者潜移默化地将组织的价值系统和规范体系内化为自我的价值标准和行为参照,从而组织氛围成为组织成员"近在咫尺的凛然微光"。大量研究表明,组织成员的工作满意度、成就感、归属感以及权力关系均受到组织氛围的影响。特别是已有研究发现在组织承诺、组织氛围和组织成员行为表现之间存在显著相关关系。[④] 组织承诺由美国社会学家 Beckerret 提出,"组织承诺是一种基于经济交换基础上的契约关系,承诺的产生是基于经济理性的假设"。加拿大学者 Meyer 和 Alen 提出由情感承诺、持续承诺、规范承诺所构成的组织承诺三因素理论。情感承诺是指个人认同和参与组织的强度,对组织目标及其价值的信念与接受,以及为组织努力和继续留在组织的意愿;持续承诺指的是个人认知到一旦离开组织将失去现有价值的附属利益,因而不得不继续留在组织中;规范承诺指个人受社会责

---

① Annelore Huyghe, Mirjam Knockaert, "The Influence of Organizational Culture and Climateon Entrepreneurial Intentions among Research Scientists", *J Technol Transf*, No. 40, 2015, pp. 138–160.

② 邱皓政、陈燕祯、林碧芳:《组织创新气氛量表的发展与信效度衡鉴》,《测验学刊》2009 年第 56 期。

③ Annelore Huyghe, Mirjam Knockaert, "The Influence of Organizational Culture and Climateon Entrepreneurial Intentions among Research Scientists", *J Technol Transf*, No. 40, 2015, pp. 138–160.

④ Aysen Berberoglu, "Impact of Organizational Climate on Organizational Commitment and Perceived Organizational Performance: Empirical Evidence from Public Hospitals", *BMC Health Services Research*, No. 18, January 2018, p. 399.

任感和社会规范约束而形成的对组织的留职意愿。① 组织承诺直接关系到组织成员的个人行为表现和工作绩效。教研员胜任力的本质是教研员绩效水平的个人特征。② 已有研究表明组织承诺是组织氛围影响工作绩效的中介变量,教研员胜任力作为教研员个人绩效,必然受其组织承诺影响。

（三）组织氛围影响教研员的组织认同

依存于同一组织的成员同条共贯面向组织的价值观、工作内容、程序以及赏罚系统,获致普遍性的组织感知和共享信念。组织氛围是组织成员个体觉知和解释的信息。"社会交换理论学者 Blau 和 Homan 等认为,由于个体感觉组织对自己有价值,往往会加入社会交换关系中来。如果这种关系证明双方都能获取需求的满足,各自都会期望对方扩大交往的范围和频率。当一方感到自己对共同关系的投入获得了相应的回报时,其信任就加深。双方会按着对等惯例追求各自贡献的平衡。如果一方在交往中超越了角色要求而为对方做出了有形或无形的额外贡献,就会产生一种需要对方回报的期望,这种交换机制称为互惠惯例。"③根据互惠惯例理论,当教研员的个体投入能够获得组织的积极回馈和支持时,就会孕育和产生教研员对教研员组织的内在信任感和归属感,增强组织认同。组织认同是教研员对教研员身份、教研员组织价值观、组织文化的情感联结。"Dukerich 的研究表明,组织认同对组织公民行为产生显著影响,强烈的组织认同能够保证组织成员在没有外部监督的情况下,依然做出符合组织利益的决策。"④因此,积极的组织氛围能够孕育教研员对所在组织的较高认同,进而改善和提升教研员胜任力。

三、结论和建议

从以上分析可知,教研员组织氛围是影响教研员胜任力的重要因素之一,且

---

① 张玮、刘延平:《组织文化对组织承诺的影响研究——职业成长的中介作用检验》,《管理评论》2015 年第 8 期。

② 这一论断是依据 McClelland 对胜任力的定义,其认为胜任力是能够区分在特定的工作岗位和组织环境中绩效水平的个人特征。

③ 张若勇、刘新梅、沈力、王海珍:《服务氛围与一线员工服务绩效:工作压力和组织认同的调节效应研究》,《南开管理评论》2009 年第 3 期。

④ 魏钧、陈中原、张勉:《组织认同的基础理论、测量及相关变量》,《心理科学进展》2007 年第 6 期。

教研员组织氛围因性别、教研年限的不同而具有显著差异,组织理念、组织结构和组织支持等对教研员组织氛围的贡献度具有差异性。

(一)内外兼具:注重为教研员营造积极组织氛围

已有研究较少关注影响教研员专业素养的外源因素,而将教研员专业素养和能力的提升完全依托教研员个体的勤勉自觉。这种"赋予和弘扬个体以无限能力和可能"的主体论已被诸多哲学流派所质疑,而走向了"主体性的黄昏"。通过对教研员组织氛围和教研员胜任力的多元线性回归分析证明组织氛围对教研员胜任力水平具有显著影响,因此教研员胜任力水平的提升需要"组织激发和个人自励"。组织氛围的氤氲需融通教研员专业角色特质。组织氛围的研究趋向是由一般组织氛围的研究转向特殊组织氛围的研究,Schneider 认为一般组织氛围和特定的组织取向与组织结果之间的相关关系的有效性因组织的不同而具有显著差异,他提出应该针对特定组织目标而聚焦特定组织氛围。如服务性组织对照和映衬于服务性组织氛围,安全性组织则与安全性组织氛围相呼应。因此,教研员组织氛围的提升需要有的放矢,确立教研员核心素养和关键胜任力的价值指向,进而营设与其相呼应的教研员组织氛围。

(二)多元共融:推进教研员之间的交流合作

组织氛围的测量逻辑是寻求和获得不同个体对组织氛围的共同知觉,个体感知的组织氛围是获得整体组织氛围的基点。因此,组织氛围融合"组织客观性"和"个体主观性"。"组织客观性"的组织氛围提升需要组织整体的勠力而为,"个体主观性"的组织氛围则需要避免因个体自身感知误差而贬抑组织氛围。避免个体主观偏差的最佳路径是扩大和增加"个体主观性"的集合体,使其由"一个人的主观"取向转变为"一群人的主观","一群人的主观"因"主观观点之间的交流、吸收、融合"而更具全面性、可信性和有效性。因此,应促进不同教研员之间的交流与融合,建立教研共同体,在共同参与活动的过程中获得全面、有效的组织氛围感知和认识。

(三)理念引领:提升教研员组织理念

组织理念是组织氛围三结构中影响教研员胜任力最重要的因素之一,这合乎情理且在意料之中。事物发展的方向与进程受制于理念的转变和品质。组织理念决定教研员在作为对象性的教研活动中的权力和责任,内在规定组织结构和组织支持的形态表征,因此确定科学的组织理念是提升教研员胜任力的关键之举。其一,理念比拟于价值,均是以主体尺度为尺度的关系内容,这决定了其永远不可能规避个体喜好、利益和需求。所谓"组织理念"客体化只是为其合理性、科学性所装饰的美丽外衣。因此,教研员组织理念的确立需要多主体参与和协商,避免成为有权主体个人利益和需求的表达工具。其二,营设多维和丰富的教研员组织理念。任何一个组织机构的教研员对外均表现为统一的整体,但由于组织整体内不同教研员之间以及作为教研员行为对象的不同学校和教师个体之间的差异性,在教研员组织内部形成形式多样、丰富多彩的关系联结形式,不同的关系形态酝酿而成差异化的价值需求,因此,组织理念应具有"三生万物"的内在秉性,从而才能够以其内在的"丰富性"和"多维性"满足多元化的价值需求,进而有效地促进和提升教研员胜任力水平。

第三节　教研员胜任力与自我效能、组织氛围交叉关系

在前面两节中,我们分别对教研员胜任力与自我效能的关系以及教研员胜任力与组织氛围的关系进行了讨论与分析,实证数据分析结果显示,自我效能和组织氛围与教研员胜任力关系密切。由是之故,在本节中我们尝试运用数学建模的分析方式对教研员胜任力、教研员自我效能和教研员组织氛围三者之间的关系进行整体讨论。

一、研究设计

(一)研究思路

本书成题之初已设想对教研员胜任力、自我效能以及组织氛围三者之间的关系进行分析,由此在问卷设计之初,便将教研员胜任力调查问卷、教研员自我效能调查问卷和教研员组织氛围调查问卷进行了合并设计,以保证问卷调查结果的准确性和有效性,确保调查结果的可解读性。因而在回收的数据上可以直接对三者之间的关系进行统计学分析。

（二）研究方法

本书采用问卷调查法,调查工具为《教研员胜任力调查问卷》、《教研员自我效能调查问卷》和《教研员组织氛围调查问卷》,该调查工具均属于参照已有相关研究,并结合现实反馈修正形成的自编问卷。在问卷发放过程中,按照分层随机抽样的方式选取我国不同地区的 1729 名教研员作为研究对象,共发放问卷1729 份,回收有效问卷 1189 份,问卷有效回收率为 68.77%。本书主要运用AMOS21.0软件对教研员胜任力、自我效能与组织氛围之间的数理关系进行模型建构和路径分析。

（三）研究问题

本节研究的目的是探究教研员胜任力、教研员自我效能以及教研员组织氛围三者间的关系,且教研员胜任力、教研员自我效能和教研员组织氛围均为潜在变量,因而选择潜在变量的路径分析,即完成的结构方程模型。根据研究目的提出以下的因果模型图:外因潜在变量教研员"组织氛围"会直接影响内因潜在变量教研员"胜任力"和内因潜在变量教研员"自我效能",内因潜在变量教研员"自我效能"也会直接影响内因潜在变量教研员"胜任力"。三个潜在变量及其测量指标变量如下:潜在内因变量"胜任力"的指标变量为"专业知识"、"课程建设"、"教学发展"、"科学研究"、"组织领导"和"专业品质";潜在内因变量"自我效能"的指标变量为"认知效能"、"情绪效能"和"意志效能";潜在外因变量"组织氛围"的指标变量为"组织价值"、"组织结构"和"组织支持"。各观察变量均为一种反映性指标,其数值为问卷中相关题项的均值。

二、关系模型建构下的实证分析

在建构的教研员胜任力因果模型图的基础上,根据理论假设和变量属性,设定合适的分析方法进行数据分析,最终得到以下结果。

（一）教研员胜任力因果模型的适配度检核

在模型建构中,适配度指标是评价假设的路径分析模型图与搜集的数据是否相互适配,但不说明路径分析模型图的好坏,对模型的适配度进行检核是模型分析的基本要求,在本书中采用整体模型适配度指标来检核模型的外在质量,对各种模型整体适配度指标进行整理得到下列图表。

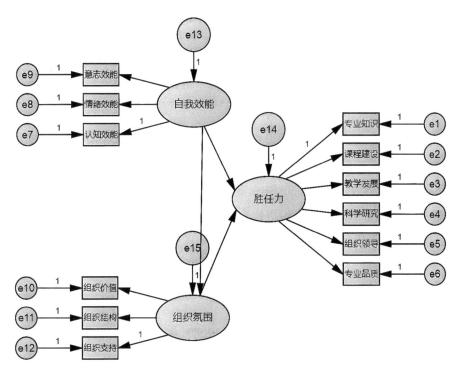

Model Specification
卡方值＝\CMIN(p 值＝\p);自由度＝\DF

图7-4　教研员"胜任力"因果模型图

表7-13　CMIN(极大似然比卡方值)

Model	NPAR	CMIN	DF	P	CMIN/DF
Default model	27	835.320	51	0.000	16.379
Saturated model	78	0.000	0		
Independence model	12	11002.418	66	0.000	166.703

模型的卡方统计值(CMIN)对样本总体的多变量正态性和样本大小十分敏感,在极大似然比卡方值报表中,该模型的卡方统计值(CMIN)为835.320,自由度(DF)为51,卡方自由度比值(CMIN/DF)为16.379,在统计学意义上,若卡方自由度比值(CMIN/DF)大于3则表示假设模型与样本数据的契合不佳,但是由于本书为大数据研究,样本数据较大,因而很难保持一个较小的卡方值统计值,且判断模型的适配度需结合多种指标综合评价。

表 7-14 RMR, GFI

Model	RMR	RMSEA	GFI
Default model	0.035	0.097	0.894

在模型评价中,如果一个假设模型无法完美地适配样本数据,适配的不足是由于样本协方差矩阵与基于样本的假设模型隐含的协方差矩阵之间的差异值。因而我们通过检核残差均方和平方根(RMR)和渐进残差均方和平方根(RMSEA)这两个表示差异值的指标来看:RMR = 0.035 < 0.05,表明该假设模型是可接受的适配模型,RMSEA = 0.097 < 0.10,表明该假设模型是普通适配。此外,从良适性适配指标(GFI)来看,其值接近 0.90,表示模型路径图与实际数据的适配度较为良好。

表 7-15 Baseline Comparisons(基准线比较)

Model	NFI	RFI	IFI	TLI	CFI
Default model	0.924	0.902	0.928	0.907	0.928

增值适配度统计量通常是将待检验的假设理论模型与基准线模型的适配度相互比较,以判别模型的契合度。由表 7-15 可知 NFI 值、RFI 值、IFI 值、TLI 值、CFI 值均大于 0.90,这表明模型的适配度良好。

通过对整体模型适配度指标进行分析,并与其常用的可靠参照值进行对比后认为,尝试建构的教研员胜任力、教研员自我效能和教研员组织氛围三者的因果关系结构模型的适配度良好,可以对模型路径做进一步分析。

(二)教研员胜任力因果模型的假设验证

在本节之初,我们提出了三条假设:假设一,教研员组织氛围变量会直接影响教研员胜任力变量;假设二,教研员组织氛围变量会直接影响教研员自我效能变量;假设三,教研员自我效能变量能直接影响教研员胜任力变量。根据 AMOS 内定的模型估计法为极大似然法,得到以极大似然估计各回归系数参数图(见表 7-16)。

表 7-16　Regression Weights：(Group number 1-Default model)

			Estimate	S.E.	C.R.	P	Label
自我效能	←	组织氛围	0.582	0.030	19.519	***	par_12
胜任力	←	自我效能	0.646	0.030	21.796	***	par_10
胜任力	←	组织氛围	0.033	0.022	1.501	0.133	par_11
认知效能	←	自我效能	1.000				
情绪效能	←	自我效能	1.054	0.029	36.467	***	par_1
意志效能	←	自我效能	0.991	0.026	38.498	***	par_2
专业知识	←	胜任力	1.000				
课程建设	←	胜任力	0.822	0.036	22.958	***	par_3
教学发展	←	胜任力	1.096	0.035	31.394	***	par_4
科学研究	←	胜任力	1.120	0.042	26.467	***	par_5
组织领导	←	胜任力	1.149	0.031	37.029	***	par_6
专业品质	←	胜任力	1.012	0.032	31.553	***	par_7
组织支持	←	组织氛围	1.000				
组织结构	←	组织氛围	1.198	0.034	35.738	***	par_8
组织价值	←	组织氛围	1.093	0.033	33.265	***	par_9

由表 7-16 可知,除三个参照指标值设为 1 不予估计外,在结构模型中 12 条标准回归加权值中,11 条标准回归加权值达到显著,"组织氛围 →胜任力"的标准化回归系数值未达显著。至此,上文提到的三条研究假设得到验证:假设二(教研员组织氛围变量会直接影响教研员自我效能)和假设三(教研员自我效能变量能直接影响教研员胜任力变量)通过验证,假设一(教研员组织氛围变量能直接影响教研员胜任力变量)因路径系数未达显著,故不予通过,且经过多次模型调适后,该模型为最佳拟合模型。

(三)自我效能的中介效应分析

中介效应是指 X 对 Y 的影响是通过 M 实现的,也就是说 M 是 X 的函数,Y 是 M 的函数(Y-M-X)。在假设验证后,为进一步探究教研员胜任力、自我效能和组织氛围三者之间的关系,我们可以借助教研员胜任力因果关系模型对自我效能是否在教研员胜任力和组织氛围之间起到中介作用进行分析。由此,本书以教研员组织氛围为自变量,以自我效能为中介变量,以教研员胜任力为因变量,根据模型输出结果进行中介效应分析。

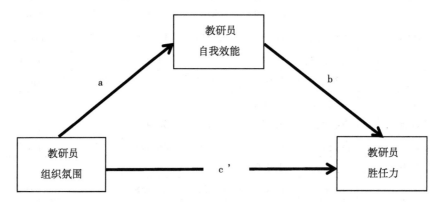

图7-5 自我效能在组织氛围和教研员胜任力之间的中介效应概念图

目前,常用的中介效应检验方法主要有两种,一种是流行已久的 Baron 和 Kenny 的逐步法[1],且在 2014 年温忠麟先生在其检验步骤中提出用 Bootstrap 代替经典的 Sobel 对系数乘积进行检验。第二种是近年来兴起的 X.Zhao 等人提出的用 Bootstrap 直接检验系数乘积法。[2] 可以认为到目前为止,Bootstrap 法是公认的可以取代 Sobel 法而直接检验系数乘积的方法。[3] 此外上述两种中介效应检验法还存在一个不同点,即是否要求主效应显著,前者要求逐步回归第一步是检验自变量对因变量的效果值是否显著;而后者则认为主效应是否显著并不影响中介效应,即使自变量对因变量影响效果不显著,仍需继续下一步的中介效应检验。[4] 根据教研员胜任力的因果模型回归路径图可知,教研员组织氛围变量对教研员胜任力的影响未达到显著水平。鉴于此,结合 Bootstrap 法的优势,本书选用 X.Zhao 等人提出,经过多名学者实际应用的 Bootstrap 法直接检验系数乘积进行中介效应分析。

本书采用 AMOS 软件中的 Bias-Corrected Bootstrap 程序对中介效应进行检

① R.M.Baron, D. A. Kenny, "The Moderator-mediator Variable Distinction in Social Psychological Research: Conceptual, Strategic, and Statistical Considerations", *Journal of Personality and Social Psychology*, 51,1986, pp. 1173-1182.

② X.Zhao, J. G. Jr. Lynch, Q. Chen, "Reconsidering Baron and Kenny: Myths and Truths about Mediation Analysis", *Journal of Consumer Research*, 37, 2010, pp. 197-206.

③ 温忠麟、叶宝娟:《中介效应分析:方法和模型发展》,《心理科学进展》2014 年第 5 期。

④ 陈瑞、郑毓煌、刘文静:《中介效应分析:原理、程序、Bootstrap 方法及其应用》,《营销科学学报》2013 年第 4 期。

验。利用重复随机抽样的方法在原始数据(n=1189)中抽取 5000 个 Bootstrap 样本,生成 1 个近似抽样分布,用第 2.5 百分位数和第 97.5 百分位数估计 95% 的置信区间,输出结果如下:

表 7-17　Standardized Indirect Effects(Group number 1-Default model)

	组织氛围	自我效能	胜任力
自我效能	0.000	0.000	0.000
胜任力	0.489	0.000	0.000
组织价值	0.000	0.000	0.000
组织结构	0.000	0.000	0.000
组织支持	0.000	0.000	0.000
专业品质	0.429	0.636	0.000
组织领导	0.481	0.714	0.000
科学研究	0.375	0.557	0.000
教学发展	0.427	0.634	0.000
课程建设	0.334	0.496	0.000
专业知识	0.428	0.635	0.000
意志效能	0.568	0.000	0.000
情绪效能	0.545	0.000	0.000
认知效能	0.508	0.000	0.000

表 7-18　Standardized Indirect Effects-Lower Bounds(BC)
(Group number 1-Default model)

	组织氛围	自我效能	胜任力
自我效能	0.000	0.000	0.000
胜任力	0.416	0.000	0.000
组织价值	0.000	0.000	0.000
组织结构	0.000	0.000	0.000
组织支持	0.000	0.000	0.000
专业品质	0.347	0.551	0.000
组织领导	0.405	0.640	0.000
科学研究	0.314	0.493	0.000
教学发展	0.353	0.560	0.000

续表

	组织氛围	自我效能	胜任力
课程建设	0.280	0.437	0.000
专业知识	0.355	0.564	0.000
意志效能	0.508	0.000	0.000
情绪效能	0.483	0.000	0.000
认知效能	0.443	0.000	0.000

表 7-19 **Standardized Indirect Effects-Upper Bounds（BC）**
（**Group number 1-Default model**）

	组织氛围	自我效能	胜任力
自我效能	0.000	0.000	0.000
胜任力	0.565	0.000	0.000
组织价值	0.000	0.000	0.000
组织结构	0.000	0.000	0.000
组织支持	0.000	0.000	0.000
专业品质	0.501	0.713	0.000
组织领导	0.548	0.784	0.000
科学研究	0.432	0.619	0.000
教学发展	0.494	0.705	0.000
课程建设	0.389	0.558	0.000
专业知识	0.492	0.705	0.000
意志效能	0.621	0.000	0.000
情绪效能	0.599	0.000	0.000
认知效能	0.570	0.000	0.000

表 7-20 **Standardized Indirect Effects-Two Tailed Significance（BC）**
（**Group number 1-Default model**）

	组织氛围	自我效能	胜任力
自我效能	…	…	…
胜任力	0.000	…	…
组织价值	…	…	…
组织结构	…	…	…

续表

	组织氛围	自我效能	胜任力
组织支持	…	…	…
专业品质	0.000	0.000	…
组织领导	0.000	0.000	…
科学研究	0.000	0.000	…
教学发展	0.000	0.000	…
课程建设	0.000	0.000	…
专业知识	0.000	0.000	…
意志效能	0.000	…	…
情绪效能	0.000	…	…
认知效能	0.000	…	…

由以上四表可知,教研员组织氛围对教研员胜任力的间接效应值 c' 为 0.489,其置信区间为 0.416—0.565,不包含"0",且 P<0.05,这表明教研员组织氛围对教研员胜任力的间接效应显著,即在教研员组织氛围对教研员胜任力的影响关系中,教研员自我效能的中介效应存在。

表 7-21　Standardized Direct Effects（Group number 1-Default model）

	组织氛围	自我效能	胜任力
自我效能	0.620	0.000	0.000
胜任力	0.042	0.789	0.000
组织价值	0.857	0.000	0.000
组织结构	0.937	0.000	0.000
组织支持	0.793	0.000	0.000
专业品质	0.000	0.000	0.807
组织领导	0.000	0.000	0.905
科学研究	0.000	0.000	0.706
教学发展	0.000	0.000	0.804
课程建设	0.000	0.000	0.629
专业知识	0.000	0.000	0.805
意志效能	0.000	0.915	0.000
情绪效能	0.000	0.878	0.000
认知效能	0.000	0.819	0.000

表 7-22 **Standardized Direct Effects-Lower Bounds**（BC）
（**Group number 1-Default model**）

	组织氛围	自我效能	胜任力
自我效能	0.557	0.000	0.000
胜任力	-0.027	0.713	0.000
组织价值	0.830	0.000	0.000
组织结构	0.917	0.000	0.000
组织支持	0.763	0.000	0.000
专业品质	0.000	0.000	0.762
组织领导	0.000	0.000	0.879
科学研究	0.000	0.000	0.663
教学发展	0.000	0.000	0.754
课程建设	0.000	0.000	0.579
专业知识	0.000	0.000	0.759
意志效能	0.000	0.890	0.000
情绪效能	0.000	0.853	0.000
认知效能	0.000	0.778	0.000

表 7-23 **Standardized Direct Effects-Upper Bounds**（BC）
（**Group number 1-Default model**）

	组织氛围	自我效能	胜任力
自我效能	0.673	0.000	0.000
胜任力	0.111	0.855	0.000
组织价值	0.879	0.000	0.000
组织结构	0.953	0.000	0.000
组织支持	0.821	0.000	0.000
专业品质	0.000	0.000	0.844
组织领导	0.000	0.000	0.924
科学研究	0.000	0.000	0.746
教学发展	0.000	0.000	0.841
课程建设	0.000	0.000	0.677
专业知识	0.000	0.000	0.841
意志效能	0.000	0.935	0.000
情绪效能	0.000	0.900	0.000
认知效能	0.000	0.857	0.000

表7-24 **Standardized Direct Effects-Two Tailed Significance**（BC）
（**Group number 1-Default model**）

	组织氛围	自我效能	胜任力
自我效能	0.000	…	…
胜任力	0.245	0.000	…
组织价值	0.000	…	…
组织结构	0.000	…	…
组织支持	0.000	…	…
专业品质	…	…	0.000
组织领导	…	…	0.000
科学研究	…	…	0.000
教学发展	…	…	0.001
课程建设	…	…	0.000
专业知识	…	…	0.000
意志效能	…	0.000	…
情绪效能	…	0.000	…
认知效能	…	0.000	…

由以上四表可知,教研员组织氛围对教研员自我效能的直接效应值 a 为 0.620,其置信区间为 0.557—0.673,不包含"0",且 P<0.05,这表明教研员组织氛围对教研员胜任力的直接效应显著。教研员自我效能对教研员胜任力的直接效应值 b 为 0.789,其置信区间为 0.713—0.855,不包含"0",且 P<0.05,这表明教研员自我效能对教研员胜任力的直接效应显著。这再次验证了教研员组织氛围对教研员胜任力的间接效应值 c'=ab 的显著性。此外,教研员组织氛围对教研员胜任力的直接效应值为 0.042,其置信区间为 -0.027—0.111,包含"0",且 P>0.05,这表明教研员组织氛围对教研员胜任力的直接效应不显著。

表7-25 **Standardized Total Effects**（Group number 1-Default model）

	组织氛围	自我效能	胜任力
自我效能	0.620	0.000	0.000
胜任力	0.532	0.789	0.000
组织价值	0.857	0.000	0.000

续表

	组织氛围	自我效能	胜任力
组织结构	0.937	0.000	0.000
组织支持	0.793	0.000	0.000
专业品质	0.429	0.636	0.807
组织领导	0.481	0.714	0.905
科学研究	0.375	0.557	0.706
教学发展	0.427	0.634	0.804
课程建设	0.334	0.496	0.629
专业知识	0.428	0.635	0.805
意志效能	0.568	0.915	0.000
情绪效能	0.545	0.878	0.000
认知效能	0.508	0.819	0.000

表 7-26　Standardized Total Effects-Lower Bounds（BC）
（Group number 1-Default model）

	组织氛围	自我效能	胜任力
自我效能	0.557	0.000	0.000
胜任力	0.448	0.713	0.000
组织价值	0.830	0.000	0.000
组织结构	0.917	0.000	0.000
组织支持	0.763	0.000	0.000
专业品质	0.347	0.551	0.762
组织领导	0.405	0.640	0.879
科学研究	0.314	0.493	0.663
教学发展	0.353	0.560	0.754
课程建设	0.280	0.437	0.579
专业知识	0.355	0.564	0.759
意志效能	0.508	0.890	0.000
情绪效能	0.483	0.853	0.000
认知效能	0.443	0.778	0.000

表 7-27　**Standardized Total Effects-Upper Bounds**（BC）
（**Group number 1-Default model**）

	组织氛围	自我效能	胜任力
自我效能	0.673	0.000	0.000
胜任力	0.602	0.855	0.000
组织价值	0.879	0.000	0.000
组织结构	0.953	0.000	0.000
组织支持	0.821	0.000	0.000
专业品质	0.501	0.713	0.844
组织领导	0.548	0.784	0.924
科学研究	0.432	0.619	0.746
教学发展	0.494	0.705	0.841
课程建设	0.389	0.558	0.677
专业知识	0.492	0.705	0.841
意志效能	0.621	0.935	0.000
情绪效能	0.599	0.900	0.000
认知效能	0.570	0.857	0.000

表 7-28　**Standardized Total Effects-Two Tailed Significance**（BC）
（**Group number 1-Default model**）

	组织氛围	自我效能	胜任力
自我效能	0.000	…	…
胜任力	0.000	0.000	…
组织价值	0.000	…	…
组织结构	0.000	…	…
组织支持	0.000	…	…
专业品质	0.000	0.000	0.000
组织领导	0.000	0.000	0.000
科学研究	0.000	0.000	0.000
教学发展	0.000	0.000	0.001
课程建设	0.000	0.000	0.000
专业知识	0.000	0.000	0.000
意志效能	0.000	0.000	…
情绪效能	0.000	0.000	…
认知效能	0.000	0.000	…

由以上四表可知,教研员组织氛围对教研员胜任力的总效应值为 0.532,其置信区间为 0.448-0.602,不包含"0",且 P<0.05,这表明教研员组织氛围对教研员胜任力的总效应显著。

综上所述,教研员组织氛围对教研员胜任力的直接效应不显著,但引入教研员自我效能这一变量后,教研员组织氛围对教研员胜任力的影响显著提高,其影响力由原来的 0.042 增加到 0.532,且根据结果输出可知,在中介变量教研员自我效能的作用下,教研员组织氛围对教研员胜任力的间接效应和总体效应均达到显著水平。因而可以认为教研员自我效能这一中介变量在教研员组织氛围对教研员胜任力的影响路径中起到了完全中介作用,其实际中介作用占总效应的 92.92%。

三、关系模型视角下的研究对策

通过理论分析后的概念模型构建及实证数据支撑下的模型检验可知,教研员组织氛围、教研员自我效能和教研员胜任力三者之间不仅存在相关关系,且其存在因果关系。在对三者关系深入挖掘后发现,教研员自我效能在教研员组织氛围和教研员胜任力之间起完全中介作用。这为以提高教研员胜任力、促进教研员专业发展为研究目的的本书提供了诸多思考角度和实践方向。

(一)返本还原:教研员胜任力影响因子再思考

本书意在探讨教研员胜任力模型的构建及其影响因素,因而在研究之初、问卷编制之时,便结合相关文献分析选取了两个可能且适合本书的潜在影响因素"自我效能"和"组织氛围"。在关系探讨中,本书更是结合教研员胜任力和教研员自我效能的相关关系,教研员胜任力与教研员组织氛围分维度的回归关系尝试构建三者之间的因果关系模型。在哲学领域,关系是反映事物及其特性之间相互联系的哲学范畴,世界处于复杂的关系网中,而复杂性的造就者正是事物的特性。因而从最初设计到模型多次调适再至关系结果的输出均离不开对教研员胜任力这一概念的不断重申、重审。

教研员胜任力区别于智力和素质,其与动机、认知、态度、某领域的知识、某领域的技能、个人特质、个人品质等息息相关。对这些相关概念进行归纳总结,可以发现教研员胜任力实则冰山模型,内生变量是冰山模型的冰下主体,这也就决定了探究胜任力的影响因子是复杂且不稳定的。正如本书基于教研员的工作特质选取的潜在影响因子来看,各影响因子之间的关系也是交互复杂的。但从哲学意义上看,关系是客观存在且变化的,关系既独立于两物,又和两物有关联,在教研组织里,教研员胜任力与教研组织氛围之间的关系是客观存在,若将其关系独立且物化,那么关系物则可具化为一张满意的工资单、两三句领导的鼓励话语等等。关系是客观且同值的,这也就意味着只要关系存在,不论显著与否,不论大小怎样,不管姿态如何,这两者或多者在某一个范畴属性内必然有同值的本质。这是理清关系、把握本源的关键。

(二)秉轴持钧:教研员自我效能中介作用再开发

模型分析结果显示:教研员自我效能不仅是直接影响教研员胜任力的重要因素,且在教研员组织氛围对教研员胜任力的影响路径中起着完全中介的作用,中介效应占总效应的 92.92%。由是之故,重视教研员自我效能这一关键内因变量,充分发挥教研员自我效能的中介作用是提升教研员胜任力的必然之举。

一般自我效能与教研员自我效能是一般与特殊的辩证关系,由是,对教研员自我效能的讨论必然需要借鉴一般自我效能的分析方法、研究理路和基本成果。首先,教研员自我效能的建构和提高需要教研员反思自己的选择性自我监控,实际上人们在日常生活和工作中会无意识地进行选择性自我监控,这种对自己本身行为的监控具有很大的可变性,总是在自己糟糕或者表现差时才启动自我监控的话往往会低估自己的效能。其次,组织中成员的替代经验对自我效能影响更为明显,教研员作为教研组织的成员,其常置身于不同的群体中,这样,教研员可能以不同形式与他人进行推论性比较,并根据组织或他人评价对自己的效能进行评估。再者,个体的生理和情感状态也是影响自我效能的重要因素,路径分析可知,组织氛围对教研员自我效能效应显著且效应值高,因而营造和谐融洽的组织氛围不仅能提高教研员自我效能,更能够间接提升教研员胜任力,推动教研员向专业性发展。

第八章　教研员胜任力水平模型的实践应用

2010 年 12 月 7 日,OECD 发布了 2009 年 PISA 测试结果,结果显示在 65 个参与国家和地区中,首次参加该测评的中国上海在阅读、数学和科学三个领域都位列第一。PISA 测试中上海学生在国际舞台的亮相,使中国的教研员队伍开始出现于"国际视野",引起了国内外的关注与研究。国外专家认为,上海取得成功的主要原因在于中国独特的教研制度和教研系统功能与作用的发挥。中小学教研制度是具有中国特色的产物,是中小学校课程、教材与教学改革的重要资源,在协助与配合教育行政部整顿、维护教育教学秩序,普及和发展基础教育,开展教师培训,提高教学质量,促进学生和谐发展等方面,发挥了不可或缺的作用,也为新中国基础教育事业的持续发展奠定了坚实基础。① 对于中国来说,教研员不是一支陌生的队伍;对于世界来说,教研室、教研员是中国独特的"教育风景"。"专门的教研机构和人员是中国教育发展史上一种独特的现象,是一个典型的具有本土化色彩的研究课题。"②教研员胜任力是对特定工作或岗位能力的探究,指在专门教研机构(如教研室、教师进修学院、教育科学研究院等)中,作为各个学科教学组织负责人或带头人,其在顺利组织各学科教师进行教学研究活动过程中所应具备的各种知识、能力、情意等。这些知识、能力或情意等是个体在教研员工作岗位上、教育教学研究活动中所具备的潜在或深层次的特质,并能将其与一般从业者相区别开来。③ 当前有关教研员和胜任力的探究在内生机制与外发因素共同驱动下取得深远发展,相关理论观点、研究范畴与框架得到不

---

① 黄迪皋:《从外推走向内生——新中国中小学教研制度研究》,湖南师范大学 2011 年博士学位论文。
② 张行涛、李玉平:《走进校本教研》,开明出版社 2003 年版,第 7 页。
③ 赵佳丽:《中学语文教研员胜任力调查研究》,西南大学 2017 年硕士学位论文。

同程度的阐释,并在教育教学领域创获众多有价值的成果,如本书在前期问卷调查、访谈以及对相关数据的统计分析的基础上,建构了教研员胜任力模型,本章旨在对此模型的实践应用进行全面阐释。

第一节　教研员专业发展规划

教研员在我国基础教育的发展过程中无疑是一股中坚力量,尤其是在新课程改革中,各级教研机构和教研人员在课堂教学的研究与改进中都起着不可忽视的作用。教研室是中国基础教育的特殊机构。教育改革离不开教研室;课程改革、教学改革、考试评价改革离不开教研室;教学研究、教学管理离不开教研室;提高教学教育质量离不开教研室。教研员承担着提高教学质量的历史重任,他们来自教师又不同于教师,必须进行角色转换,并在教研实践中不断发展。随着我国新课程改革的推进,教师队伍的学历水平已有明显的提高,学校教育的内涵也发生了显著变化,因此,教研系统必须置于新制度环境中重新考量,教研员的专业发展也需要重新定位。专业发展规划的制定,可归结为"条件分析→目标定位→路径选择→反思调整"。其中,"条件分析"是要明白自身特点与所处环境,"目标定位"是应确立专业方向与发展预期,"路径选择"是所采取的行动策略与途径,而"反思调整"是规划试行期及时的评价与修正。① 因此,教研员的专业发展规划也应在认清自身专业能力和专业素养的实际情况下进行目标定位和路径选择。

一、教研员专业发展的现状审思

教研员专业发展是教研员的专业素养、专业水平逐步提升,专业价值不断实现的过程。研究者从不同层面探究了教研员专业发展结构,如朱旭东认为教研员专业发展应包括课程开发能力、专业指导能力、教育测评能力和学术研究能力。但是对教研员专业发展结构研究存在的问题,研究者往往单纯从能力维度考虑教研员专业发展,而缺乏对教研员专业发展的系统化思考,没有认识到支撑

---

① 叶继永、李哉平:《教师如何作好专业发展规划》,《教学与管理》2013 年第 8 期。

教研员专业发展的知识、态度、情感等因素。此外，一些研究者对教研员专业发展的现状进行调查，分析存在的问题，并从外部影响和教研员内部建构等维度提出促进教研员专业发展的策略。教研员专业发展是教研员的专业素养、专业水平逐步提升，专业价值不断实现的过程。无论是教研员个体还是群体，其发展或成长都是在外部环境支持下个体努力并与之作用的结果。我国"教研工作面临着前所未有的严峻挑战""教研员在教育观念和业务能力方面面临着巨大的挑战"①，直指教育教学的发展并不仅仅建构于忠实取向之下，由于教研员受传统教研制度的规约，惯将工作重心放在教学指导，故步自封于教师教学实际，缺乏前瞻性，故亟须教研员发展研究。

安徽某教师对教研员总结了"十盼"和"十怕"，"十盼"是：一盼教研员成为好教员，送教上门；二盼教研员成为身边看得见的研究员，引导大家走科研之路；三盼教研员成为传播教改动态的信息员；四盼教研员成为教师发展的服务员；五盼教研员成为教师校际交流的联络员；六盼教研员成为教师校本书的辅导员；七盼教研员成为倾听大家声音的录音员；八盼教研员成为学校教科研规划的设计员；九盼教研员成为教师专业展示的编导员；十盼教研员成为教师专业成长的见证员。"十怕"是：一怕教研员成了居高临下的准官员；二怕教研员成了指手画脚的仲裁员；三怕教研员成了教参和教辅的推销员；四怕教研员成了学生课外的补习员；五怕教研员成了浑浑噩噩的烟酒员；六怕教研员成了游山玩水的旅游员；七怕教研员成了随从领导下访的陪同员；八怕教研员成了只收集资料的统计员；九怕教研员成了只作几场报告的宣读员；十怕教研员成了无所事事的闲杂员。②"十盼"和"十怕"生动形象地总结了一线教师对教研员的期待，在实际教研工作中，教研员要自觉做好本职工作，努力实现"十盼"，避免成为"十怕"的教研员。总体而言，当前教研员专业发展存在以下问题：首先，在认识上有误区，某些教研员以专家身份自居，认为自己就是本地本学科的绝对领导者，安于现状，不思进取，对自身专业素质缺陷认识不足，缺乏专业发展的自觉性和主动性；其次，在理论研究上有盲点，缺少教研员专业系统的理论体系，即在教研员专业发展的内涵、途径和制度保障等方面缺乏成熟的理论研究；再次，制度上有缺漏，当

---

① 李建平：《教研：如何适应课程改革的需要》，《中国教育报》2003 年 5 月 25 日。
② 江湖：《一线教师需要什么机关报教研员？》，《中国教育报》2007 年 1 月 5 日。

前教师专业发展的培训有很多,唯独缺失了教研员培训制度,大部分地区很少开展教研员培训活动,教研员培训制度的缺失导致了其地位的尴尬;最后,职能定位上模糊。① 在实际工作中,教研员常因为行政力量等缘由偏离自身的主要工作,影响了教研员专业水平的提高。

二、教研员专业发展的目标定位

教研员专业发展本质上是教研员教育思想和教研理论走向成熟,教研方式走向多元,教研行为走向民主,教研成果走向实践的过程。② 有专家指出,教研员的专业发展主要表现为"四条件",即专家的理论水平、教师的一线经验、领导的管理才能和崇高的人格魅力,只有同时具备这四个条件,才能成为一名合格的专职教学研究人员。首先,专家的理论水平是指教研员要掌握新课程所倡导的现代教育理念及相关教育教学理论,能够对教师在教育教学实践中遇到的问题进行理论指导和专业引领。其次,教师的一线经验是指教研员应具有深厚的教学功底和教学经验,能够指导教师解决实践问题或分享他们的成功经验。再次,领导的管理才能是指教研员要具有统领本学科成百上千名教师开展教学研究的能力和水平,能够从教研层面对本学科的教学质量提升和教师队伍建设进行统筹设计与管理。最后,崇高的人格魅力是指教研员要具有宽广的胸怀,能够立足于学校发展,发现、提升、总结、宣传和推广教学改革成果,帮助不同层级的教师实现各自的成长和进步。③

"形而上者谓之道,形而下者谓之器",教研员介于道与器之间、理论与实践之间,既是教学实践指导者,也是教学理论研究者,是教师的合作者和指导者,也是教学质量的监督者和评价者,又是教育行政部门的参谋与助手。教研员是集教学与研究于一体的教学研究人员。在对教研员素养结构进行回顾分析中,发现对教研员素养结构的探讨主要散见于两个层面,一是相关政策和法令文件的具体要求。1990 年的《关于改进和加强教学研究工作的若干意见》、2000 年教育部下发的《教学研究室工作规程(征求意见稿)》、2005 年教育部拟定的《关于

① 赵慧:《论教研员的专业发展》,《现代教育》2012 年第 9 期。
② 时曦编著:《教研员专业成长之路》,广西师范大学出版社 2008 年版,第 1 页。
③ 梁威等:《撬动中国基础教育的支点:中国特色教研制度发展研究》,教育科学出版社 2011 年版,第 178 页。

进一步加强和改进基础教学研究工作的意见》等相关政策文件中均提出对教研员基本素养构成的要求,认为教研员应具备教育研究素养、教学指导能力、课程建设能力和课程资源开发能力等,即教研员作为能力者存在。二是关涉理论研究,核心探讨对教研员的基本素养要求(见表 8-1)。关于教研员素养结构的研究,整体呈现在国家相关政策法令文件引领下,逐渐凸显教研员素养结构研究的课改特色,强化其能力特征,弱化知识特征,围绕终身学习的能力、进行教育科学研究的能力、反思沟通能力等方面进行探讨。①

表 8-1　国内教研员专业素养结构统计表

研究者(时间)	教研员专业素养结构
平世发(1996)	思想素质、专业水平、组织能力、研究能力
广德明(1997)	认识能力、科研能力、组织管理能力、协调人际关系能力
王希穆(1999)	研究能力、业务指导能力、公关能力、组织能力、独立决策能力、应变能力、文字能力、短时间完成工作能力、自我调节能力
丁冀良(2000)	教学业务能力、开拓创新能力、文字应用能力、口头表达能力、电脑操作能力、组织协调能力、综合分析能力
张涛(2001)	师德、创新精神、理论水平、科研能力、运用现代教育信息技术能力
胡进(2003)	终身学习习惯和专业可持续发展的意识、较高的研究素养与能力、先进理念的管理和组织能力
张金(2006)	扎实的专业基础、终身学习的观念、丰富的经验、组织和协调能力、较高的研究能力
时曦(2008)	道德素养、理论素养、教学专业素养
丁文平(2009)	专业知识、专业技能、专业心态、专业智慧
饶又明(2010)	坚实的专业理论素质、较高的研究素养和能力、丰富的教育教学实践经验
宋霍(2012)	专业指导能力、教育测评能力、课程开发能力、学术研究能力

教研员专业发展是教研员内在专业素养不断更新、演进和丰富的过程,了解和把握教研员的专业素养构成是促进教研员专业发展的前提和基础。② 不同学者从各自角度出发进行探索,不断将教研员的专业素质、专业能力放在核心地

① 卢立涛、梁威、沈茜:《我国中小学教研员研究的基本态势分析》,《教师教育研究》2013 年第 6 期。
② 季平:《新课程背景下教研员专业发展指南》,教育科学出版社 2014 年版,第 36 页。

位,力求呼应未来教育发展需求。本课题组在有关专家学者研究成果的基础上,结合实际调研和访谈的结果,将教研员的专业发展归纳为专业知识、课程建设、教学指导、科学研究、组织领导和专业品质六个方面。

(一)专业知识发展

专业知识发展是教研员专业发展研究的核心领域之一,包括教研员的学科专业知识、学科教学法知识和教研知识。其中,学科专业知识是教研员承担某一学科(如语文、数学、历史等)教研工作应该具备的学科专业知识,即具体的学科知识;学科教学法知识是指教研员根据不同学科内容和学科特点选择相应的教学方法和教学策略;教研知识是关于教育研究、教育规律、教育方法等方面的知识。基本具备本学科的基本知识,了解一些先进的课改理念、方法,能不断更新自己的教学理念,以课改为契机,教学中能注入全新的教育教学理念。平时除了认真钻研教材、潜心备课之外,也善于取他山之石,巧为自己之用,坚持"以人为本"的理念。教研员要不断提升个人素养,加强自身业务能力,做有丰富教学经验的教研员,通过不断地阅读教育理论书籍,掌握系统的理论知识,打牢教研员的教育理论基础,来丰富自己的知识,提高自身的文化修养。

(二)课程建设能力

课程能力是将课程意识转化为课程建构行动的重要条件,课程能力建设不仅只是教师、教研员,更包括组织层面的校长、系统层面的多元课程参与主体及其关系的建构,课程能力建设更不仅仅指称具体的专业素养或技巧,更是一种综合的专业自觉、判断与综合的社会文化能力。[1] 具体是指教研员能够基于教育发展需要、政策推动和学生的需求,依据自身的教研知识和教研技能设计出一套科学、完整的课程方案,并能够根据学校办学理念和校园文化开发校本课程。课程建设能力包括教研员的课程设计、课程开发和课标解读的能力。其中,课程设计能力是基于课程改革、学校办学宗旨等指导学校、教师进行课程设计、活动整合等;课程开发能力是将国家课程开发整合为校本化课程、自主开发新课程,同时形成课程资源包、与教师专业发展相配套的文件制度等;课标解读是通过对课程标准和中小学教材的分析,从而把握教材与课程标准内涵、理念、意义等。有

---

① 张文军、陶阳、屠莉娅、何珊云:《一场关于"课程"的复杂会话——"课程意识、课程建构与课程能力建设国际研讨会"综述》,《教育发展研究》2015 年第 4 期。

研究者提出,"教研员是新课程的诠释者、研究者、执行者和传递者,是基层教师教学业务的指导者和促进者,是学科教研与发展的规划者,是学生学业水平的监控者,同时为教育行政领导教育决策提供建议"。教研员从学科指导者向课程领导者的角色转变需要不断拓展专业活动范畴,提升专业课程领导力,这也是新形势下教研员专业发展的重要指向,也就是说教研员的专业发展应该体现在课程发展能力、专业服务能力和自我发展能力上。① 教研员要扎根于课程教学改革实践,加强反思性研究,重构课程实践系统,推进课程改革实践,生成新的课程实践理论和模式,促进课程理论的本土化,在课改实施中思索课堂教学模式,实施精讲、略讲的具体操作办法;搞好试卷命制工作;进行作文教学,把自己的思考与全体教师的集体智慧相结合,从而更好地搞好教研活动。

《基础教育课程改革纲要(试行)》明确指出,在教育行政部门的领导下,各中小学教研机构要把基础教育课程改革作为中心工作,充分发挥教学研究、指导和服务等作用,并与基础教育课程研究中心建立联系,发挥各自的优势,共同推进基础教育课程改革。教研员应该通过学习课程理论、明确课程与课程实施发展的方向和要求、新教材研修、以有效性为课题的教育科研等多种方式,引导学科教师进一步确立课程意识,明确课程实施过程中的重大问题,真切把握课程的动态发展水平,帮助教师提升课程理解力。作为课程引领者的教研员,应该帮助教师了解课程及其所处的具体情境、意义和价值;帮助教师提升课程执行的能力。多观摩各类教师组织的教学和游戏活动,把他们对课程的预设、生成的出发点、课程目标的定位、环境的创设、教学方法的选择、运用,以及教学过程中列举的恰当事例记录下来,从中汲取营养,不断地丰富自己,同时还可以采集有研究和探讨价值的教学实例,积累教研活动的鲜活素材,不断提高自身教科研的能力。

(三)教学发展能力

教学发展能力是教研员专业发展过程中的重要能力,对教研质量的提升和当前新课程改革的实施都具有重要的意义和价值。它具体指教研员能够根据新课程改革的要求,指导或帮助教师发现、分析教学过程中存在的问题,并根据教师个体差异提出针对性的改进建议,具体包括教研员对教师的教学指导、试题命制和推广应用能力。教学指导是根据教学原则,指导或帮助教师发现、分析教学

---

① 崔允漷:《论教研室的定位和教研员的专业发展》,《上海教育科研》2009 年第 8 期。

过程中存在的问题,并提出针对性改进建议(如赛课、备课指导、听评);试题命制是根据不同学科、不同知识点,结合试题命制内容细目表自主编制或组织编制试题(自主命题、组织或指导命题);推广应用是教研员将所形成的各种教研成果应用于区域、学校或教师等范围内的能力。教研员要更新教育教学观念,加强对校本教研和教材教法的研究,通过深入学校和进入课堂,指导教师的课堂教学,有效提高课堂教学质量。坚持深入基层学校听课,通过教学观摩活动提升自己的听、评、导课的能力,引领学科教师共同进步。进一步完善本学科的网络平台建设,提供本学科教师所需的备课资源、课件资源、视频等学习资源,使之成为教师共享的资源和交流的平台。加强对区域教研、校本教研的引导,构建教师发展共同体,改变教研文化,加大对新教师的培训力度,切实研究解决新教师在课堂教学中出现的新问题。针对一线教师的诉求,利用本区学科教研网的网络平台,不断地拓宽知识渠道,录制并充实网络视频,加快信息获取的速度,提高日常教研的实效性。加大对骨干教师的锤炼力度,切实改变骨干教师隔山观火的态度,以点带面,整体提高品德教师的专业水平。在实战的研训中努力使教师走出"教学内容止于浅表而失于虚,组织活动取悦学生而荒于嬉,合作探究流于形式而毁于随"这三大误区,切实改变服务不到位、指导不深入的现象。要尽力掌握教育科学研究的方法,提高自身的教学研究能力,为广大教师营造一个民主、和谐、可争论的教研活动氛围。

(四)教育科学研究能力

教育科学研究是指教研员能够根据时代发展的趋势以及教育改革与发展实际,跟踪教育研究发展前沿和未来趋势,在遵循教育科学研究的程序和原则的基础上,展开有目的、有计划的课题研究,并能够基于学术标准对相关领域人员的教学研究成果进行科学评价与指导的能力。教育科学研究能力包括教研员进行课题论证、方案实施、成果表达和成果评价的能力。教育科学研究是教研员的重要职责,也是教研员专业能力发展的重要途径,教研员做研究的过程是在积累中不断增加学习反思因素,使实践知识理论化和理论知识实践化,并在正反馈作用下产生叠加效应的过程。[①] 在教育科研方面,教研员不但要确立研究课题,还要

---

① 王洁:《在支持教师成长中成就自己——教研员专业成长的案例研究》,《人民教育》2011年第 11 期。

充分地进行实践,不断运用促成成果产出。因此,教研员应充分发挥探索钻研精神,抓住教育教学中细小的环节,根据所掌握的理论知识深入研究。教研员应树立解决教学实际问题的理念,搞好课题研究和课题跟踪工作,并对学校教师的教育科研课题和教改实验进行科学有效的指导,将个人工作与研究有机结合起来,在工作中研究,在研究中工作,架起理论、研究和实践之间的桥梁,把教研工作做得更好。教研员应及时汲取教育教学理论研究新成果,把握世界教育教学改革和发展趋势,不断地学习和掌握国内外教育教学理论研究的最新成果,了解教学改革动态和学科发展走向,对新知识领域、新观念持敏感态度,善于引导教学改革新方向。教研员在教研工作中要尽量注意发现问题和提出问题,善于运用科学研究方法,解决教育教学改革和发展中存在的问题。要急教师所急,想教师所想。转变思考方式,利用课余时间多学习、总结、归纳、反思教育学者和专家们的先进理念,关注专家型教师的成长轨迹,转变教研方式,适应新课改环境下的研修、讨论模式。从学生和教师的发展维度来提高课堂教学的有效性,切实改变教研员隔靴搔痒的做法,丰富已有的有效教学理论的探讨与实践研究。

（五）组织领导能力

组织领导能力主要表现为教研员的综合分析、统筹管理能力,主要包括理解他人、团队合作、活动设计、专业培训、创新实践、理念提升、人际沟通等方面的能力。教研员要从教学实际出发,针对性地开展经常性的校本教研活动,通过形式多样、内容丰富、生动活泼、卓有成效的教研活动,不断深化课堂教学改革,转变教师的教育教学观念和教学方式,提高教师的整体素质和课堂教学质量。积极主动及时向上级领导汇报工作,与之交流感情、沟通情况、得到指点、查漏补缺、及时改进、和谐工作,切实改变傻干蛮干的工作作风。积极开展多种形式的教研活动,认真抓好教师技能培训,以示范、讲解、研讨、训练等多种形式优化课堂教学过程,提高教师的课堂教学能力。组建骨干教师队伍,开展针对性强、实效性强的专题研究,在实践中修正,在反思中提升,并撰写高质量的调研报告及专题总结报告。进一步完善评价制度研究系统,在做好课堂调研、青年教师培养、专题研讨的基础上,把触角延伸到对学生成长的关注方面。最为重要的是教研员要处理好与教师的关系,形成和谐、平等、合作的伙伴关系,由此促成教研工作的顺利开展。

（六）专业品质发展

专业品质彰显了教研员对教研工作、对教师以及对自身发展的基本态度，是教研员专业发展的根本动力，也是影响教育改革的关键因素，聚焦专业发展，提升教研品质是教研员的必然选择。教研员专业品质发展包括教研员角色认知、守业敬业、学习发展、个人魅力、灵活应变和成就动机等方面。提高教研员的专业品质需要教研员养成守业敬业的专业精神、兢兢业业的专业态度、无私奉献的专业情怀和终身学习的专业意志等。因此，教研员保持终身学习的态度势在必行。教研员作为教师教育教学的研究者、服务者与指导者，需要培养终身学习的习惯，树立专业可持续发展意识；认真学习与新课程改革有关的书籍，更新教育观念，认真研究挖掘学科特点，勤于学习、善于反思，不断增强自身能力发展，真正使个人的教研水平得到提高。此外，教研员要不断提高自己的服务意识，努力为一线教师排忧解难，充分发挥教研员的引领作用，使各项工作能顺利协调开展，让教研工作再上一个新台阶。教研员要对教师们提出的问题认真研究和解决，在创设真诚、平等、有效的交流与沟通氛围的基础上，探讨教研方式的改进，增加互动式的教研活动方式的运用，激发教师参与教研活动的主体性。

三、教研员专业发展的路径探析

基于教研员专业发展方向，当前我国教研员领域并未形成一套完整的发展机制，但随着教育发展的专业化、特色化趋势加强，越来越多的教育教学研究不断转向专业化路径，旨在形成具有本土生长特色的教研员专业发展机制。落归实地研究，我国教研员发展整体呈现受任务驱动趋向。基于工作平台，具体将教研员未来发展归置专业发展。教研员作为教师专业发展的引领者，其发展研究由此转向专业化、专门化。现有关于教研员专业发展的研究，多立足教研员个体特色进行探讨，如有学者认为"教研员专业发展是教研员个体专业不断发展的历程，其本质是个体成长的历程，是教研员不断获得新知识、不断优化教研策略、提高专业能力的过程"[①]。还有学者认为，"教研员专业发展的本质是教研员通过专业训练和自身不断学习，使其教育思想和教研理论走向成熟，教研方式走向

---

① 　梁芹、蒋丰：《对教研员专业发展的思考》，《成都教育学院学报》2004 年第 10 期。

多元,教研行为走向民主,教研成果走向实践,从而成长为一名专业人员的过程"①。这些研究将教研员专业发展视为过程发展,一方面直指教研员专业发展的内部发展,即坚持个体取向,重视完备自身专业知识、技能和情意发展,关注内在教研价值的提升,主动适应社会或学校的发展变化,多受个体信念或教育追求所驱使;另一方面指向教研员外部发展,关注教研职责或功能的多样,教研成果的创获等,教研员个体服务于外部环境要求,被动适应社会或学校变化,多表现为被外部名利所累。值得注意的是,在教研员发展过程中,将其诉诸社会层面,呈现对经费划拨的渴求和相关政策的准入推动,学校层面表现为对非考试科目获得支持的希望,教学层面是对教研员亲身演练示范课能力的历练等,使其缺乏持续、针对的专业学习保障和充足的教研运转经费等,教研员在谋求内部发展或外部成长中都是以此为基础,才能确保队伍的壮大与职能的履行。

首先要重视教研员专业培训,各地教育行政部门应将教研员发展纳入教师专业发展体系,并作为重点工作加以落实,在安排师训工作时应首先安排教研员的专业培训工作,安排定量的教研员培训专项经费,不断加大培训力度,促进教研员专业化成长。通过培训不断地吸纳先进的教育理念,保持教育理念的先进性。利用研修、访学的机会,不断开阔个人视野,把书本上的理解变为更多的亲身体会,及时梳理研修日志和读书笔记,寻找适合的研究切入点,加强终身学习。其次,教研员的成长可能有多种途径,但最根本的是教研员的刻苦学习。学习应该成为教研员的一种重要生活方式。教研员的工作不是流水线的工作,不是程式化的工作。它要求我们不断提出问题、解决问题,不断适应变化。只有不断学习,才能胜任这份工作。教研员的学习,既要立足于更新自己的学科知识,更要跳出学科的局限,多学习教育学、哲学、社会学、自然科学的相关理论,从而转变观念,扩大眼界,提升素养。② 更快适应新课程改革的需要,加强自身专业发展,提升个人的业务能力,更好地研修专业知识和专业技能,使学习成为一种需求,不断提高教育理论和学术水平,增强教育科研能力,从各方面不断完善自己,使工作具有针对性、实效性和可操作性。

---

① 李玲、赵千秋:《教研员专业发展的困境与对策》,《教学与管理》2011 年第 22 期。
② 赵慧:《论教研员的专业发展》,《现代教育》2012 年第 9 期。

第二节　教研员进出机制优化

关于教研员的选拔研究,教研员的选拔是人才晋升的重要渠道,我国当前有关教研员选拔过程或机制的研究少之又少,这与政策法定性、强制性密切相关。由此在教研员选拔中呈现选拔方式单一,沿袭传统模式,具体表现为我国教研人员多来自一线优秀教师,一种是以政策命令为依托,通过直接行政任命的教研员;一种是以规范考试为平台,通过严格的考核聘用教研员;还有一种是以基层推荐或老教研员引荐为渠道,通过系列考察、培养各门优秀学科教师为教研人员。当然随着教育领域的日益活跃,一些较为松散灵活的方式出现了,如教研室自主招收人员,直接吸收高校或高学历的毕业生担任教研员。不同的选拔方式具有不同特点,政策任命具有强制特征,基层推荐具有专制特性,考核聘用效度机制有待商榷,这些直接导致教研员缺乏调动与晋升机会。总而言之,我们要秉持"能者上、平者让、庸者下、劣者出"的原则来优化教研员的进出机制。"进",即公平、高效、健全的准入机制,全力做好教研员的"进口"工作;"退",即平稳、顺畅、负责的离场安排,做好教研员的"出口"工作。

一、教研员队伍的进出机制现状

当前我国教研员进出机制的优化面临两个重要问题:一是补充新教研员时遇到的困难,如优秀的一线教师本人不愿意或学校不愿意让其转岗成为专职教研员,教研队伍难以及时更新;二是新教研员对教研工作不熟悉,需要适应,老教研员需要不断提高理论和实践水平,而高师院校和教育学院等单位都没有设立专门针对教研员发展的课程或培训班,教研员专业发展的问题逐渐显现。[1] 此外,我国教研员的产生主要有三个来源,即行政任命、考核(考试)聘用、基层推荐,据调查,行政任命的比例高达90%以上,考核(考试)、推荐的比例很低。这种情形决定了教研员的人际关系(尤其是上级教育行政部门主要领导的主观印

---

[1]　梁威、卢立涛、黄冬芳:《中国特色基础教育教学研究制度的发展》,《教育研究》2010年第12期。

象与意愿)起主要作用,其专业素养在实际操作中往往被"边缘化"。当领导意志成为教研员"胜出"的主要动因时,此后必然发生的一系列问题其实已隐含其中了,诸如不以专业水准与工作绩效为主要评价指标等。可以说,行政任命的方式弊多利少,导致管理上的严重后遗症。①

有研究者经过调查研究发现,当前我国教研机构和教研队伍存在以下问题:"管理体制"问题主要集中在"缺乏明确、有效的对口管理与指导部门""职能定位不明确""经费、人员发展缺乏有效的保障制度"等方面。"教研员自身素质问题"中,被调查人员更多从分析原因的角度进行了回答,如"人事制度管理僵化,教研人员不足,编制少,在编不在岗情况严重;教研人员准入、选拔、流动机制不明确";"教研员绩效工资不落实、待遇不如教师";"缺乏系统、专业的常规培训,影响了教研员专业水平的提升";"缺乏激励机制";等等。究其更主要原因,大家集中认为是"上级政府和领导认识与重视不够""行政干预过多,错误政绩观制约教研工作""机构整合削弱了教研职能和阵地"等。② 因此,当前我国教研员队伍流动无序、退出方式单一、退出标准模糊、退出程序复杂等问题已成为制约教研员专业发展提升的瓶颈,改变迫在眉睫。

二、构建公平、科学、健全的教研员准入机制

(一)提高门槛,规范进入程序

在入职选拔程序上,考试、考核、考察等一系列环节都应以上述基本素养为标准,充分验证新入职教研员素养具备的状况和程度。对教研员的选拔要严格考察审核,宁缺毋滥。在对教研员的选拔中要注重其教育理念、专业素质、专业风格、专业品质等方面的考核。作为一名专职教研员,可以说是本学科领域内的一位领跑者,这要求教研员具备优秀教师所应具备的先进教育理念,这是指导教师教育教学工作的根本思想和依据;具备扎实的专业知识和合理的认知结构,它是教师从事高质量教育教学活动的基础;拥有深厚的教学基本功,它是指导学生学习活动的有力保证;形成独特的教学个性与风格,它是教师教学工作获得成功

① 潘涌:《论教研员角色的再定位与选拔、考核机制的创新》,2008 年 12 月 15 日,见 http://epaper.sxjybk.com/pcindex.jsp。
② 付宜红:《关于教研机构(部分地市及县区)基本情况的调查报告》,《中小学教育》2013 年第 8 期。

的根本条件；谦虚谨慎的态度，大度容忍的气量，强烈的进取精神和合作精神，善于与他人沟通，擅长调整人际关系，自我调控和调节的能力等良好的意志品质，这些是成为一名合格教研从业者的强大推进力。另外，还需要具备一位领跑者所必需的睿智和机敏，并且要求在与跟跑者的合作中应表现出超出常人的耐力和毅力。

（二）拓宽渠道，建立多元化的选拔途径，让"人尽其才"

拓宽渠道，建立多元化的选拔途径，让"人尽其才，物尽其用"，将教研员的作用发挥到最大化。在选拔教研员的过程中减少行政任命，增加考核、考试、单位推荐等方式。这种方式的优越处在于：通过书面笔试和当面考核（上课或说课）确认其专业素养的底线（包括教育教学理论和学科知识、执教能力等），又凭其所在基层学校的业务档案和书面推荐，确认其实际工作业绩和人际协调能力等，体现民主、平等、公正的选才原则，也彰显了自由竞争、择优录用的现代用人理念。但这种选拔方式也存在一些问题，因为各地考试或考核的具体标准和单位推荐的条件落差较大，缺乏权威、成熟的教研员准入程序和认定标准，因此，我们呼吁国家教育部重视对教研员入职规范化机制的创新，这是关乎促进教研员专业发展的前提和基础。① 由此，我们要实施"开门纳贤"、竞争上岗的策略，鼓励个人自荐，实行双向选择，改变过去行政任命的"闭门选人"政策，为那些认真工作的教研员或一线教师提供好平台和机会，并且在整个面试、录用、考察的过程中公开、透明，接受群众的监督和意见。

（三）创新工作机制，让优秀的教研员"留得住"

首先，满足教研员多样化的需求。想方设法了解并满足他们多元化的个性心理需求，采取多种形式的激励手段，充分激发其潜能，确保激励机制的合理性和时效性。如加大物质激励力度、制定奖励政策、落实经济待遇、形成良好的动力；增加进修学习的机制、激发他们的潜能和创造力，特别是建立以绩效为依据的分配制度，使他们凭能力竞争上岗，靠贡献领取报酬，形成一个有能力倾斜的贡献分配机制，对业绩良好的教研员予以奖励，对不合格的教研员予以处罚。其次，重视组织氛围的精神激励。健康和谐的组织氛围对教研员的专业发展有潜

---

① 潘涌：《论教研员角色的再定位与选拔、考核机制的创新》，2008 年 12 月 15 日，见 http://epaper.sxjybk.com/pcindex.jsp。

移默化的作用,能够调动教研员的积极性,由此在强调薪酬、奖金和工作环境等外在物质激励的基础上,应该更加重视对教研员的工作热情、自主权、民主管理、尊重信任等方面的精神激励,重视组织氛围的精神激励作用,为教研员营造良好的事业发展机会、创造舒心的工作氛围、平等竞争的工作环境和良好沟通的工作风气,并善于发现和激发他们的创新热情。再次,教研员的自我效能感提升。较强的自我效能感能够增强实现自身价值的自豪感、贡献社会的成就感,以及得到社会承认和尊重的荣誉感。其中,自我效能感包括教研员的认知效能、情绪效能和意志效能,因此教研员应该提升对自身教研工作的信念和认知,只有具有坚定而执着的教研信念才能激发教研员的工作热情和积极性,才能不断提高认知效能;情绪效能是教研员自身情绪的表达和管理,教研员要时刻保持良好的情绪表达才能提升情绪效能,进而促进教研工作的顺利完成;意志效能是指教研员对教研工作的坚持性、果断性、自觉性和自治性,教研员要时刻保持对内部的稳定性和细致性才能提升自身意志效能。

三、确立公平、公开的教研员退出机制

退出机制旨在帮助教研员做好离职前的工作交接,帮助有丰富教研经历的教研骨干或专家发挥余热,通过返聘、成果表达等方式传递教研精神。首先,优胜劣汰,建立完善的主动和被动退出机制。教有所长、研有所专,这是教研员这种职业身份的基本特征,具体人选应在动态化管理中依照优胜劣汰的原则和宁缺毋滥的心态进行轮替。首先,完善考核制度,宁缺毋滥,让不称职的教研员"必须下";其次,建立教研员辞职制度,让教研员根据自身具体情况"自愿出";最后,打破终身制,实行教研员任期制度,让任期满的教研员"自然出"。教研员应当废除终身制,在动态的选拔、考核中择优轮替,这是管理上的一个新命题,完全符合课程改革乃至整个教育体制改革的大趋势。这将对已入职的教研员形成沉甸甸的危机感,而对于有抱负的专业人员而言,与事业进取须臾不分离的危机感,恰恰是其一生可持续发展的无尽动力。[1] 传统的教研员考核办法存在着考核主体单一、考核内容不全面、考核标准以定性为主等弊端,这些使得考核结果

---

[1] 潘涌:《论教研员角色的再定位与选拔、考核机制的创新》,2008 年 12 月 15 日,见 http://epaper.sxjybk.com/pcindex.jsp。

难以真正体现教研员的工作业绩,造成教研员干好干坏一个样、干与不干一个样,严重影响教研员工作的积极性和主动性。因此,提高教研员队伍的活力和竞争力,关键在于建立科学合理的用人制度,打破教研员职务终身制,使教研员在动态选拔、考核过程中被择优轮替,通过竞争来促进教研员队伍的发展,达到优胜劣汰的目的。[1]"优胜劣汰,能进能出,能上能下",只有这样才能为教研员队伍注入新鲜的血液,并始终保持教研员队伍旺盛的生命力和发展力,才能不断自我更新和发展。

其次,确立明确的教研员退出标准。规范的退出标准应该具有可操作性,对教研员在什么情况下可以退出,又在什么情况下必须退出、如何退出、应该退出而退不了应该如何处理等问题上要有明确的规定,而且在这个规范之下,需要特别确定教研员退出的缘由,退出原因的特质是具体的,不能抽象,例如考评结果不公平、不公开、出现重大教学事故等。在退出标准的制定过程中,应该广泛听取教研员的看法与建议,且积极采纳具有创新性、代表性的意见。[2]

再次,制定教研员退出的预警机制。秉持"以人为本"的管理理念,为了进一步提高教研员的业务素质和专业能力以及教研队伍的整体科研水平和教研质量,也为了增强教研员的失业风险防范意识,理应制定相应的退出预警机制。如在某一学期或一学年结束后的考核中,发现了某些教研员存在某些失职现象或犯了某些错误时,要及时给予教研员以正式或非正式的预警,可以是书面的形式,也可以是口头的警告。也就是说在教研员被解聘之前,应该给予其改过自新、提高工作业绩和业务水平的机会。另外,教研员的退出理由要具体详细,有根有据,并且要告知被解聘教研员。在这一方面,可以借鉴美国高校对教师的解聘经验,即教师的解聘不能空口而谈,需要提供一系列的材料来体现高校不能与其续聘、合约终止的公正性:一是提供当事人与其主管领导之间的非正式谈话记录;二是提供正式的陈述退出教师不符合续聘的详细理由,并且与考评标准一一对应;三是提供校方与教师终止合约的通知信件。[3]

① 马梅铃:《教研机构教研员绩效考核体系的科学构建》,福建师范大学 2012 年硕士学位论文。
② 陈园:《高校教师退出机制研究》,武汉理工大学 2012 年硕士学位论文。
③ 陈园:《高校教师退出机制研究》,武汉理工大学 2012 年硕士学位论文。

四、建立相关配套机制

一是生成与思想智慧相应的动力机制。思想引领发展,看一个教研员有没有水平也就是看其有没有思想。教研员应是先进教育理念的传播者,更为重要的是,教研员要用自己的思想智慧引领教师有效地思考,通过对教育实践中的观念、行动、效果进行反思,以此获得经验。同时不断对现有经验进行反思,加以完善与提升,形成内在发展的动力,努力实现思想的转化与教师的转变。二是要通过建立相应的评价机制促进教研员实践智慧的形成。在进行业绩考核的前提下也应注重教研员的发展性评价,本着"按劳分配、按岗取酬、效率优先、兼顾公平"的原则和各种生产要素按贡献参与分配的原则,逐步建立体现能者多劳、多劳多得、责重多得、优劳酬丰的分配激励机制,切实地把教研员的业绩、贡献与其收入挂钩,充分调动各类人员的积极性。同时对一些愿意承担事务性工作、愿意多做工作、乐于助人有集体荣誉感的同志充分考虑,对他们所做的工作也进行量化考核,最终计入考核总分,这是出于对这些教研员积极性的保护和赞许。还应对一些有突出贡献的教研员在量化上充分考虑,因为他们能够创造性地开创教研局面,是非常难能可贵的。一些教研员在培养青年教师方面做出了很大的努力,一些教师的迅速成长与他们的努力是分不开的。[①] 三是生成与培育智慧相应的激励机制。激励机制要与教研员的专业相统一,对教研员的"德、能、勤、绩"等方面进行全方位的考核,并将考核结果反馈给教研员,使教研员对自身的专业技能、专业品质和专业业绩等方面有一个清晰的认识,进行深入的反思和改进,以此来促进教研员在这些方面的专业发展。教研员是一个地区优质教育资源的重要组成部分,教研机构在一定程度上是优质教育资源的培养生产机构,既承担着对教师的培训、指导工作,又肩负着优质师资的选拔、培育任务。这就要求教研员在提升培训者专业素养和影响力及形成培育智慧的基础上,积极建立优质资源整合、共享、激励的机制,搭建成果、风采展示和同伴互助平台,鼓励教研员亲身参与培训,并充分利用网络、多媒体、文本等手段,收集、整合、优化、传递、扩散教研信息资源,不断满足教师专业发展的需求。

---

① 李观政主编:《新课程与地方管理创新案例》,北京师范大学出版社 2007 年版,第 86 页。

第三节　教研员绩效考核应用

　　绩效考核是指组织在既定的战略目标下,运用各种标准、指标和方法,对员工过去的工作行为及实际取得的工作业绩进行考核和评价,并运用考核的结果对员工将来的工作行为和工作业绩产生正面引导的过程和方法,具有控制、激励、规范、沟通、发展等作用。教研员作为基础教育新课程的研究者、中小学一线教师专业发展的成长者和服务者,对教研员的绩效考核,要兼顾其教学研究能力和指导服务水平两方面综合评价,科学的考核制度有助于激发、调动教研员的工作积极性,加速教研员队伍的建设。[①] 科学合理的绩效考核能客观分析员工工作表现中的优势与不足,能有效引领、激励和促进员工的发展,有助于员工个人绩效及组织绩效的提升。[②] 绩效考核是绩效管理的核心环节,是人力资源管理学、人事心理学以及学校管理学等学科中共同关心的问题之一。它是一个正式的、结构化的系统,是考核主体对照工作目标和绩效标准,采用科学的考核方法,评定员工的工作任务完成情况、员工的工作职责履行程度和员工的发展情况,并且将评定结果反馈给员工的过程。[③] 教研员的选拔与评价是交互作用的,对教研员的选拔,直指选拔过程,体现了国家对教育队伍的专业引领与指导规划,意在实现上层领导与下层实践的契合。当然,转入教研队伍并不意味着一劳永逸,教研员还需经历国家、社会、学校等的综合评价,以此判定其工作效能或存在价值。

一、教研员绩效考核概述

　　绩效管理是一种正面的激励,绩效管理不仅在教研员的加薪、晋级、升迁和奖励方面有一定的积极意义,而且对地区的教育教学、学校教学管理都有着持久的正面连带作用,由于教研中心的绩效管理依赖于每位教研员的通力合作以达

① 马梅铃:《教研机构教研员绩效考核体系的科学构建》,福建师范大学 2012 年硕士学位论文。
② 赵德成:《中小学教师对绩效评估的知觉及其与职业承诺的关系》,《教育学报》2014 年第2 期。
③ 付亚和、许玉林主编:《绩效考核与绩效管理》,电子工业出版社 2009 年版,第 10 页。

成整个教研中心工作目标的完成,因此,我们在绩效管理时必须陈述清楚它对教研员有什么好处。试想,如果绩效考核对教研员没有什么好处而期望每一位教研员愿意接受它并积极合作更是不可能的。① 建立合理公正的绩效考核制度,可以对教研员工作能力、工作业绩进行考核,并根据考核结果,对那些工作积极、教研成果突出的人员给予不同方式的奖励,如提高科研经费、增加高端培训机会、破格晋升、发放业绩奖金等,有利于教研员职能转变,推进教研员专业建设;有利于激活用人机制,建立高素质的教研员队伍;有利于公正考核教研员,调动教研员的积极性和主动性;有利于吸引优秀人才,增强教研员队伍力量。②

当前大多教研员绩效考核与事业单位专业技术人员考核方式、标准一致,并无针对性的独立考核标准,而且当前教研员队伍的只进不出,一劳永逸,职务晋升论资排辈等多方面问题日益突出,对教研员的考核形同虚设。随着岗位设置管理制度和绩效工资的实施,绩效考核结果成为岗位聘任和绩效工资分配的重要依据,也受到越来越多的教研机构重视。③ 有研究指出,现行绩效考核存在诸多问题:第一,过分注重绩效考核的管理性功能,发展性功能尚未得到足够重视,管理性功能将绩效考核作为一种终结性评价,而发展性功能指的是促进教师个人和学校发展的功能,它将绩效考核作为一种形成性评价,用于诊断教师专业发展上的优势与不足,为教师培训提供依据;第二,考核指标过于全面、注重结果考核,指标体系不完善,多为结果性指标,缺乏科学性和合理性;第三,考核主体独立参与,各主体之间缺乏协商对话;第四,数据收集方法具有一定的主观性和片面性,方法的科学性和有效性亟须提升。④ 教研员绩效考核的目的是要进一步明确教研员工作的目标和任务,充分激发教研员的工作热情和工作的积极性、主动性、创造性,充分挖掘教研员的潜能,发挥教研员在教育教学中的"研究、指导、服务"的职能,建设一支敬业、高效、务实、勤奋的教研员队伍,以全面推进素质教育为教研工作的中心,以深入推进课程改革和课堂教学改革、优化教学与管

---

① 李观政主编:《新课程与地方管理创新案例》,北京师范大学出版社 2007 年版,第 83 页。

② 马梅铃:《教研机构教研员绩效考核体系的科学构建》,福建师范大学 2012 年硕士学位论文。

③ 马梅铃:《教研机构教研员绩效考核体系的科学构建》,福建师范大学 2012 年硕士学位论文。

④ 宋洪鹏、赵德成:《把脉中小学教师绩效考核——基于绩效管理的视角》,《中国教育学刊》2015 年第 8 期。

理过程、全面提高教学质量为重点,坚持教学研究、教学管理、教学指导、教学服务四位一体的基本思路,进一步落实教育局关于创建"学习型、管理型、服务型"的要求,牢固树立为学校、为教师、为学生服务的思想,进一步落实中小学管理规范,深入课堂听课,落实各科教学计划,促使教研员教学研究上档次,教学管理上水平,课堂教学效率再提高,教学质量再上新台阶。

综上所述,如何建立合理、公正的绩效考核标准,一直是教师绩效工资实施中最薄弱的一环,其科学性直接影响绩效工资实施的有效性,迄今为止,我国还没有一套科学、完整的考核机制。与此同时在考核过程中面临着"评什么""谁来评""如何评"等诸多问题。① 首先,"评什么"即考核的内容比较单一且功利化倾向严重;其次,"谁来评"即考核的主体单一且官僚化、行政化倾向严重;最后"如何评"即考核的方式、方法、标准不统一,而且整个考核的过程呈现主观化倾向,没有将教研员的工作成绩量化。

二、教研员绩效考核体系建构

审视教研员选拔过程或方式的变化历程,我们发现在教研员选拔研究中,首先,选拔过程注重贯穿"公平、公正、公开"理念;其次,选拔条件转向关注人员素养,突出教研员较高的教学资历、出色的教学业绩和科研成绩以及良好的管理协调能力等。但关于教研员的评价研究相对匮乏,缺乏专门的评价机制。在评价主体方面,主要以教育行政部门牵头,具体以教研室领导为主体展开评价,缺乏学校、同事、个体的参与性评价。在评价内容方面,根据教研员参与的教研活动等工作的完成数量为主,缺乏对教研员自身道德素质、职业精神等的全面多维考虑;在评价方式上,以主体性评价为主,忽视过程性评价的融入。有效考评教研员现状助力于教研员专业化或专业成长进程,当前教研员考评研究是相对薄弱的一环,随着教育评价技术的日渐成熟,教研员评价主体多元、评价标准多级、评价方式多样,相关研究将聚焦质量、素养、能力等方面。绩效考核的指标是对教研员进行考核的核心,在对教研员进行绩效考核的过程中,要始终围绕考核指标来进行。建立教研员工作评价体系,提高教研员工作的积极性,把教研工作评价

---

① 周艳玲:《绩效工资改革与中小学教师激励机制研究》,《重庆第二师范学院学报》2014 年第 4 期。

作为对教研员绩效评价的重要内容,教研员工作评价体系包括评价内容、评价方式、评价结果运用。其中,评价内容包括职业态度、行为规范、工作成效、履行职责(如调研天数、听课节数、计划总结、开展的活动等)、团队精神、学习研究、工作配合等;评价方式包括自评、同事评、学校评、处室评、挂钩单位评等;评价结果运用与教研员绩效工资、评先、聘任等挂钩。①

(一)多元性:教研员绩效考核的主体

评价主体是对教研员作出评价的人。就考核主体而言,需要改变以往行政领导一元主体的评价方式,因为如果仅局限于教育局和教研室领导的考评,会助长教研员的"唯上主义"倾向,使之忽视与基层学校的密切工作沟通,因此我们认为教研员绩效考核的多元评价主体应该包括教研员自评、教师评价、行政主管及领导的评价,当然在考核主体的三重角色之间,需要达成一种艺术的平衡和互补,旨在使教研员创造性工作热情的释放达到最大化,教研员工作的低重心决定了其与学校、与学科教师建立合作分享的工作关系是其专业发展的生命线,是其发挥教研价值的基本依托,由此,学校教师(尤其是本学科教师)自然是考核教研员的另一主体,这将强有力促进两者深度融合、形成教研共同体;此外,教研员的自觉反思则决定了其必然是考核主体之一,必然是深切了解自己的个性和特色、憧憬与追求的责任主体。② 在中小学教研系统中,一线教师处于最核心位置,组织、发动和引领广大教师参与教研活动,是新中国基础教育研究制度功能得以充分发挥的关键之一。③ 正如"教师是研究者"的积极倡导者斯腾豪斯所言,"如果没有得到教师这一方面对研究成果的检验,那么就很难看到如何能够改进教学,或如何能够满足课程规划;如果教学要得到重大的改进,就必须形成一种可以使教师接受的,并有助于教学的研究传统"④。

(二)多维性:教研员绩效考核的内容

绩效考核的内容需要体现组织对员工在履行工作职责时应具备的个人素质

① 黄侨明编著:《推开基础教育的另一扇门——一所全国示范性县级教师培训机构的实践探索》,福建教育出版社 2014 年版,第 50 页。
② 潘涌:《论教研员角色的再定位与选拔、考核机制的创新》,《成人高等教育》2008 年第 4 期。
③ 石鸥主编:《中国基础教育 60 年(1949—2009)》,湖南师范大学出版社 2009 年版,第 9 页。
④ 尹桂荣:《新中国基础教育教研制度的历史演变与现实追求》,湖南师范大学 2006 年硕士学位论文。

和完成程度的要求,因此设计考核内容时要考虑到科学性、合理性、全面性。各个组织都十分重视对员工的考核,并根据组织的实际情况和员工工作职责设计考核内容。由于绩效具有多因性、多维性、动态性的特点,绩效量化的内容就显得较为复杂,为使得绩效考核的结果真实、准确、有效,就要慎重选择考核指标,并以科学、公正、全面的考核办法来加以评价。① 只有进行全面系统的考核,才能促使教研员不断提高自身的业务水平和工作能力。在对教研员进行考核时必须顾及全方位,既要考查教研员的专业知识水平、科研能力、教学工作实绩,也要兼顾教研员的思想政治素质、职业规范、个人魅力、人格品质和团结协作等方面的提高。

重视与加强教师绩效考核已成为当前世界各国教育改革的普遍趋势,尤其是进入 21 世纪以来,随着欧美各国绩效问责制度的完善以及教学质量的国际比较研究的推进,教师绩效考核受到各国政策制定者、研究者和实践管理者的广泛关注。英国教师绩效考核关注教师的知识、技能和他所教学生的学业成绩所达到的水平,主要包括有效教学计划、学科知识、教学方法、有效组织学生、全面评价学生作业、学生学习成果等。② 美国优秀教师的绩效结构主要包括教师的工作激情、感召力、工作方法、发表研究成果、专业发展、学生学业成绩提高、学生学业竞赛获奖等。③ 参考教师的绩效考核标准对制定教研员绩效考核内容有着重要的意义,而各校的教师绩效考核方法在科学性和有效性上亟须提升。一是由于绩效考核表里有许多定性指标,绩效打分难免有一些主观性;二是个人述职和民主评议很难获得教师绩效全面、真实的信息。在教师大会上,教师个人述职往往会放大自己的优势,回避不足。而在民主评议中,教师常出于自保的考虑,不会表达真实的意见。因此,需要考核者采取更科学的方法,如访谈法和问卷法向教师本人、同事、学生以及家长等多种利益相关者收集信息,通过多种信息的三角互证,提高考核的信效度。④ 因此,在教研员绩效过程中,要避免教师绩效考核中存在的问题。

---

① 马梅铃:《教研机构教研员绩效考核体系的科学构建》,福建师范大学 2012 年硕士学位论文。

② 柳国辉、谌启标:《国外教师绩效评价的理念与实践》,《基础教育参考》2006 年第 2 期。

③ 邢红军、张九铎、朱南:《中美教师绩效评价比较研究》,《教育科学研究》2009 年第 6 期。

④ 宋洪鹏、赵德成:《把脉中小学教师绩效考核——基于绩效管理的视角》,《中国教育学刊》2015 年第 8 期。

（三）定性与定量相结合的教研员绩效考核方法

单纯的定量考核可能会忽视教研员的质量特征，片面的量化业绩容易导致"数字崇拜"，定量考核往往存在一些指标难以量化的问题；而仅进行定性考核又只能反映教研员的特点，并且定性考核往往是一种模糊的印象判断，因此，在进行教研员绩效考核时，既要结合教研员的工作性质和特点，也要结合教研员的岗位职责和岗位要求，坚持定性考核和定量考核相统一的原则。[①] 为了提高教师评价机制的公正性和客观性，对教师工作的某些部分，比如工作量、教学、科研成果等应该采用定量考核的标准。定量评价标准有时会把一些很有价值的评价内容排除在外，这会严重损害教师的教学创新和自身潜能的发挥，所以要在定量考核的基础上以质量考核为主，对于学科公认的高质量学术成就或教学科研成果，可以之替代量上的不足。[②]

（四）教研员绩效考核要坚持公平、公正、公开原则

教研员的考核要坚持公平、公正、公开的原则。有研究者指出，计划和执行政策的过程才是感知公平的决定性因素，而非之后所得结果的多少。当程序被知觉为不公平时，员工会针对组织作出报复性反应。而如果员工感到程序是公平的，那么即使结果是不公平的，他们也可能不会作出负面反应。[③] 建立对绩效工资方案和绩效考核的科学、公平、合理的有效监督机制，首先要保证考核程序的公平性，在进行绩效考核的过程中，各个环节应该体现公平，比如绩效考核方案的制订要由教研员集体研究决定，有亲戚关系的应该回避，加大对营私舞弊行为的处罚力度，对考核的结果应该进行公示；其次应该加强与教研员的沟通和交流，增强绩效工资的民主性，最重要的是提前告知、保留申诉的权利和要求解释的权利。[④] 因此，在对教研员进行绩效评价时要遵循公正、公开的原则，统一考核的内容和评价标准，公正、客观地进行考核，公开考核的过程和考核的结果，使考核的结果让所有人信服。

① 周清：《公办高校人力资源战略管理研究》，中南大学 2007 年硕士学位论文。

② 全国部分高校师资工作联络会、高校师资工作文集编辑部编：《高校师资工作文集》（第 24 集），暨南大学出版社 2012 年版，第 265 页。

③ J.Brocker,B.M.Wiesenfeild.T.Reed,S.Grover,C.Martin, "Interactive Effect of Jobcontent Context on the Reactions of Layoff Survivors" ,*Journal of Personality and Social Psychology*,No.22,1972.

④ 诸东涛等：《关于绩效工资方案与考核情况的调查分析——基于江苏省中小学教师绩效考核和薪酬管理问卷调查》，《江苏教育学院学报（社会科学）》2012 年第 6 期。

三、拟制教研员绩效考核方案

绩效考核是对教研员在工作中的行为进行评定,了解教育工作质量,考核在教师的影响下学生在重要教育目标上进步的情况,考核的内容效度取决于其项目是否与教师胜任力测量一致。[①] 一般而言,绩效考核指标应该包括工作态度、工作能力、工作业绩和工作行为等四个方面的考评。运用科学的考核指标和方法,定期考核员工的工作绩效,不仅有助于组织通过及时调整人力资源规划来激励和提升员工潜力达到预期目标,也可加强员工自律。[②]

本书通过深入的调查研究和数据统计分析后,编制了教研员绩效考核工作的组织和实施方案,具体如表 8-2 所示。本书中,教研员绩效考核评价以年度和学区为单位,秉持公平公正公开、定性评价与定量评价相结合、考核主体的多元性与考核内容的多维性等原则,实行职责与考核相配套、考评结果与评优评先相挂钩。对教研员的绩效考核主体由个人自评、教师评价和领导小组考评三个部分构成,每部分所占比率分别为 30%、40%、30%,最终分值为个人自评占30%、教师评价占 40%、领导评价占 30%。全体教研员按照最终成绩从高到低进行排序,最终成绩将对教研员个人的绩效工资、奖金分配、职务晋升、培训进修以及评先评优等方面产生重要的影响。

表 8-2　教研员绩效考核评分细则

一级指标	二级指标	考核标准	考核主体及得分		
			自评 30%	教师 40%	领导 30%
专业知识	学科专业知识	承担某一学科教研工作应该具备的该学科专业的事实、概念、原理、理论等水平。			
	学科教学法知识	是否熟悉符合本学科特点和学科内容选择所需要的教学策略和教学方法。			
	教研知识	是否能够根据不同教研问题类型而采取灵活的策略和方法。			

① 蔡永红、林崇德:《教师绩效评价的理论与实践》,《教师教育研究》2005 年第 1 期。
② 马梅铃:《教研机构教研员绩效考核体系的科学构建》,福建师范大学 2012 年硕士学位论文。

一级指标	二级指标	考核标准	考核主体及得分		
			自评 30%	教师 40%	领导 30%
课程建设	课程设计	基于教育发展需要、政策推动和学校办学理念等指导学校、教师进行课程设计、活动整合的水平和能力。			
	课程开发	国家课程校本化和自主开发新课程,同时形成课程资源包、与教师专业发展相配套的文件制度等。			
	课标解读	能否通过对课程标准和中小学教材的分析,明确课程标准的内涵、理念、意义。依据课程标准,结合教材,考量区域教学实际,将课程标准转化为指导教师教学的基本要求。			
教学发展	教学指导	能否有效地指导或帮助教师发现、分析教学过程中存在的问题,并提出可行的、有针对性的改进建议(如组织考试后的教学质量分析研究)。			
	试题命制	根据不同的知识点,结合试题命制内容细目表研究试题、自主编制或组织编制试题的能力和水平。			
	推广应用	将所形成的各种教育教学成果应用于区域课程改革、学校发展和教师专业提升等方面的能力。			
科学研究	课题论证	能否自主和指导教师申请课题、撰写课题申报书等(所指导的教师申请课题的数量和层次)。			
	方案实施	能否与学校、教师等共同将课题方案或活动方案予以施行,以及实施的效果。			
	成果表达	自主或指导教师将课题、教研工作结果转化为论文、著作、研究报告等(教研员所出版的著作、发表的论文、撰写的研究报告的数量和质量)。			
	成果评价	基于学术标准判断或划分学术成果等级,对教研员的科研成果数量、质量、级别进行评价。			
组织领导	理解他人	站在学校、教师或学生的角度考虑问题。			
	团队合作	与同事、学科中心组成员、教师、专家学者等共同完成教研任务或活动。			
	活动设计	根据活动方案和活动记录,包括讲座、演讲、竞赛、报告会、运动队、文艺队等。			

续表

一级指标	二级指标	考核标准	考核主体及得分		
			自评 30%	教师 40%	领导 30%
组织领导	专业培训	针对日常教研活动中的问题进行主题式培训；为适应时代变化、政策、教育教学理念发展或要求而设计专题培训等。			
	创新实践	采用不同于以往的或多元的方式、行动等有效解决问题，对教研员的创新能力进行评价。			
	理念提升	借鉴应用相关教育教学、心理学理论，结合个人工作经历或经验，形成较为系统个性的教育教学理念。			
	人际沟通	协调好与同事、学校、教师和专家间的关系，为教育教研活动的顺利完成提供关系资源。			
专业品质	角色认知	教研员对自我角色或身份的认识和信念是否正确。			
	守业敬业	对教研工作是否兢兢业业、认真负责。			
	学习发展	主动、自觉地学习新理念、新方法，反思以往教研工作以提高专业发展的水平。			
	个人魅力	教研员是否自信乐观、有亲和力，与同事、教师关系融洽程度。			
	灵活应变	教研员处理偶发事件的机智和智慧的水平。			
	成就动机	教研员从教研工作的成就感、满足感中所获得工作动力的高低。			
其他方面	加分项	1. 承办区级或区级以上教学比赛（公开课选拔、优质课评选、教学大比武、送课下乡、教学研讨会等）的，区级加2分，市级加5分； 2. 组内教师有被评为学科带头人、教学能手、优质课比赛一等奖、举行公开课的，区级每人加1分，市级每人加3分。			
	减分项	1. 教研组内有严重违反职业道德，造成不良影响的； 2. 学校组织的大型教研活动或者全员性比赛活动，组内有三分之一的教师无故不参加的； 3. 教研员消极怠慢，工作敷衍了事。			
总分					

参考文献

1. 陈桂生:《常用教育概念辨析》,华东师范大学出版社 2009 年版。

2. 丛立新:《沉默的权威:中国基础教育教研组织》,北京师范大学出版社 2011 年版。

3. 杜波依斯等:《基于胜任力的人力资源管理》,于广涛等译,中国人民大学出版社 2006 年版。

4. 段万春主编:《组织行为学》(第二版),高等教育出版社 2014 年版。

5. 段万春主编:《组织行为学》,北京大学出版社 2012 年版。

6. 付亚和、许玉林主编:《绩效考核与绩效管理》(第二版),电子工业出版社 2009 年版。

7. 顾琴轩主编:《组织行为学——新经济·新环境·新思维》,上海人民出版社 2003 年版。

8. 郭本禹、姜飞月:《自我效能理论及其应用》,上海教育出版社 2008 年版。

9. 郭志明:《美国教师专业规范历史研究》,中国社会科学出版社 2004 年版。

10. 黄侨明编著:《推开基础教育的另一扇门 ——一所全国示范性县级教师培训机构的实践探索》,福建教育出版社 2014 年版。

11. 黄维德、刘燕、徐群编著:《组织行为学》,清华大学出版社 2005 年版。

12. 季平:《新课程背景下教研员专业发展指南》,教育科学出版社 2014 年版。

13. 李观政主编:《新课程与地方管理创新》,北京师范大学出版社 2007 年版。

14.《教育部关于加强和改进新时代基础教育教研工作的意见》,《中华人民共和国国务院公报》2020 年第 8 期。

15. 李德顺:《价值论:一种主体性的研究》(第 3 版),中国人民大学出版社 2013 年版。

16. 李观政主编:《新课程与地方管理创新案例》,北京师范大学出版社 2007 年版。

17. 李孝忠:《能力心理学》,陕西人民教育出版社 1985 年版。

18. 梁威等:《撬动中国基础教育的支点:中国特色教研制度发展研究》,教育科学出版社 2011 年版。

19. 廖泉文:《人力资源管理》(第二版),高等教育出版社 2012 年版。

20. 林子雨编著:《大数据技术原理与应用:概念、存储、处理、分析与应用》(第 2 版),人民邮电出版社 2017 年版。

21. 刘爱玉:《SPSS 基础教程》,上海人民出版社 2007 年版。

22. 刘佛翔:《组织行为学》,科学出版社 2012 年版。

23. 刘艳:《高校社会资本对组织创新、办学绩效的影响——基于社会网络结构视角的实证分析》,载中国科学学与科技政策研究会:《第四届中国科学学与科技政策研究会学术年会论文集(Ⅰ)》,中国科学学与科技政策研究会 2008 年版。

24. 卢福财主编:《人力资源管理》(第二版),高等教育出版社 2006 年版。

25. 卢纹岱主编:《SPSS 统计分析》,电子工业出版社 2014 年版。

26. 罗照盛:《项目反应理论基础》,北京师范大学出版社 2012 年版。

27. 马欣川等编著:《人才测评:基于胜任力的探索》,北京邮电大学出版社 2008 年版。

28. 彭剑锋、饶征:《基于能力的人力资源管理》,中国人民大学出版社 2003 年版。

29. 钱平安、王生富编著:《教研工作手册》,华中师范大学出版社 1991 年版。

30. 全国部分高校师资工作联络会、高校师资工作文集编辑部编:《高校师资工作文集》(第 24 集),暨南大学出版社 2012 年版。

31. 石鸥主编:《中国基础教育 60 年(1949—2009)》,湖南师范大学出版社 2009 年版。

32. 时曦编著:《教研员专业成长之路》,广西师范大学出版社 2008 年版。

33. 宋荣等:《人才测评技术》(修订版),中国发展出版社 2012 年版。

34. 苏永华主编:《人才测评概论》(第 2 版),中国人民大学出版社 2016 年版。

35. 王斌、魏大明主编:《人力资源管理》,西南师范大学出版社 2016 年版。

36. 王焕勋主编:《实用教育大词典》,北京师范大学出版社 1995 年版。

37. 吴国存、李新建主编:《人力资源开发与管理概论》,南开大学出版社 2001 年版。

38. 吴明隆:《结构方程模型——AMOS 的操作与应用》,重庆大学出版社 2019 年版。

39. 吴明隆:《问卷统计分析实务——SPSS 操作与应用》,重庆大学出版社 2010 年版。

40. 颜爱明、宋夏伟、袁凌编著:《人力资源管理理论与实务》,中南大学出版社 2004 年版。

41. 张大均、江琦主编:《教师心理素质与专业性发展》,人民教育出版社 2005 年版。

42. 张行涛、李玉平:《走进校本教研》,开明出版社 2003 年版。

43. 张焕庭主编:《教育辞典》,江苏教育出版社 1989 年版。

44. 张进辅主编:《现代人才测评技术与应用策略》,重庆出版社 2006 年版。

45. 赵永乐、王培君编著:《人力资源管理概论》,上海交通大学出版社 2007 年版。

46. 钟启泉、吴国平主编:《革新中国教育》,教育科学出版社 2004 年版。

47. [德]马克思:《1844 年经济学哲学手稿》,人民出版社 2018 年版。

48. [美]Robert I.Kabacoff:《R 语言实战》(第 2 版),王小宁等译,人民邮电出版社 2016 年版。

49. [美]艾尔·巴比:《社会研究方法》(第 11 版),邱泽奇译,华夏出版社 2009 年版。

50. [美]班杜拉:《思想和行动的社会基础:社会认知论》,林颖等译,华东师范大学出版社 2001 年版。

51. [美]冯·贝塔朗菲:《一般系统论:基础发展和应用》,林康义、魏宏森等译,清华大学出版社 1987 年版。

52. [美]弗莱德·R.多尔迈:《主体性的黄昏》,万俊人等译,上海人民出版社 1992 年版。

53. [美]格林伯格、巴伦:《组织行为学》(第 9 版),毛蕴诗等译,中国人民大学出版社 2011 年版。

54. [美]罗伯特·F.德威利斯:《量表编制:理论与应用》(第 3 版),席仲恩、杜珏译,重庆大学出版社 2016 年版。

55. [英]吉登斯:《现代性与自我认同:晚期现代中的自我与社会》,夏璐译,中国人民大学出版社 2016 年版。

56.《各省市教育厅局必须加强教学研究工作》,《人民教育》1955 年第 11 期。

57. 柏宏权、王姣阳:《中小学人工智能课程教师胜任力现状与对策研究》,《课程·教材·教法》2020 年第 12 期。

58. 蔡永红、林崇德:《教师绩效评价的理论与实践》,《教师教育研究》2005 年第 1 期。

59. 曾晓东:《对中小学教师绩效评价过程的梳理》,《教师教育研究》2004 年第 1 期。

60. 陈桂生:《"教研员专业"辨析》,《课程·教材·教法》2021 年第 1 期。

61. 陈瑞、郑毓煌、刘文静:《中介效应分析:原理、程序、Bootstrap 方法及其应用》,《营销科学学报》2013 年第 4 期。

62. 陈瑞生:《引领课程与教学:教研员的核心价值取向》,《教育理论与实践》2010 年第 5 期。

63. 陈维政、李金平:《组织气候研究回顾及展望》,《外国经济与管理》2005 年第 8 期。

64. 陈维政、李金平、吴继红:《组织气候对员工工作投入及组织承诺的影响作用研究》,《管理科学》2006 年第 6 期。

65. 陈维政、李金平:《组织气候研究回顾及展望》,《外国经济与管理》2005 年第 8 期。

66. 池丽萍、辛自强:《大学生学习动机的测量及其与自我效能感的关系》,《心理发展与教育》2006 年第 2 期。

67. 崔允漷:《论教研室的定位与教研员的专业发展》,《上海教育科研》2009 年第 8 期。

68. 段锦云、王娟娟、朱月龙:《组织氛围研究:概念测量、理论基础及评价展望》,《心理科学进展》2014 年第 12 期。

69. 范丽群、石金涛、王庆燕:《国外组织气氛研究综述》,《华东经济管理》2006 年第 1 期。

70. 方巍、郑玉、徐江:《大数据:概念、技术及应用程序综述》,《南京信息工程大学学报(自然科学版)》2014 年第 5 期。

71. 付宜红:《关于教研机构(部分地市及县区)基本情况的调查报告》,《基础教育课程》2013 年第 3 期。

72. 顾远东、彭纪生:《组织创新氛围对员工创新行为的影响:创新自我效能感的中介作用》,《南开管理评论》2010 年第 1 期。

73. 郭本禹、姜飞月:《职业自我效能理论及其应用》,《东北师大学报》2003 年第 5 期。

74. 郭丽莹:《高校创新创业教师胜任力指标体系的实证分析——基于全国 12596 名教师样本》,《南京师大学报(社会科学版)》2020 年第 3 期。

75. 郭庆科、王炜丽、陈雪霞、韩丹:《验证性因素分析中模型拟合的判断》,《心理学探新》2007 年第 4 期。

76. 何齐宗、康琼:《乡村小学教师教学胜任力的现状、问题与对策——基于江西省的调查分析》,《中国教育学刊》2021 年第 3 期。

77. 何雪莲:《中国民办教育:捐资与投资之辨》,《教育发展研究》2006 年第 2 期。

78. 胡进:《新形势下教研员的素质》,《教育科学研究》2003 年第 4 期。

79. 黄克剑:《柏拉图"理念论"辨正——再论哲学的价值课题》,《哲学研究》1995 年第 5 期。

80. 黄晓京:《霍曼斯及其行为交换理论》,《国外社会科学》1983 年第 5 期。

81. 江湖:《一线教师需要什么机关报教研员?》,《中国教育报》2007 年 1 月 5 日。

82. 李汉林、李路路:《单位成员的满意度和相对剥夺感——单位组织中依赖结构的主观层面》,《社会学研究》2000 年第 2 期。

83. 李建平:《教研:如何适应课程改革的需要》,《中国教育报》2003 年 5 月 25 日。

84. 李玲、赵千秋:《教研员专业发展的困境与对策》,《教学与管理》2011 年第 22 期。

85. 梁芹、蒋丰:《对教研员专业发展的思考》,《成都教育学院学报》2004 年第 10 期。

86. 梁威、李小红、卢立涛:《新时期我国基础教育教学研究制度:作用、挑战及展望》,《课程·教材·教法》2016 年第 2 期。

87. 梁威、卢立涛、黄冬芳:《中国特色基础教育教学研究制度的发展》,《教育研究》2010 年第 12 期。

88. 刘旭东、花文凤:《迈向承认:教研员的行动旨归》,《西北师大学报(社会科学版)》2017 年第 4 期。

89. 刘业俭:《"教研员"新解》,《教育科学研究》2007 年第 7 期。

90. 柳国辉、谌启标:《国外教师绩效评价的理念与实践》,《基础教育参考》2006 年第 2 期。

91. 卢立涛、梁威、沈茜:《我国中小学教研员研究的基本态势分析》,《教师教育研究》2013 年第 6 期。

92. 卢立涛、沈茜、梁威:《我国近三十年教研员研究的元分析》,《教育学术月刊》2014 年第 2 期。

93. 卢立涛、沈茜、梁威:《职业生命的"美丽蜕变":从一线教师到优秀教研员——兼论教研员实践性知识的生成过程》,《教师教育研究》2016 年第 3 期。

94. 卢乃桂、沈伟:《中国教研员职能的历史演变》,《全球教育展望》2010 年第 7 期。

95. 罗滨:《教研员核心素养:教研转型背景下的新修炼》,《中小学管理》2016 年第 4 期。

96. 罗生全、孟宪云:《教研员胜任力初探》,《教育研究》2017 年第 9 期。

97. 罗生全、赵佳丽:《教研员胜任力探究:多结构水平模型建构与运用》,《华东师范大学学报(教育科学版)》2021 年第 5 期。

98. 毛亚庆:《从两个教育家的论争看教育研究的两大范式》,《清华大学教育研究》2001 年第 1 期。

99. 莫景祺:《新时代教研员的使命、任务与专业素养》,《中国教师》2020 年第 1 期。

100. 潘涌:《教研员:解放教师教与研的创造力——基于十年新课程实施的背景》,《当代教育论坛》2015 年第 1 期。

101. 潘涌:《论教研员角色的再定位与选拔、考核机制的创新》,《复印报刊资料:中小学教育》2009 年第 3 期。

102. 钱丽欣:《教研工作大有可为——全国基础教育教学研究工作研讨会综述》,《人民教育》2010 年第 2 期。

103. 邱皓政、陈燕祯、林碧芳:《组织创新气氛量表的发展与信效度衡鉴》,《测验学刊》2009 年第 56 期。

104. 曲天立:《教研员:教师思维的激荡者——教研员角色转换与专业引领的探索实践》,《中小学教师培训》2008 年第 2 期。

105. 饶又明:《新形势下教科研工作的定位及教研员应该具备的素质》,《云南教育(视界综合版)》2010 年第 5 期。

106. 沈伟:《教研员作为边界工作者:意涵与能力建构》,《教育发展研究》2013 年第 10 期。

107. 时曦:《论教研员的生涯规划与专业成长》,《广西教育》2006 年第 Z1 期。

108. 宋洪鹏、赵德成:《把脉中小学教师绩效考核——基于绩效管理的视角》,《中国教育学刊》2015 年第 8 期。

109. 宋萑:《论中国教研员作为专业领导者的新角色理论建构》,《教师教育研究》2012 年第 1 期。

110. 孙冬梅、黄坤:《教育研究范式及方法的变革与融合》,《中国高教研究》2009 年第 2 期。

111. 唐开福:《论转型变革时期教研员的角色与专业发展路径》,《教育学术月刊》2012 年第 9 期。

112. 万恒、王芳:《普通高中教师生涯指导胜任力评价指标体系的构建》,《教师教育研究》2021 年第 2 期。

113. 王端旭、洪雁:《组织氛围影响员工创造力的中介机制研究》,《浙江大学学报(人文社会科学版)》2011 年第 2 期。

114. 王洁:《教研员:断层间的行者——基于实践角度的分析》,《人民教育》2008 年第 19 期。

115. 王洁:《在支持教师成长中成就自己——教研员专业成长的案例研究》,《人民教育》2011 年第 11 期。

116. 王培峰:《教研员职能转变的定位与路径》,《中国教育学刊》2009 年第 2 期。

117. 王希穆:《教研员工作规范研究》,《辽宁教育学院学报》1999 年第 1 期。

118. 王志强等:《高校创业教育教师胜任力的多维结构模型及其改进策略——基于全国 1231 所高校的实证研究》,《教育发展研究》2021 年第 3 期。

119. 魏钧、陈中原、张勉:《组织认同的基础理论、测量及相关变量》,《心理科学进展》2007 年第 6 期。

120. 温忠麟、叶宝娟:《中介效应分析:方法和模型发展》,《心理科学进展》2014 年第 5 期。

121. 吴增强:《自我效能:一种积极的自我信念》,《心理科学》2001 年第 4 期。

122. 谢荷锋、马庆国:《组织氛围对员工非正式知识分享的影响》,《科学学研究》2007 年第 2 期。

123. 邢红军、张九铎、朱南:《中美教师绩效评价比较研究》,《教育科学研究》2009 年第 6 期。

124. 许士军、黎史:《组织氛围尺度在我国企业机构的适用性探讨》,《政治大学学报》1972 年第 26 期。

125. 许士军:《工作满足、个人特征与组织气候——文献探讨及实证研究》,《政治大学学报》1977 年第 5 期。

126. 杨现民、唐斯斯、李冀红:《发展教育大数据:内涵、价值和挑战》,《现代远程教育研究》2016 年第 1 期。

127. 杨鑫、解月光、赵可云:《教育信息化背景下教研员知识体系的构建研究》,《电化教育研究》2017 年第 10 期。

128. 杨琰:《高校教师科研胜任力模型的构建研究》,《科技管理研究》2021 年第 3 期。

129. 姚若松、陈怀锦、苗群鹰:《公交行业一线员工人格特质对工作绩效影响的实证分析——以工作态度作为调节变量》,《心理学报》2013 年第 10 期。

130. 叶继永、李哉平:《教师如何作好专业发展规划》,《教学与管理》2013 年第 8 期。

131. 叶澜:《思维在断裂处穿行——教育理论与教育实践系的再寻找》,《中国教育学刊》2001 年第 4 期。

132. 余文杏:《英语教学中学生自我效能的培养》,《广东教育》2005 年第 11 期。

133. 张鼎昆、方俐洛、凌文辁:《自我效能感的理论及研究现状》,《心理学动态》1999 年第 1 期。

134. 张康之、李东:《组织资源及任务型组织的资源获取》,《中国行政管理》2007 年第 2 期。

135. 张若勇、刘新梅、沈力、王海珍:《服务氛围与一线员工服务绩效:工作压力和组织认同的调节效应研究》,《南开管理评论》2009 年第 3 期。

　　136. 张双文:《组织气候与安全绩效关系研究》,《企业经济》2004 年第 5 期。

　　137. 张玮、刘延平:《组织文化对组织承诺的影响研究——职业成长的中介作用检验》,《管理评论》2015 年第 8 期。

　　138. 张文军、陶阳、屠莉娅、何珊云:《一场关于"课程"的复杂会话——"课程意识、课程建构与课程能力建设国际研讨会"综述》,《教育发展研究》2015 年第 4 期。

　　139. 张沿沿等:《美国"全球胜任力"教师教育课程体系及其启示》,《比较教育研究》2017 年第 10 期。

　　140. 张震、马力、马文静:《组织气氛与员工参与的关系》,《心理学报》2002 年第 3 期。

　　141. 张志峰:《教研员考评要有据可依》,《中国教育报》2018 年 1 月 17 日。

　　142. 赵崇莲、苏铭鑫:《职业倦怠研究综述》,《宁波大学学报(教育科学版)》2009 年第 4 期。

　　143. 赵德成:《中小学教师对绩效评估的知觉及其与职业承诺的关系》,《教育学报》2014 年第 2 期。

　　144. 赵慧:《论教研员的专业发展》,《现代教育》2012 年第 9 期。

　　145. 赵佳丽、罗生全:《中小学教研员胜任力调查研究》,《课程·教材·教法》2020 年第 6 期。

　　146. 赵玉如:《学科教学与综合实践活动教学整合的研究——以分析某教师三次执教〈蛇与庄稼〉的变化为例》,《中小学教师培训》2016 年第 2 期。

　　147. 郑旭东等:《欧盟教师数字胜任力框架:技术创新教师发展的新指南》,《电化教育研究》2021 年第 2 期。

　　148. 钟启泉:《中国课程改革:挑战与反思》,《比较教育研究》2005 年第 12 期。

　　149. 仲理峰、时勘:《胜任特征研究的新进展》,《南开管理评论》2003 年第 2 期。

　　150. 周国韬、元龙河:《班杜拉的自我效能感理论述评》,《教育评论》1991 年第 6 期。

　　151. 周艳玲:《绩效工资改革与中小学教师激励机制研究》,《重庆第二师范学院学报》2014 年第 4 期。

　　152. 朱锁玲、包平:《美国图书馆组织氛围测评的发展脉络及其启示》,《图书情报工作》2016 年第 6 期。

　　153. 朱志平:《教研员何以异化为"考研员"——对教研员工作价值的思考》,《人民教育》2008 年第 9 期。

　　154. 诸东涛等:《关于绩效工资方案与考核情况的调查分析——基于江苏省中小学教师绩效考核和薪酬管理问卷调查》,《江苏教育学院学报(社会科学)》2012 年第 6 期。

　　155. 边玉芳:《学习自我效能感量表的编制与应用》,华东师范大学 2003 年博士学位论文。

　　156. 蔡培村:《国民中小学校长特质、权利基础、学校组织结构及组织气候与教师工作满足关系比较研究》,政治大学教育研究所 1985 年博士学位论文。

157. 陈春霞:《新型职业农民胜任素质模型构建及培育路径研究》,华东师范大学 2019 年博士学位论文。

158. 陈梦媛:《组织政治氛围对组织创新和组织绩效的影响及其作用机制研究》,山东大学 2017 年博士学位论文。

159. 陈园:《高校教师退出机制研究》,武汉理工大学 2012 年硕士学位论文。

160. 丁越兰:《组织支持氛围、组织文化认同、工作自主性对情绪工作的影响研究》,北京科技大学 2018 年博士学位论文。

161. 董绍才:《基础教育教研室制度创新研究——基于山东的案例》,华东师范大学 2009 年博士学位论文。

162. 高岩:《中小学校长教学领导胜任力提升研究》,西南大学 2015 年博士学位论文。

163. 郭媛媛:《组织氛围对个体 ERP 消化吸收的多层次影响研究》,哈尔滨工业大学 2016 年博士学位论文。

164. 韩英:《大学辅导员胜任力模型及其应用研究》,复旦大学 2008 年博士学位论文。

165. 胡冰冰:《组织道德氛围对工作态度的影响研究》,中南林业科技大学 2015 年硕士学位论文。

166. 黄迪皋:《从外推走向内生——新中国中小学教研制度研究》,湖南师范大学 2011 年博士学位论文。

167. 李太:《领导—部属"关系"对员工职业成长研究》,武汉大学 2011 年博士学位论文。

168. 李幽然:《教研员专业发展的现状、问题及改进策略研究》,西北师范大学 2012 年硕士学位论文。

169. 梁巧红:《普通高中学生物理学习自我效能水平调查及其影响因素研究》,华东师范大学 2009 年硕士学位论文。

170. 刘荣钦:《领导行为、组织气候及工作投入关系之研究——以某地区军医院为例》,台湾中山大学 2004 年博士学位论文。

171. 马梅铃:《教研机构教研员绩效考核体系的科学构建》,福建师范大学 2012 年硕士学位论文。

172. 马云献:《高校组织气氛及其与教师工作绩效的关系研究》,河南大学 2005 年硕士学位论文。

173. 任金刚:《组织文化、组织氛围及员工效能:一项微观的探讨》,台湾大学 1996 年博士学位论文。

174. 王秀会:《组织氛围与员工工作疏离感、离职倾向关系的实证研究》,西南财经大学 2013 年硕士学位论文。

175. 徐建平:《教师胜任力模型与测评研究》,北京师范大学 2004 年博士学位论文。

176. 杨国英:《农村小学教师自我效能——基于 TS 市农村小学教师的调查》,南京师范大学 2013 年硕士学位论文。

177. 杨小兵:《聚类分析中若干关键问题的分析》,浙江大学 2005 年硕士学位论文。

178. 尹桂荣:《新中国基础教育教研制度的历史演变与现实追求》,湖南师范大学 2006 年硕士学位论文。

179. 悦中山:《农民工的社会融合研究:现状、影响因素与后果》,西安交通大学 2011 年博士学位论文。

180. 张锋:《应用项目反应理论对中国应征青年数学推理能力测验的编制》,第四军医大学 2013 年博士学位论文。

181. 张国峥:《组织氛围对员工知识共享的影响研究》,西北工业大学 2015 年博士学位论文。

182. 张亮:《IT 企业中领导行为和组织气氛对企业知识创新行为的影响研究》,浙江大学 2006 年硕士学位论文。

183. 张嵬:《研究型医师胜任力模型构建研究》,中国人民解放军海军军医大学 2018 年博士学位论文。

184. 张严:《学校组织氛围的个案研究》,石河子大学 2014 年硕士学位论文。

185. 赵辉:《中国地方党政领导干部胜任力模型与绩效关系研究》,西南交通大学 2007 年博士学位论文。

186. 赵佳丽:《中学语文教研员胜任力调查研究》,西南大学 2017 年硕士学位论文。

187. 赵鑫:《组织创新氛围、知识共享与员工创新行为》,浙江大学 2011 年博士学位论文。

188. 周畅:《新媒体编辑胜任力模型构建与应用研究》,武汉大学 2018 年博士学位论文。

189. 周清:《公办高校人力资源战略管理研究》,中南大学 2007 年硕士学位论文。

190. 周新富:《国民小学教师专业承诺、教师效能信念与学生成绩关系之研究》,高雄师范大学 1991 年博士学位论文。

191. 朱晓颖:《幼儿教师胜任力问卷的编制及初步应用》,江西师范大学 2007 年硕士学位论文。

192. 朱瑜:《广东地区企业组织气氛因素结构及其与绩效关系研究》,暨南大学 2004 年硕士学位论文。

193. Argyris C., "Some problems in conceptualizing organizational climate: a case study of a bank", *Administrative Sciences Quarterly*, No. 2, 1958.

194. Ayim Gyekye, Seth, Salminen, Simo, "Organizational Safety Climate and Work Experience", *International Journal of Occupational Safety and Ergonomics*, No. 16, 2010.

195. Bandura A., "Selfefficacy: toward unifying theory of behavioral change", *Psychological Review*, No. 84, 1977.

196. Baron, R. M., Kenny, D. A., "The Moderator-mediator Variable Distinction in Social Psychological Research: Conceptual, Strategic, and Statistical Considerations", *Journal of Personality*

and Social Psychology, No. 51, 1986.

197. Baruah, Bidyut, Ward, Anthony, "Metamorphosis of Intrapreneurship as an Effective Organizational Strategy", *International Entrepreneurship and Management Journal*, No. 11, 2015.

198. Berberoglu, Aysen, "Impact of Organizational Climate on Organizational Commitment and Perceived Organizational Performance: Empirical Evidence from Public Hospitals", *BMC Health Services Research*, Vol. 18, No. 1, 2018.

199. Boyatzis R.E., *The Competent Manager: a Model for Effective Performance*, New York John wiley & Sons, Inc., 1982.

200. Brocker J., Wiesenfeild, B. M., Reed, T., Grover, S., Martin C., "Interactive Effect of Jobcontent Context on the Reactions of Layoff Survivors", *Journal of Personality and Social Psychology*, No. 22, 1972.

201. Coe R. A., Manifesto for Evidence-based Education, http://www. cemcentre. org/ RenderPage.asp? LinkID = 30317000, 1999.

202. Cooper M. D., Phillips R. A., "Exploratory Analysis of the Safety Climate and Safety Behavior Relationship", *Journal of Safety Research*, No. 5, 2004.

203. Dee Halley, "The Core Competency Model Project", *Corrections Today*, No. 7, 2001.

204. Denison D. R., "What is the Difference between Organization Culture and Organization Climate? A Native's Point of View on a Decade of Paradigm Wars", *Academy of Management Review*, Vol. 21, No. 3, 1996.

205. Dineke E.H., Diana H.J.M., et al., "The Development and Validation of a Framework for Teaching Competencies in Higher Education", *Higher Education*, No. 2, 2004.

206. Education and Training 2020 Programme Thematic Working Group´s Teacher Professional Development, Report of a Peer Learning Activity in Naas, Ireland 2-6 Oct. 2011.

207. Forehand G. A., Glimer B. H., "Environmental variation in studies of organizational behavior", *Psychological Bulletin*, No. 62, 1964.

208. Glick W.H., "Conceptualizing and Measuring Organizational and Psychological Climate: It Falls in Mutilevel Research", *Academy of Management Review*, Vol. 10, No. 3, 1985.

209. Halley Dee., "The Core Competency Model Project", *Corrections Today*, Vol. 63, No. 7, 2001.

210. Harn, Beth, Parisi, Danielle Stoolmiller, Mike, "Balancing Fidelity with Flexibility and Fit: What Do We Really Know About Fidelity of Implementation in Schools", *Exceptional Children*, 2013.

211. Herneman H.G., Milanow ski A.T., "Aliggnment of Human Resource Practice and Teacher Performance Competency", *Peabody Journal of Education*, No. 4, 2004.

212. Huyghe, Annelore, Knockaert, Mirjam, "The Influence of Organizational Culture and Climate on Entrepreneurial Intentions among Research Scientists", *Journal of Technology Transfer*,

Vol. 40,2015.

213. Koeppen K., Artig J.H., Klieme E.& Leutner D., "Current Issues in Competence Modeling and Assessm ent.Zeitschrift fur psychologie", *Journal of Psychology*, 2009, pp. 1-73.

214. Kumar, Manish, Jauhari, Hemang, Ladha S., Rani, Shekhar, Niti, " Gender and Organizational Climate——A Study of Two Structurally Different Large Organizations in India", *an International Journal*, No. 3, 2018.

215. Laursen,P.E.,*Educating the Anthracitic Teacher*,Sweden:Umea University,2006.

216. Lewin K.Lippit, White R.K., "Patterns of aggressive behavior in experimentally created ' social climate' ", *Journal of Social Psychology*, No. 10, 1939.

217. Likert R.,*the Human Organization:Its Management and Value*,New York:McGraw-Hill, 1967.

218. Litwin G. H., Stringer, R. A., *Motivation and organizational climate*, Boston: Harvard University, 1968.

219. Lyle M. Spencer, Sige M. Spencer, " Competence at Work: Models for Superior Performance", *John Wiley & Sons*, Inc., 1993.

220. Manso J., L Sánchez-Tarazaga, *Competency Framework for Teachers*, Department of Education and Training, 2004.

221. McClelland D. C., " Identifying Competencies with Behavioral Event Interview", *Psychological Science*, No. 9, 1998.

222. McClelland D. C., " Testing for Competence Rather than for Intelligence", *American Physiologist*, No. 228, 1973.

223. MeBer,Hay,Models of Excellence for School Leaders,http://www.nesl.ogr.ukl.

224. No Child Left behind Act of 2001, http://www. ed. gov/policy/elsec/leg/esea02/index. html.

225. SBEP (support to basic education project"teacher training component") , Generic Teacher Competencies, Turkish Republic Ministry of National Educational General Directorate of Teacher Training, 2006.

226. Schneider B., Reichers A.E., "On the Ctiology of Climate", *Personnel Psychology*, Vol. 56, No. 1, 1983.

227. Schneider, Benjamin, Ehrhart, Mark G., Macey, William H., " Organizational Climate and Culture", *The Annual Review of Psychology*, No. 6, June 2013.

228. Spencer L.M.,Spencer S.M., "Competence at Work: Models for Superior Performance", *New York:John Wiley & Sons*, Inc., 1993.

229. Top Institute for Evidence Based Education,Research.http://www.tierweb.nl/TIER.pdf.

230. U.S.Department of Education, " Defining and Assessing Learning: Exploring competency-

Based Initiatives", *A Report of the National Postsecondary Education Cooperative*, 2001.

231. Wallach E., "Individuals and Organizations: The Cultural Match", *Training and Development Journal*, No. 37, 1983.

232. Zhao, X., Lynch, Jr., J. G. Chen, Q., "Reconsidering Baron and Kenny: Myths and Truths about Mediation Analysis", *Journal of Consumer Research*, No. 37, 2010.

后　记

在我国基础教育教学领域，教研是推动区域或学校教育教学质量提升的重要因素，其是历经实践检验而得的独特经验和优良传统，直接促使教研工作主要承担者——教研员实现了"草根翻转"，成为一种制度化配置。教研员作为笔者近年长期接触和关注的一个群体，对其认识经历了最初的教研员是什么、教研属性、教研员职能等的本体发问，到教研员与专家学者、校长、教师，教研职业与专业、教研工作与教学工作等的关系思考，再到我国教研制度、教研系统运行机制等的实践考量，笔者既感叹于中国独特的教研文化，保障了基础教育教学质量，也深觉作为一名教育理论工作者、知识分子，置身新时代的多元文化主义空间中，有责任也有义务讲好中国自己的教研故事，教研员就成为我们故事的主角，当然"讲故事"的核心目的是要促成不同主体、群体、国家等之间的教育对话或理解，讲教研员的什么故事就变得尤为重要。当前核心素养、关键能力、公民等已成为国际性的共通语汇，在国内外也具有较高的话题认同度，胜任力作为一个与之相近的词汇，其表达方式和内涵符合国际言说规则，在这种能进行对话的可共量性基础上，着力讨论了教研员的胜任力问题，以一种抛砖引玉的态度，开创出教研新局面，以增长我们的教育自信、文化自信，让更多人了解中国特色的教育文化或教研传统，不断促成教育对话与理解。

当笔者真正进入研究场域打开研究话题时，发现鲜有研究对教研员的胜任力进行针对性讨论，甚至对教研队伍建设也缺乏深度探究，这就坚定了笔者的研究决心。作为生发于教育场域的一个现实问题，研究始终遵循问题解决的基本进路，但能充分观照教研制度、教研理论和教研实践，如梳理出探究教研员胜任力的理论基础，包括人才测评理论、组织行为学理论、人力资源管理理论等；结合我国教研制度历史发展与特征，讨论教研身份职能、角色定位；关注教研员自身发展需要和能力特征,提炼总结出教研员胜任力基本成分等,核心目的是避免造成理论与实践的区隔,为中国特色教研理论体系或实践体系进行补充完善。此外,主要秉持了一种混合研究的基本范式,渗透循证主义的思维,传递出一种"证据为本"的研究理念,这些证据既包括"现场证据",如通过访谈、问卷调查等获得的数据、文本或其他信息,还包括"场外证据",如专家学者、管理者等提供的一些旁观者认知信息、文本材料,或是理论观点、经验等,它们为教研员胜任力理论模型和实践模型的提出、教研员胜任力发展现状的判定等提供了有力的证据支持,亦深化了数理交叉论证的分析方法。有意思的是,前期对教研员胜任力的追溯基本局限于教研员胜任力本体,后期有意转向了关系论范畴,即探究教研员胜任力是如何形成的?教研员胜任力发展会受哪些因素的影响?如何才能促进教研员胜任力发展?等,伴随问题范畴的转接,实际已逐渐凸显出教研员胜任力研究的实践指向,即促进教研员胜任力发展、加快教研队伍建设、夯实教研制度规范等,完成了教研理论与教研实践的横向沟通及确证。

通过对教研员胜任力的系统性探究,笔者对教研员、胜任力、教研体系等进行了概念性澄清,对教研员专业发展和工作岗位进行了事实性还原,也对教研员胜任力背后牵涉的"人—职"匹配、专业发展、自我效能、组织氛围等进行了价值性阐释,勉强弄清了些问题,融入了些新的研究工具、数据分析方法或指导理念(如大数据),重构出教研员胜任力核心框架和分析思路,但由于研究精力、时间及对很多教研问题仍处思考阶段,尚未形成成熟的想法或经验,难免会出现思考与表达上的疏漏,恳请各位专家学者或读者的批评指正。欣喜的是,本研究成书之际发现国家开始有意识地加大我国教研建设力度,有关教研员、教研工作的制度文本或教研话题大量出现,这就坚定了笔者对我国教研制度、教研队伍、教研文化的自信,此后也将继续深化此方面话题的讨论。

最后,对参与本研究的课题组成员、专家学者、教育行政管理者、中小学教研员、校长、教师等一并表示感谢,感谢全国教育科学规划办对本书的资助与支持,而更深的感谢给予扎根中国教育大地的教研员。

责任编辑：翟金明
封面设计：姚　菲

图书在版编目（CIP）数据

中国教研员胜任力研究:基于理论关系和水平模型/罗生全 著. —北京：
　人民出版社,2024.9
ISBN 978－7－01－024610－9

Ⅰ.①中…　Ⅱ.①罗…　Ⅲ.①师资培养-研究-中国　Ⅳ.①G451.2

中国版本图书馆 CIP 数据核字（2022）第 040473 号

中国教研员胜任力研究

ZHONGGUO JIAOYANYUAN SHENGRENLI YANJIU

——基于理论关系和水平模型

罗生全　著

人民出版社 出版发行

（100706　北京市东城区隆福寺街 99 号）

北京建宏印刷有限公司印刷　新华书店经销

2024 年 9 月第 1 版　2024 年 9 月北京第 1 次印刷
开本:710 毫米×1000 毫米 1/16　印张:21.25
字数:344 千字

ISBN 978－7－01－024610－9　定价:98.00 元

邮购地址　100706　北京市东城区隆福寺街 99 号
人民东方图书销售中心　电话　（010）65250042　65289539